Miranda J. Green

DIE DRUIDEN

Miranda J. Green

DIE DRUIDEN

Mit 291 Abbildungen, davon 51 in Farbe

Deutsch von Hermann Kusterer

ECON

Für Stephen

Danksagung
Herzlich danke ich allen nachstehenden Personen und Institutionen, die mir beim Schreiben dieses Buches behilflich waren. Professor W. H. Manning las und kommentierte den Text; Professor Michael Fulford, Alex Gibson, Philip Macdonald, David und Pamela Johnston, Tony Rook und Mathew McCabe trugen mehrere Abbildungen bei. Kenneth Brassil, Brian Davies, Tecwyn Ellis, Raymond Howell, Tristan Gray Hulse, John Kenyon und Wynne Lloyd gaben bereitwillig Auskunft über das Wiederaufleben der Druiden und der walisischen Tradition; Raymond Howell und Chris Sobol halfen bei Übersetzungen aus dem Walisischen; Philip Carr-Gomm, Mathew McCabe und Marian Bowman vermittelten Einblicke in das moderne Druidentum. John Franklin, Liz Murray, Michel Raoult, Philip Shallcrass, der Pagan Federation, dem Royal National Eisteddfod Office, Celtica, English Heritage und dem Museum of Welsh Life an St. Ffagans schulde ich ebenfalls Dank. Die Mitarbeiter des University of Wales College, Newport, und des Verlags Thames and Hudson standen mir höchst hilfreich zur Seite. Mein herzlichster Dank gilt schließlich Nora Chadwick und Stuart Piggott (beide leider verstorben), ohne deren bahnbrechende Druiden-Forschungen dieses Buch nicht hätte geschrieben werden können.

Umschlag v. l. n. r.: Druiden feiern die Sommersonnwende in Stonehenge. Greg English/Link ©; G. Henry und E. A. Hornel, The Druids: Bringing in the Mistletoe, 1890. Glasgow Museums: Art Gallery and Museum, Kelvingrove; Killary Harbour, Connacht, Irland. Photo Edwin Smith; Zinnmaske, ca. 1. Jhdt. n. Chr. Roman Baths Museum, Bath. Photo des Bath Archaeological Trust; Goldhalsband, Gleninsheen, County Clare, ca. 700 v. Chr. National Museum of Ireland, Dublin; Druiden-Gravur aus dem 18. Jhdt. von Grasset de Saint-Sauveur, Les Druides: Costumes de Théâtre. Bibliothèque des Arts Décoratifs, Paris. Photo Jean-Loup Charmet, Paris; Cavenham-Krone, 2./3. Jhdt. n. Chr. Ipswich Borough Council Museums and Galleries.

Schmutztitel: Zeichnung von Paul Jenkins
Titelseite: »Der Druide«, 1896, Aquarell von Sir Hubert von Herkomer (1849–1914), Forbes Magazine Collection, New York.

Titel der englischen Originalausgabe: »Exploring the World of the Druids«
Originalverlag: Thames and Hudson Ltd., London
Übersetzt von Hermann Kusterer

Die Deutsche Bibliothek – CIP-Einheitsaufnahme
Green, Miranda Jane:
Die Druiden/Miranda J. Green. [Dt. von Hermann Kusterer]. – Düsseldorf, München: ECON, 1998. Einheitssacht.: Exploring the world of the druids <dt.>
ISBN 3-430-16486-9

Der ECON Verlag ist ein Unternehmen der ECON & List Verlagsgesellschaft

Lektorat: Peter Klumbach
Gesetzt aus der Goudy, Linotype
Satz: Lichtsatz Heinrich Fanslau GmbH
Printed in Slovenia
ISBN 3-430-16486-9

INHALT

I
DEN DRUIDEN AUF DER SPUR

II
DIE KELTEN UND DAS ÜBERNATÜRLICHE

III
DIE DRUIDEN IN DEN KLASSISCHEN TEXTEN

IV

Nach Druiden graben

V

Opfer und Weissagung

VI

Die Druidinnen

VII

Heilige Stätten und ihre Priester

VIII

Die Druiden in irischen Sagen

IX

Die Auferstehung der Druiden

X

Die Druiden von heute

I

Den Druiden auf der Spur

»Ferner gibt es Philosophen, die der Götterlehre kundig sind und in sehr hohem Ansehen stehen; man nennt sie Druiden. Auch hat man Wahrsager, denen man ebenfalls viel Ehre erweist. Sie sagen aus dem Vogelflug und aus der Opferschau die Zukunft voraus und haben das ganze Volk in ihrer Gewalt. [...] Es ist bei den Galliern gebräuchlich, daß sie kein Opfer ohne einen ihrer Weisen verrichten.«

Diodorus Siculus, *Historische Bibliothek*, 5,31

Das Wort »Druide« hat unterschiedliche Bedeutungen. Die einen verstehen darunter ehrwürdige weißberockte und -bärtige Herren, die sich in Stonehenge oder zum Waliser Nationalen Eisteddfod versammeln. Andere, Vergangenheitsbewußtere, halten die Druiden für grausame keltische Fanatiker, die unselige Menschenopfer erdolchten oder verbrannten. Für wiederum andere verbinden sich mit den Druiden geheimnisvolle Haine, Mistelzweige, Magie und Zauberformeln. Wie also sieht die Wirklichkeit aus? Wer waren diese mysteriösen Gestalten? Wann und wo traten sie auf? Und woher stammt unser Wissen über sie?

Das verfügbare Beweismaterial bietet ein verwirrendes Bild: Die Druiden hatten in der Politik, bei Opferritualen, bei der Zukunftsdeutung und beim Verkehr mit der übernatürlichen Welt ihre Finger im Spiel. Sie lehrten, bewahrten die mündliche Überlieferung und berieten Könige; manchmal herrschten sie auch selbst. Wie die Propheten des Alten Testaments wurden sie gefürchtet und verehrt, weil sie das Ohr der Götter besaßen.

Moderne Druiden feiern auf Primrose Hill in London die Herbst-Tagundnachtgleiche. Das Musikinstrument im Zentrum ist ein »Hirlas-Horn« (Füllhorn).

DIE KLASSISCHEN AUTOREN, die im 1. Jahrhundert v. Chr. und den ersten Jahrhunderten n. Chr. von den Kelten berichteten, bezeichneten die Druiden ursprünglich als prominente Mitglieder der keltischen Gesellschaft. Mehrere – darunter Cäsar (*Der Gallische Krieg*), Strabon (*Erdbeschreibung*) und Plinius (*Naturkunde*) – ließen sich ausführlich über die verschiedenen Funktionen der Druiden aus, andere erwähnten sie nur kurz.

Ein zweites primäres Schriftkorpus über die Druiden findet sich in den Sagen von Wales und Irland. Sie wurden im Mittelalter in der Volkssprache (Walisisch oder Irisch anstatt des gängigen Lateins) verfaßt. Der Ulster-Prosazyklus wurde zwar irgendwann zwischen dem 7. und dem 12. Jahrhundert n. Chr. niedergeschrieben, beruht aber wahrscheinlich auf einer sehr viel älteren mündlichen Überlieferung und enthält vermutlich die frühesten Sagentexte. Zu ihren herausragendsten Gestalten gehört der Druide Cathbadh, der am Hofe des Königs Conchobar von Ulster wirkte. In einer weiteren Textsammlung, dem sogenannten Mythologischen Zyklus aus dem 12. Jahrhundert, die einen göttlichen Volksstamm Irlands, die Tuatha Dé Danann, beschreibt, wimmelt es nur so von druidischem Wissen und Zauber. Die Hauptfigur einer anderen Geschichtensammlung, des ebenfalls im 12. Jahrhundert niedergeschriebenen Fen-Zyklus, ist Finn, Führer der Fianna (eines auf die Bewachung des Königs eingeschworenen Kriegerbanns). Finn wurde von zwei heiligen Pflegemüttern aufgezogen, deren eine als »weise Frau«, die andere als Druidin bezeichnet wird. Den frühen Lebensbeschreibungen der heiligen Brigid schließlich ist zu entnehmen, diese große irische Heilige des 6. Jahrhunderts sei in einem druidischen Haushalt aufgewachsen, und in den Chroniken des heiligen Patrick ist von ihren Begegnungen mit Druiden die Rede.

In der frühwalisischen Literatur kommen die Druiden hingegen seltener vor. Eine interessante Parallele zu Brigids irischer *Vita* bietet allerdings die aus dem 12. Jahrhundert stammende Lebensbeschreibung des heiligen Beuno, eines Abts aus dem 6. Jahrhundert: Als er nach dem Tode an der Himmelspforte ankam, sollen ihn Petrus, die übrigen Apostel *und die Druiden* empfangen haben.

Namentlich werden die Druiden nur in der klassischen oder volkstümlichen Sagenliteratur erwähnt; es gibt weder Inschriften noch Bildzeugnisse, die sich mit Sicherheit als druidisch identifizieren ließen. Versucht man also, die Archäologie zu Rate zu ziehen, muß man sich stets bewußt bleiben, daß man es eher mit Mutmaßungen und Folgerungsschlüssen als mit Fakten zu tun hat. Das vielleicht wichtigste archäologische Dokument, das recht eindeutig auf die Druiden verweist, ist der Coligny-Kalender, eine unvollständig erhaltene Bronzetafel aus dem 1. Jahrhundert n. Chr. mit einer Auflistung »günstiger« und »ungünstiger« Tage – offenkundig ein religiöser Text, den die Priester für ihre Weissagungen konsultierten.

Das sonstige archäologische Material handelt nicht konkret von den Druiden, sondern generell von Priestern und Kultpersonen. Anzutreffen ist es in heiligen Gebäuden, in vergrabenen oder im Wasser versenkten Opfergaben und in Würdezeichen wie Kopfschmuck, Amtsinsignien und Zeptern. Gewisse Stein- oder Bronzebilder stellen vielleicht nicht Götter, sondern Priester dar, aber da Begleitinschriften fehlen, wissen wir es nicht mit Sicherheit.

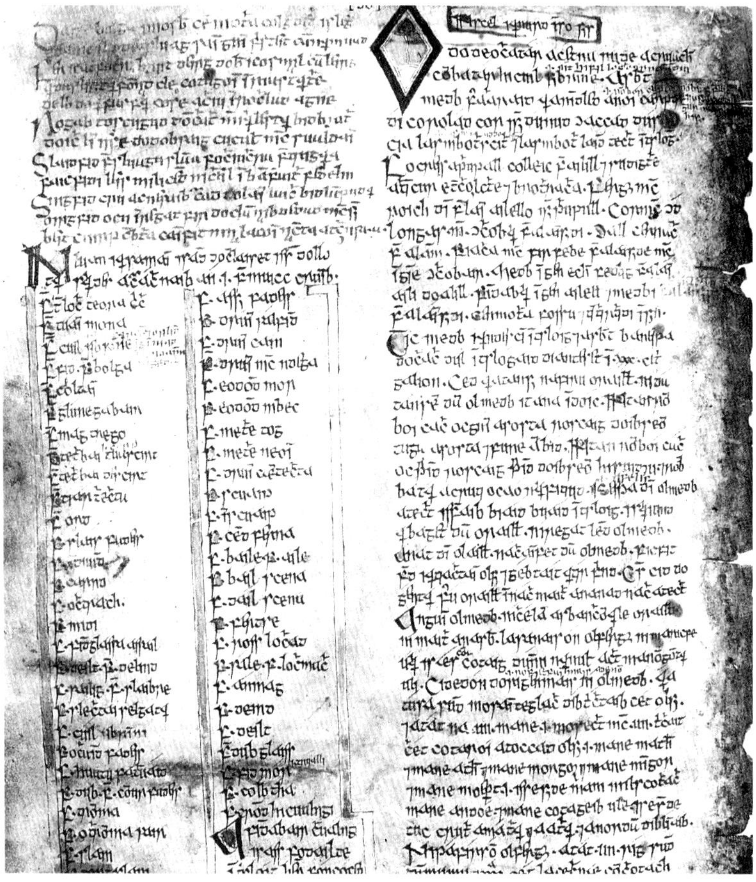

Seite aus dem irischen Leabhar na h-Uidhre (»Buch der Dun-Kuh«; 12. Jhdt.), das fast die ganze Táin Bo Cuailnge (»Der Rinderraub von Cooley«) enthält; diese mythische Sage berichtet vom Kampf zwischen Ulster und Connacht. Berühmtester Druide der Táin ist Cathbadh am Hofe des Königs Conchobar von Ulster.

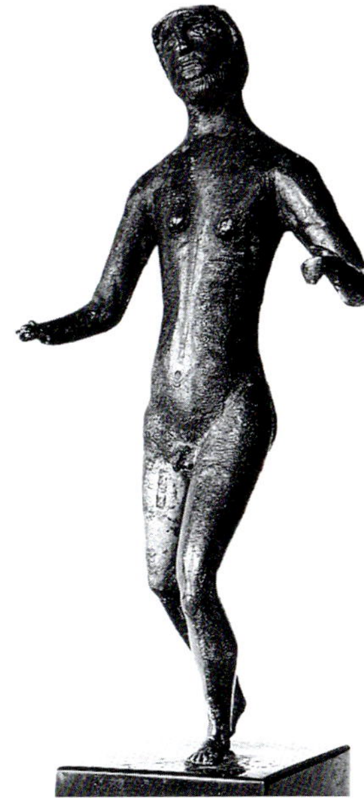

(Oben) Tänzerfigurine aus Bronze, die vielleicht zu einer Kultzeremonie gehörte. Aus einem Hort religiöser Bronzeobjekte (darunter Eber, ein Pferd, ein Hirsch und eine männliche Gestalt, die als Druide gilt); der Fundort liegt neben einem Tempel in Neuvy-en-Sullias (Frankreich). 1. Jahrhundert v. Chr.

(Links) Zwei Druiden in römischer Toga und mit Lorbeerkranz. Gravur, 18. Jahrhundert.

Das Wort »Druide«

»Die Druiden […] verrichten kein Opfer ohne das Laub [des Eichenbaums], so daß sie ihren Namen ›Druiden‹ nach einem griechischen Wort (drys: ›Eiche‹) erhalten haben könnten.«

Plinius, *Naturkunde*, 16,95

Oft wird das Wort »Druide« vom indogermanischen »dru« (Eiche) hergeleitet. Plinius der Ältere (1. Jhdt. n. Chr.) stellte diese Verbindung her. Nach Ansicht vieler heutiger Gelehrter bedeutet »Druide« jedoch »Weisheit«. Die alten Kelten und Römer können indes »Druide« wegen des Zusammenhangs mit ihrem heiligen Baum durchaus mit dem Begriff »Eiche« verknüpft haben (rechts).

Die Druiden in der keltischen Gesellschaft

Phantasieporträt des Julius Cäsar. Sein Werk Der Gallische Krieg *enthält viele interessante Bezugnahmen auf die Druiden und ihre hohe gesellschaftliche Stellung bei den Kelten.*

Julius Cäsar wurde 59 v. Chr. Statthalter in Südgallien. Sofort begann er mit der Eroberung der gallischen Kernlande, die er 50 v. Chr. abschloß. War sein *Kommentar über den Gallischen Krieg* auch in erster Linie eine Darstellung der Feldzüge als solcher, so hielt er doch im 6. Buch seine Beobachtungen der Sitten und religiösen Gebräuche detailliert fest. Cäsars Bericht über die Druiden ist der vollständigste und aufschlußreichste Text, den wir haben:

»In ganz Gallien gibt es nur zwei Klassen von Männern, die an einigermaßen hervorragender und ehrenvoller Stelle stehen. [...] Die eine [ist] die der Druiden, die andere die der Ritter. Den Druiden obliegen die Angelegenheiten des Kultus, sie richten die öffentlichen und privaten Opfer aus und interpretieren die religiösen Vorschriften. Eine große Zahl von Männern sammelt sich bei ihnen zum Unterricht, und sie stehen bei den Galliern in großen Ehren. Denn sie entscheiden in der Regel in allen staatlichen und privaten Streitfällen. Wenn ein Verbrechen begangen worden oder ein Mord geschehen ist, wenn der Streit um Erbschaften oder den Verlauf einer Grenze geht, fällen sie [...] das Urteil und setzen Belohnungen und Strafen fest. Wenn sich ein Privatmann oder das Volk nicht an ihre Entscheidungen hält, untersagen sie ihm die Teilnahme an den Opfern. Diese Strafe gilt bei ihnen als die schwerste, denn die, denen die Teilnahme untersagt ist, gelten als Frevler und Verbrecher, alle gehen ihnen aus dem Weg und meiden den Umgang mit ihnen, damit sie nicht durch ihre Berührung Schaden leiden. Wenn sie etwas beanspruchen, wird ihnen kein Recht zuteil, und alle Ehrenstellen sind ihnen verschlossen. [...] Man glaubt, daß die Lehre der Druiden aus Britannien stammt und nach Gallien herübergebracht worden ist. Daher gehen die, die tiefer in ihre Lehre eindringen wollen, meist nach Britannien, um sie dort zu studieren.

Die Druiden nehmen in der Regel nicht am Krieg teil und zahlen auch nicht wie die übrigen Steuern. [...] Wie es heißt, lernen sie [...] eine große Anzahl von Versen auswendig. Daher bleiben einige 20 Jahre lang im Unterricht. Sie halten es für Frevel, diese Verse aufzuschreiben. [...] Wie mir scheint, haben sie das aus zwei Gründen so geregelt: Einmal wollen sie nicht, daß ihre Lehre allgemein bekannt wird, zum andern wollen sie verhindern, daß die Lernenden sich auf das Geschriebene verlassen und ihr Gedächtnis weniger üben. [...] Der Kernpunkt ihrer Lehre ist, daß die Seele nach dem Tod nicht untergehe, sondern von einem Körper in den anderen wandere. Da so die Angst vor dem Tod bedeutungslos wird, spornt das ihrer Meinung nach die Tapferkeit ganz besonders an. Sie stellen außerdem häufig Erörterungen an über die Gestirne, über die Natur der Dinge, über die Macht und Gewalt der unsterblichen Götter und vermitteln dies alles der Jugend.«

Cäsar, *Der Gallische Krieg*, 6,13–14

Nach den Schilderungen Cäsars und seiner Zeitgenossen besaßen die Druiden in der gallischen Gesellschaft einen äußerst hohen Rang, vergleichbar dem der »equites« (Ritter), gleich unter dem Stammesrichter oder -könig. Der Stamm der Äduer, die das heutige Burgund bewohnten, war in Cäsars Zeiten sogar in zwei feindliche Lager gespalten, die von zwei Brüdern angeführt wurden: dem romfeindlichen Agitator Dumnorix und dem prorömischen Divitiacus, der Druide war.

Gallische Soldaten sehen einem Menschenopfer zu. Cäsar zufolge vollzogen die Druiden Menschenopfer und waren gesellschaftlich dem Krieger-Adel gleichgestellt.

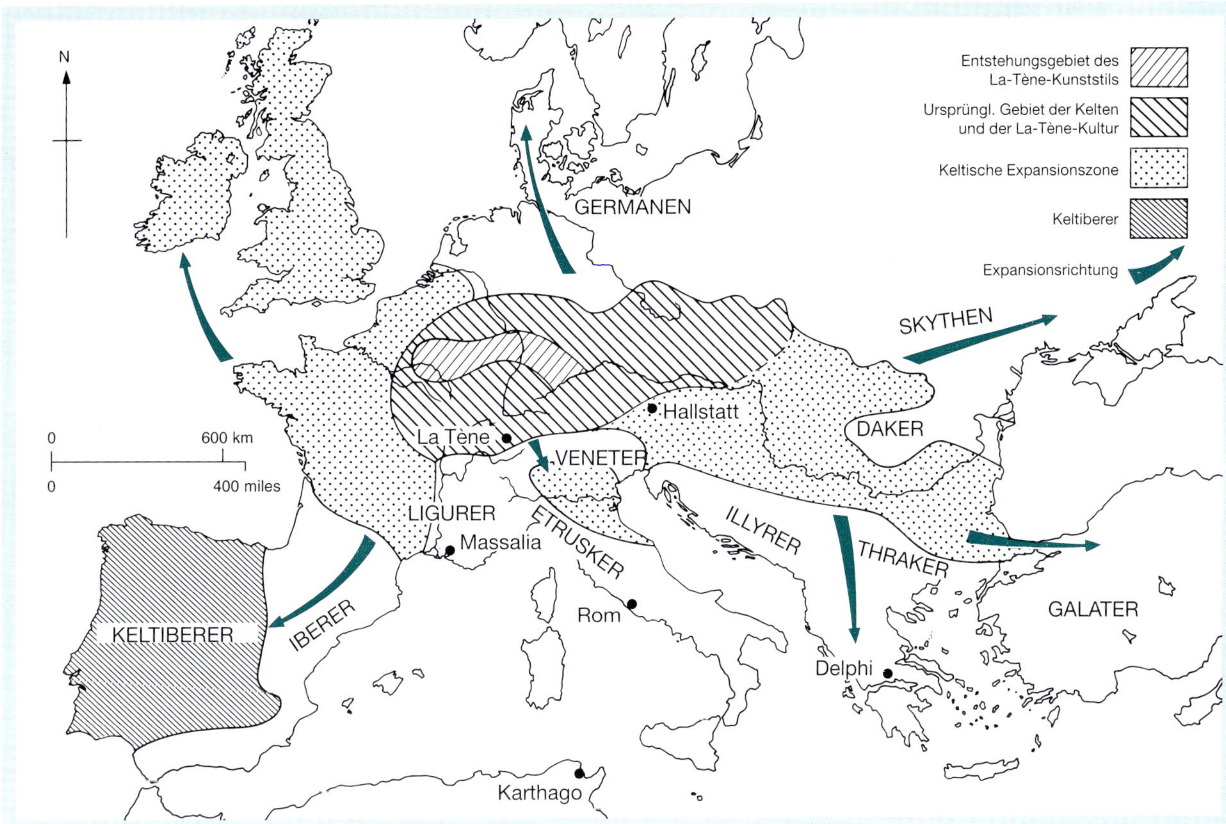

Karte der von Kelten bewohnten (oder keltisch beeinflußten) Gebiete vom 5. Jahrhundert v. Chr. bis zur römischen Eroberung.

FÜR DIE ANNÄHERUNG an die Welt der Kelten sind wir auf drei Arten von Beweismaterial angewiesen, die allesamt mit Vorsicht zu genießen sind, denn sie sind unvollständig und manchmal mehrdeutig: die klassischen Autoren, die Archäologie und frühe sprachliche Zeugnisse. Zusammen liefern sie uns ein Bild von einer keltischen Kultur oder Tradition, die um das 3. Jahrhundert v. Chr. von Irland bis Ungarn und von Schottland bis Norditalien reichte.

Nehmen wir uns jede dieser drei Quellen etwas genauer vor. Nach den alten griechischen und römischen Beobachtern bewohnten die Kelten eine große Region nördlich der Alpen. Hinsichtlich der Namengebung ist allerdings eine Präzisierung vonnöten. Oft ist nicht von »Kelten«, sondern von »Galliern« oder »Galatern« die Rede. Der Grieche Herodot jedoch, den man auch »Vater der Geschichtsschreibung« nennt, sprach von »Keltoi«, die im 5. Jahrhundert v. Chr. im Donaugebiet lebten; denselben Terminus benutzte Polybius im 2. Jahrhundert v. Chr. Cäsar hingegen stellt keineswegs alle Gallier den Kelten gleich, sondern bezeichnet nur eine bestimmte Volksgruppe Galliens als Kelten; wie alle anderen Autoren nennt er auch die Britannier nicht Kelten, räumt aber ein, die Bewohner Südostbritanniens hätten ähnliche Sitten und Gebräuche wie die Gallier. So stellt sich also (die letztlich nicht zu beantwortende) Frage, ob sich die europäischen Kelten als ethnisch zusammengehörig empfanden oder ob den Chronisten der Begriff »Kelten« lediglich als praktisches, aber recht vages Etikett für im wesentlichen heterogene Volksgruppen nördlich der »zivilisierten« griechischen und römischen Welt diente. Natürlich können die klassischen Autoren das Wort »Kelten« auch recht unterschiedlich benutzt haben.

Die frühen Zeugnisse von Keltisch Sprechenden in Europa sind sehr mager, denn bis zur Römerzeit gab es in Nordeuropa praktisch keine Schriftkultur. Das wenige linguistische Material, über das wir verfügen, besteht aus Orts- und Personennamen in der klassischen Literatur sowie

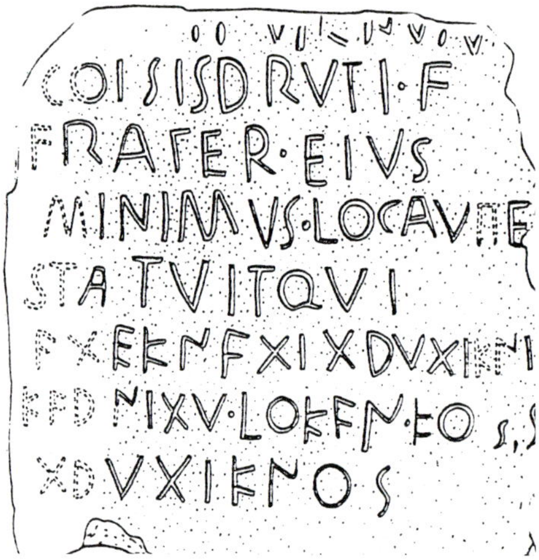

Zweisprachige (gallische und lateinische) Inschrift aus Todi im norditalienischen Umbrien.

Inschriften; letztere bestehen teilweise nur aus einem einzigen Wort, meist einem Namen, auf Münzen. Doch in letzter Zeit sind in Südfrankreich, Spanien und Italien ein paar ziemlich lange Inschriften aus dem späteren 1. Jahrtausend v. Chr. entdeckt worden.

Archäologisch fällt das Auftauchen der keltischen Kultur mit dem der Eisenverarbeitung im gemäßigten nichtmittelmeerischen Europa zusammen. Die erste Phase der kontinentalen Eisenzeit wird meist auf die Zeit zwischen 750 und 500 v. Chr. datiert und nach dem großen Friedhof im österreichischen Hallstatt – dem Begräbnisort der salzschürfenden Gemeinden des Salzkammerguts (»Salzstraße«) in der Umgebung des heutigen Hallein – »Hallstatt-Zeit« genannt. Gewisse Merkmale der materiellen Hallstatt-Kultur, vor allem Metallarbeiten, treten in großen Teilen Europas auf und wurden in geringem Umfang sogar in England gefunden. Die archäologische Hauptphase der keltischen Eisenzeit wird nach dem Fundort umfangreicher Metallarbeiten (und anderen Materials) im Wasser am Rande des Neusiedler Sees in der Schweiz »La Tène« genannt. Die »La-Tène-Phase« datiert vom 5. Jahrhundert v. Chr. bis zur römischen Besetzung Kontinentaleuropas und Britanniens während der ersten Jahrhunderte vor und nach Christus. Archäologisch bietet die La-Tène-Eisenzeit das Bild einer heldischen, stark gegliederten Gesellschaft, in der Kriegführung, Feste und Prunk eng mit adliger Macht verknüpft waren. Das vielleicht herausragendste gemeinsame Merkmal der keltischen La-Tène-Tradition ist ihre visuell einmalige Kunst, die zugleich von der mittelmeerischen und nahöstlichen Welt inspiriert war. Diese spannungs-

Dorf und See von Hallstatt, Österreich. Nach dem dort entdeckten großen Gräberfeld ist die materielle Kultur der frühesten Eisenzeit benannt.

La Tène am Neusiedler See (Schweiz). In ihn wurden zwischen dem 5. und 1. Jahrhundert v. Chr. wertvolle Metallarbeiten in großer Menge versenkt.

Bronzeplakette mit Vogelkopfmotiv (1. Jhdt. v. Chr.) aus dem heiligen See Llyn Cerrig Bach, Anglesey, vielleicht einer heiligen Druidenstätte.

und kraftgeladene, im wesentlichen abstrakte Kunst mit ihren verschlungenen Mustern, in denen sich manchmal menschliche Gesichter oder andere pseudodarstellende Motive abzeichnen, ist im gesamten gemäßigten Europa von Irland bis Rumänien anzutreffen.

Helfen uns auch die klassischen Autoren, sprachlichen Zeugnisse und archäologischen Indizien bei der Identifizierung der keltischen Welt, so müssen wir doch fragen, inwieweit die Ausbreitung der Kelten von ihren europäischen Kernländern her auf Wanderungen zurückzuführen ist. Gewiß deuten die klassischen Autoren ganz konkret episodische Völkerwanderungen an, aber das allein dürfte das Vorhandensein keltischer Materialien und Sprachkulturen in einem so riesigen Teil Europas nicht rechtfertigen. Zum Teil beruht die »Kelten-Expansion« also wohl eher auf der Ausbreitung von Ideen und Traditionen als auf Wanderungen.

Wie stand es nun um die Kelten während und nach der römischen Besetzung? Der römische Einfluß hat die keltische Kultur sicherlich einschneidend verändert, aber völlig untergegangen ist die einheimische Überlieferung nicht. Vielmehr entstand eine dynamische und erregende Kreuzung aus römischer und keltischer Kultur.

Als im frühen 5. Jahrhundert n. Chr. das Verwaltungssystem des römischen Weltreiches im Westen zusammenbrach, scheint auch die keltische Kultur – abgesehen vom fernen Westen und Norden Britanniens und von Irland – verschwunden zu sein. Andernorts wurde die alte keltische Welt von neuen, fremden Kulturen wie den Sachsen und Franken überrannt. Im »keltischen Westen« jedoch (Irland, Schottland, Wales, Cornwall, Insel Man und Bretagne) überlebten die keltischen Sprachen und blühten auf. Wales und Irland brachten eine hinreißende frühe Volkssagentradition hervor; die keltische Christenheit gab den Anstoß zu einem Wiederaufleben der keltischen Kunst, das sich vor allem in ornamentierten Steinkreuzen und illuminierten Manuskripten manifestierte.

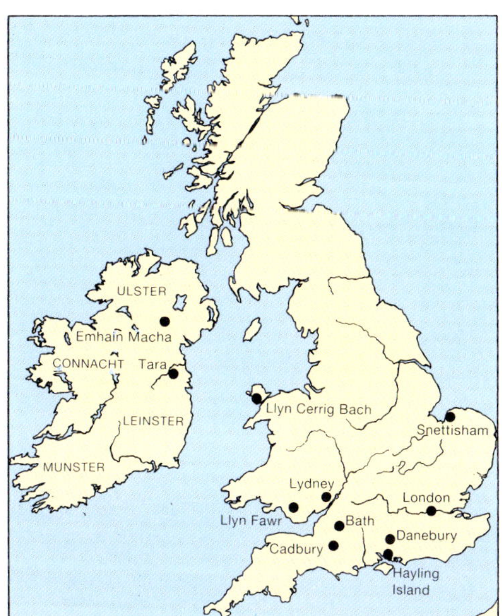

Der keltische Westen (ohne Bretagne). Hier florierten ab dem 5. Jahrhundert n. Chr. die keltische Sprache und Kultur.

Eine kurze Geschichte der Druiden

Bronzestatue des Vercingetorix (19. Jhdt.), der 52 v. Chr. bei Alesia gegen Julius Cäsar um die keltische Freiheit kämpfte.

Die frühesten erhaltenen Schriftzeugnisse über die Druiden stammen aus der griechischen und römischen Welt und reichen nicht weiter als ins 1. Jahrhundert v. Chr. zurück. Unsere aufschlußreichsten Quellen – Strabon, Diodorus Siculus und (vor allem) Julius Cäsar – datieren allesamt aus dessen Mitte oder Ende. Dennoch können wir die literarischen Beweise für das Druidentum ein wenig zurückverlagern, denn alle diese Historiker bauten auf einer gemeinsamen früheren Quelle auf: dem zu Anfang des 1. Jahrhunderts v. Chr. tätigen griechischen Philosophen Poseidonios von Syrien. Die früheste literarische Nennung der Druiden stammt aber vielleicht von dem griechischen Geschichtsschreiber Timaios, der von Mitte des 4. bis Mitte des 3. Jahrhunderts v. Chr. lebte und den viele spätere Chronisten, darunter Diodor, als Autorität benutzten.

Ein noch älteres Datum für das Druidentum ließe sich ins Feld führen: Literarische Bezugnahmen auf die Kelten lassen sich bis ins 6. Jahrhundert v. Chr. zurückverfolgen, als Griechen wie Hekataios von Milet von ihnen sprachen, auf den dann im 5. Jahrhundert der große Herodot folgte. Zwar erwähnen diese frühen Autoren die Druiden nicht konkret, doch müssen sie spätestens im 2. Jahrhundert v. Chr. schon fest etabliert gewesen sein, wenn ihre Bruderschaft zu der Zeit, als Cäsar und seinesgleichen ihr begegneten, schon eine so herausragende Stellung einnahm.

Im 1. Jahrhundert n. Chr. lassen sich Autoren wie Lukan, Plinius und Tacitus über die Druiden aus; alle drei bringen sie mit Geheimzeremonien in abgeschiedenen Waldhainen in Verbindung. Die meisten Geschichtsschreiber der ersten Jahrhunderte vor und nach Christus sprechen mit gewissem Abscheu von vermuteten Menschenopfern der Druiden.

Das »freie« Druidentum vor den Römern

Bei vielen griechisch-römischen Autoren haben die Druiden eine miserable Presse; erstere lassen sich mit öliger Selbstgerechtigkeit über die rohen Menschenopfer-Praktiken einer »barbarischen« Priesterschaft aus und beschreiben geheimnisumwobene Kulthandlungen in abgeschiedenen Hainen. Andere Autoren präsentieren die Druiden genau umgekehrt als »edle Wilde«, tiefsinnige Denker, ins Studium des Universums vertiefte Intellektuelle und Philosophen, Lehrer und Wahrer einer mündlichen Kultur.

Was uns die alten Chronisten zu berichten haben, ist oft vielgestaltig, manchmal widersprüchlich, zuweilen rein anekdotisch. Teils beruhen ihre Berichte offenkundig auf der zwar neugierigen, aber uninformierten »touristischen« Haltung der mittelmeerischen Beobachter gegenüber einer Kultur, die ihnen offenbar ein Rätsel war.

Es kann durchaus sein, daß sich das Druidentum zu der Zeit, als sich die griechisch-römische Welt im 1. Jahrhundert v. Chr. dafür zu interessieren begann, schon auf dem Abstieg befand. Da Gallien Mitte des 1. Jahrhunderts v. Chr. effektiv erobert war, läßt sich ins Feld führen, die anschließende Fragmentierung der keltischen Gesellschaft und schwindende Macht des Adels hätten die Funktionen der Festland-Druiden stark eingeschränkt. Auffallend ist der Unterschied zwischen den Aussagen der Autoren des 1. Jahrhunderts v. Chr. und des 1. Jahrhunderts n. Chr. Cäsar, Strabon und Diodor zeigen die Druiden positiv und aktiv als Richter, Lehrer und Gestalter zeremonieller Dinge einschließlich Opferriten. Betrachten wir dagegen die Aussagen des Tacitus, Lukan, Plinius und Pomponius Mela (alle 1. Jahrhundert n. Chr.), so entdecken wir neue Töne; die Druiden werden mit geheimen, verborgenen Orten wie Wäldern und, abträglicher noch, emotionsgeladenen Beschreibungen brutaler Riten in Verbindung gebracht. Plinius nennt die Druiden Hexer, Mela läßt sie an abgelegenen und geheimen Orten wie Höhlen und Hainen lehren.

So könnte die frustrierende Schlußfolgerung lauten, daß Rolle und Status dieser gelehrten Kaste sich auch schon veränderten und abnahmen, kaum daß die Beobachter der klassischen Welt von den Druiden zu reden begonnen hatten. Womöglich gibt es also gar keine Zeugnisse, die die Druiden auf der Höhe ihrer Macht, ihres Einflusses und Ansehens beschreiben. Damit könnten die Aussagen der alten Autoren einen »folklorischen« Beigeschmack bekommen und uns gewisse druidische Praktiken nur noch als Kuriosa einer nicht nur fremden, sondern auch schon versunkenen Welt schildern.

Verfolgung unter den römischen Kaisern

Von Sueton, Tacitus und Plinius erfahren wir, daß die frühen römischen Kaiser des 1. Jahrhunderts n. Chr. das Druidentum beargwöhnten und zu unterdrücken versuchten. Sueton war ein Autor (und Skandalschreiber), der von Ende des 1. bis Anfang des 2. Jahrhunderts n. Chr. lebte und eine Reihe von Kaiser-»Viten« schrieb. Er spielt auf ein Verbot des Druidentums für römische Bürger durch Augustus an. Die Mißbilligung des Kaisers ging jedoch nicht so weit, daß er versucht hätte, das Druidentum vollständig auszulöschen. Plinius hingegen läßt uns wissen, Augustus' Nachfolger Tiberius habe ein Edikt erlassen mit dem Ziel, die Druiden »und diese Klasse der Weissager und Heiler« vollständig abzuschaffen; darin mochte sich entweder steigende Unruhe ob ihres (offenbar noch aktiven) nationalistischen Einflusses in Gallien oder aber einfach kaiserliche Bigotterie äußern.

Vom Druidentum unter Kaiser Claudius vermitteln uns Plinius und Sueton ein widersprüchliches Bild. Nach Sueton verbot Claudius in Gallien »die grausamen und barbarischen religiösen Gebräuche der Druiden vollkommen«; Plinius hingegen spricht von der Hinrichtung eines gallischen Häuptlings, weil er während Rechtsgeschäften einen druidischen Talisman (das sogenannte »Schlangen-Ei«) getragen habe. Andererseits können wir aus Tacitus herleiten, daß die Druiden in Britannien zur Zeit des Boudicca-Aufstandes unter Nero (60/61 n. Chr.) noch als Agitatoren aktiv waren, als der römische Statthalter Paulinus die heilige Druidenfestung auf Anglesey angriff; tatsächlich wird denn auch der Einfluß der britannischen Druiden als Sammelpunkt des keltischen Nationalismus häufig als ein Hauptfaktor zitiert, der die römische Regierung zur Eroberung Britanniens veranlaßt habe. Im »Vier-Kaiser-Jahr« (69 n. Chr.) stachelten die Druiden die gallischen Stämme zum Massenaufstand an.

Klare Beweise für eine Verfolgung der Druiden liegen bis einschließlich Nero vor. Doch ab dem Ende des 1. Jahrhunderts n. Chr. werden sie nicht mehr erwähnt und tauchen erst im 3. Jahrhundert wieder auf – von einer systematischen Auslöschung ist nirgends die Rede.

Überleben des Druidentums: Gallien

Falls die Römer das Druidentum in Gallien ernsthaft auszurotten gedachten, ist ihnen das offenbar nicht vollständig gelungen. In der sogenannten *Historia Augusta* ist von druidischen Seherinnen die Rede, die für Kaiser wie Alexander Severus und Diokletian im 3. Jahrhundert n. Chr. tätig wurden. Der aus Bordeaux stammende Dichter Ausonius schrieb in seiner *Commemoratio Professorum Burdigalensium* (»Erinnerung an die Lehrer von Bordeaux«) über Druiden in der Bretagne und Aquitanien, die hervorragende Redner gewesen seien. Er beschreibt einen Zeitgenossen namens Delphidius, der von einer Druidenfamilie im nordgallischen Bayeux abstamme. Delphidius' Großvater hieß offenbar Phoebicius und war in Bordeaux als Priester am Tempel des Belenus tätig, eines bedeutenden keltischen Heilgottes, der in Gallien mit Apollo gleichgesetzt wurde. Phoebicius war ein prominenter Rhetoriklehrer an der

Kamee von Kaiser Claudius, der sich strikt gegen die Druidenreligion stellte. Nach Sueton soll Claudius das Druidentum in ganz Gallien abgeschafft haben; dies ist wenig glaubhaft, denn auch nach seiner Zeit ist in römischen Berichten von Druiden die Rede.

Universität Bordeaux. Ausonius bemerkt, nicht nur er, sondern auch sein Sohn Patera und sein Enkel Delphidius seien ob ihrer Beredsamkeit berühmt gewesen. Das ist wichtig, denn es belegt, daß die Druiden weiterhin als Lehrer, Redner und demgemäß auch Wahrer der mündlichen Überlieferung großes Ansehen genossen.

Überleben des Druidentums: Irland

Mit dem Zusammenbruch Westroms zu Beginn des 5. Jahrhunderts n. Chr. enden die literarischen Zeugnisse über die Druiden in Gallien und Britannien, aber die neue schriftliche Überlieferung Irlands steckt von ihrer erstmaligen Einführung auf der Insel durch (wie es heißt) christliche Mönche im 5. bis 7. Jahrhundert bis ins Hochmittelalter hinein voller Anspielungen auf irische Druiden (vgl. Kap. 8). Sagentexte wie etwa der Ulster-Zyklus und der Mythologische Zyklus enthalten viele Aussagen über die Druiden, vor allem als Propheten. Außerdem kommen in den *Vitae* der Heiligen Brigid und Patrick, die am Scheideweg zwischen Heidentum und Christentum spielen, immer wieder Druiden als Befürworter oder Gegner des neuen Glaubens vor.

In einigen irischen Texten wird die Gelehrtenklasse unterteilt in Druiden, Barden und »Filidh« (Wahrsager/Dichter); das erinnert stark an die von Strabon erwähnte Dreiteilung. Es gibt Hinweise, daß die Funktionen der Druiden und Barden auf der Insel irgendwann vor 1500 n. Chr. in denen der »Filidh« aufgingen, die weiterhin als Propheten, Lehrer, politische Berater und Dichter

tätig waren, bis dann im 17. Jahrhundert das freie Irland unter britische Hoheit geriet.

Die Wiedergeburt des Druidentums

Im strengen Sinne endete das Druidentum mit dem Verschwinden der irischen Druiden in der frühen Neuzeit. Im 16. Jahrhundert erwachte in England und auf dem Kontinent das Interesse an den Druiden erneut. In Großbritannien rekonstruierten Altertumsforscher des 17. und 18. Jahrhunderts, so etwa John Aubrey und William Stukeley, den Druidenorden (s. Kap. 9) und stellten zwischen ihm und Megalithen-Steinkreisen wie Stonehenge eine Verbindung her. Ebenfalls im 18. Jahrhundert konstruierte der walisische Barde Iolo Morgannwg eine Verbindung zwischen den Druiden, der Gorsedd-Zeremonie (das walisische Wort bedeutet einen traditionell bei Inthronisationen benutzten Versammlungsort) und dem Nationalen Eisteddfod, einem Wettstreit von Musikern und Barden.

Seit dem 18. Jahrhundert haben moderne Orden die alte Tradition lebendig erhalten. Diese modernen Druiden haben mit denen des klassischen Altertums wenig gemein, wenngleich ihre Zeremonien und Gewänder die Verbindung zur Vergangenheit beweisen sollen. 1908 wurde Winston Churchill in die Albion-Loge des Alten Ordens der Druiden aufgenommen. Heute möchte der Rat der Britischen Druiden ein Nationales Eisteddfod in Stonehenge schaffen – ein von vornherein aussichtsloses Unterfangen, denn aus Konservierungsgründen sind dort alle größeren Veranstaltungen untersagt.

(Gegenüber) Darstellung von St. Patrick aus dem 19. Jahrhundert. Die Vita des Heiligen aus dem 7. Jahrhundert berichtet von seinen Kämpfen mit heidnischen Druiden. Je stärker sich in Irland das Christentum ausbreitete, desto mehr galten die Druiden als böse oder lächerlich.

William Stukeleys Skizze für die Titelseite seines 1723 geschriebenen, unveröffentlichten Buches The History of the Temples of the Ancient Celts. *Wegen seiner wachsenden Besessenheit von allem Druidischen benannte er es später in* The History of the Religion and Temples of the Druids *um und veränderte die Titelseite entsprechend (S. 144).*

PLINIUS DER ÄLTERE beschrieb im 1. Jahrhundert n. Chr. eine religiöse Zeremonie in Gallien, bei der weißgekleidete Druiden auf eine heilige Eiche kletterten, einen Mistelzweig abschnitten, zwei weiße Stiere opferten und mit dem Mistelzweig Unfruchtbarkeit heilten. Da Plinius hauptsächlich an Naturkunde interessiert war, sehen einige Gelehrte seine Darstellung der Druiden als weitgehend erfunden an, zumal nur er diese Zeremonie erwähnt. Dennoch lohnt sich eine nähere Prüfung seiner Bemerkungen, denn sie enthalten potentiell bedeutsame Informationen, auf die wir später noch zurückkommen. Er verbindet nämlich die Druiden konkret mit der Eiche. Wie wir sehen werden, waren Bäume und vor allem die Eiche sowohl den Druiden wie auch den Kelten überhaupt heilig.

Im Mittelpunkt der Aussage Plinius' steht die Heiligkeit des Mistelzweigs als Heilkraut und Fruchtbarkeitsmittel. Beide Anliegen spielen in

DRUIDEN, STIERE UND MONDANBETUNG

»Die Druiden [...] halten nichts für heiliger als die Mistel und den Baum, auf dem sie wächst. [...] Man findet aber die Mistel sehr selten; und hat man sie gefunden, so wird sie mit großer Ehrfurcht abgenommen, vor allem am sechsten Tag des Mondes. [...] Sie nennen [die Mistel] in ihrer Sprache ›die alles Heilende‹. Sie bereiten nach ihrer Sitte das Opfer und das Mahl unter dem Baum und führen zwei weiße Stiere herbei, deren Hörner da zum ersten Mal umwunden werden. Der Priester, bekleidet mit einem weißen Gewand, besteigt den Baum und schneidet die Mistel mit einem goldenen Messer ab: Sie wird mit einem weißen Tuch aufgefangen. Dann schlachten sie die Opfertiere und bitten den Gott, er wolle sein Geschenk denen, welchen er es gegeben hat, zum Glück gereichen lassen. Sie meinen, daß die Mistel, in einem Getränk genommen, jedem unfruchtbaren Tier Fruchtbarkeit verleihe und ein Heilmittel gegen alles Gift sei.«

Plinius, *Naturgeschichte*, 16,95

Diese Darstellung weißgekleideter Druiden, die mit Goldsicheln Mistelzweige von Eichen holen, ist eine der bekanntesten und dauerhaftesten und hat zweifellos die moderne Druidendarstellung seit dem 16. Jahrhundert stark beeinflußt. William Stukeleys Druiden in Stonehenge, die walisischen Gorsedd-Druiden und das neuheidnische Druidentum enthalten allesamt Elemente aus der Beschreibung des Plinius.

der keltischen Religion eine große Rolle. Interessanterweise gilt die Mistel in der modernen Heilkunde als Mittel gegen Schlaflosigkeit, hohen Blutdruck und einige bösartige Geschwüre. Da sie in der frühkeltischen Kunst als Motiv auftritt, ist zu vermuten, daß ihr bei den Kelten eine wichtige Symbolik eignete. Auf Schmuck und Steinmonumenten finden sich häufig mit seltsamen Blattformen gekrönte Menschenköpfe. Die gelappte Blattform ähnelt sehr der europäischen Mistel, und wenn das stimmt, könnten die Köpfe auf dieser vorrömischen Kunst Götter oder Priester – vielleicht sogar Druiden – darstellen.

Drei weitere Punkte im Bericht des Plinius betreffen Festmahle, den Mond und Stieropfer. Alle drei gehören zum Repertoire der keltischen Religion. In einigen reich ausgestatteten Keltengräbern der frühen und späten Eisenzeit treffen wir auf rituelle Bankette; im Grab des Hallstatt-Fürsten in Hochdorf wurden neun Trinkhörner und für neun Personen ausgelegtes Eßgeschirr für ein Festmahl im Jenseits gefunden, desgleichen ein riesiger Met-Kessel. Einige Tempelanlagen enthalten zahllose Hinweise auf zeremonielle Bankette: Bei der Ausgrabung des Heiligtums von Mirebeau in Nordfrankreich kam ein wahrer Teppich aus Tierknochen und Tonscherben zutage – vermutlich Überreste eines Mahles. Wenn Plinius den Mond als heilwirksam erwähnt, so gibt es auch dafür zusätzliche Beweise, denn keltische Göttinnen, die mit Heilung und Regenerierung zu tun haben, werden manchmal mit Mondamuletten abgebildet, und der große Tempel der Heilgöttin Sulis Minerva in Bath enthält die Skulptur der römischen Luna. In Bath wurde unter anderem ein Mondgehänge gefunden – möglicherweise einst Teil eines priesterlichen Zepters. Die ebenfalls von Plinius erwähnten Stieropfer werden auch durch anderes Beweismaterial bezeugt. Rinder waren gängige Opfertiere; im Schrein von Gournay in Frankreich wurden immer wieder Ochsen geopfert, und in zahlreichen keltischen Heiligtümern wurde Vieh rituell geschlachtet. Auf dem vermutlich im 1. Jahrhundert v. Chr. hergestellten dänischen Gundestrup-Kessel sind zwei Stieropfer abgebildet. In der irischen Mythologie stand das »Tarbhfhess« (»Stierschlafen«) in enger ritueller Verbindung zum Druidentum. Dabei aß sich eine ausgewählte Person an Stierfleisch satt und wurde anschließend von vier Druiden in den Schlaf gesungen; im Traum erschien ihr dann der nächste rechtmäßige König Irlands, und nach dem Erwachen gab sie diese Information an die Druiden weiter.

Bronzefigurine eines Stiers (6. Jhdt. v. Chr.) aus einer Höhle in Býčiskála (Böhmen). In der Höhle spielten sich komplexe Riten ab, darunter die Erschlagung von vierzig Menschen (größtenteils Frauen) und zwei Pferden. Plinius spricht von Stieropfern der Druiden.

Vierecksäule mit Blattdekor und mistelgekrönten Menschenköpfen aus Pfalzfeld-St. Goar, 5./4. Jahrhundert v. Chr. Da Plinius die Druiden mit Misteln in Verbindung bringt, stellen die gekrönten Häupter vielleicht druidenähnliche heilige Männer dar.

400 | 300 | 200 | 100 | v./n. Chr. | 100 | 200 | 300 | 400 | 500

Holzfigur eines Pilgers aus »Fontes Sequanae« (2. Jhdt. v. Chr. bis 1. Jhdt. n. Chr.)

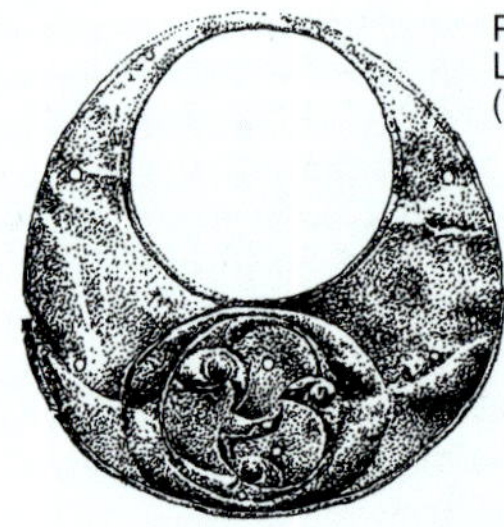
Plakette aus Llyn Cerrig Bach (1. Jhdt. v. Chr.)

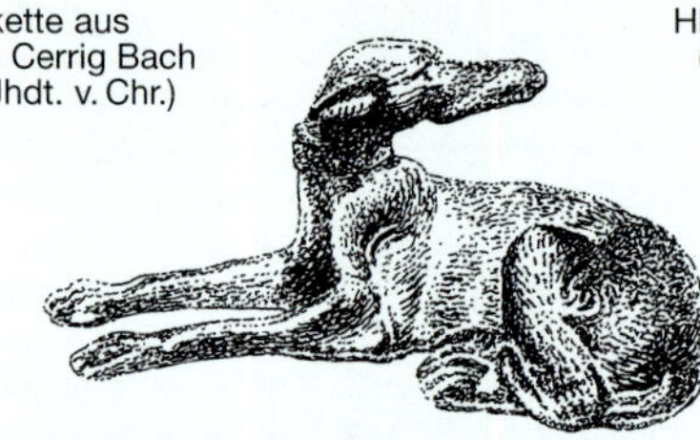
Jagdhund aus Lydney (3. Jhdt. n. Chr.)

Hl. Patrick (5. Jhdt.)

ENGLAND/IRLAND

EISENZEIT

- Cäsar in England (55/54 v. Chr.)
- Der Druide Divitiacus in Rom (60 v. Chr.)
- Holzkreis in Navan Fort erbaut
- Opferungen im Llyn Cerrig Bach 100 v. Chr. bis 100 n. Chr.

BRITANNIEN TEIL DES RÖMERREICHS 43 v. Chr. bis 409 n. Chr.

- Römerangriff auf Druiden in Anglesey (60 n. Chr.)
- Lindow-Mann geopfert (1. Jhdt. n. Chr.)

CHRISTENTUM IN ENGLAND

- Tempelbezirk in Lydney gegründet

CHRISTENTUM IN IRLAND

- Hl. Patrick (432)
- Hl. Brigid (spät. 5. bis früh. 6. Jhdt.)

FRANKREICH

- Tempelbau in Gournay

LA TÈNE

- Griech. Histor. Timaios erwähnt erstmals Druiden in Frankreich (um Mitte 4. bis Mitte 3. Jhdt. v. Chr.)
- Tempelbau in »Fontes Sequanae« (2.–1. Jhdt. v. Chr.)
- Poseidonios schreibt über Druiden in Gallien
- Erste Tempelnutzung in Chamalières
- Cäsars *Gallischer Krieg* (58–50 v. Chr.)
- Augustus untersagt Römern Druidentum

FRANKREICH TEIL DES RÖMERREICHES, ca. 58 v. Chr. bis ca. 410 n. Chr.

- Druidenverfolg. d. Claudius in Gallien (54 n. Chr.)
- Druidenaufstand (69 n. Chr.)
- Edikt d. Tiberius gegen die Druiden (ca. 25 n. Chr.)
- Coligny-Kalender entsteht (1. Jhdt. n. Chr.)
- *Scriptores Historiae Augustae* erwähnen Druiden-Seherinnen in Gallien
- Ausonius erwähnt Druiden-Erbfolge in Gallien

DEUTSCHLAND

LA TÈNE

GERMANIEN TEIL DES RÖMERREICHES ca. 25 v. Chr. bis 406/407 n. Chr.

ÜBRIGE WELT

400 | 300 | 200 | 100 | v./n. Chr. | 100 | 200 | 300 | 400 | 500

Das Druidentum lässt sich zeitlich – vor allem von den Anfängen bis 400 n. Chr. – nicht ohne weiteres eingrenzen, weil wir in erster Linie auf die griechisch-römischen Geschichtsschreiber angewiesen sind, die sich teils rückblickend über die Druiden äußerten, während andere – wie Cäsar und Strabon – sich auf frühere Quellen wie Poseidonios stützten. Die Chronologie ist daher mit Vorsicht zu genießen.

Die obige Tabelle legt eine Blütezeit des alten Druidentums zwischen dem 1. Jahrhundert v. Chr. und dem 1. Jahrhundert n. Chr. nahe, doch das ist irreführend: Genaugenommen spiegelt sich darin nur die häufigste Nennung von Druiden in der

600 700 800 900 ------ 1500 1600 1700 1800 1900 2000

Vita der hl. Brigid (7. Jhdt.)

Königin Medb aus dem Ulster-Zyklus irischer Sagen (7. bis 12. Jhdt.)

John Aubrey (1626 – 1697)

Moderne Druiden in Stonehenge (spätes 19. Jhdt. bis heute)

IRISCHE SAGEN, Z.B. ULSTER- U. MYTHOLOGISCHER ZYKLUS (NIEDERSCHRIFT ZW. 7. UND 12. JHDT.)

- *Vitae* d. hl. Patrick und d. hl. Brigid

INTERESSE AN DRUIDEN LEBT ANFANG D. 16. JHDT.S WIEDER AUF

- John Aubrey behauptet Zusammenhang zwischen Druiden und Stonehenge
- *The History of Religion and Temples of the Druides* v. William Stukeley (1733)
- Alter Orden der Druiden (1781)
- Iolo Morgannwg läßt Eisteddfod in Carmarthen aufleben (1819)
- Erstes Nationales Eisteddfod in Aberdare (1861)
- Winston Churchill wird Druide (1908)
- OBOD (1964)
- Pagan Federation (1971)
- Insel-Orden der Druiden (1993)

FRANZ. NATIONALISTEN VORKÄMPFER FÜR ALTE DRUIDEN

DRUIDEN SOLLEN MIT MEGALITHEN IN FRANKREICH ZU TUN HABEN

- *Religion des Gaulois* von Jean Martin (1729)
- *Monuments Celtiques* von Jacques Cambry (1805)
- *École Druidique des Gaulois* (1988)

DEUTSCHES INTERESSE AN DRUIDEN ERWACHT

- *De Dis Germanis* von Elias Schedius (1648)
- Druiden-Logen errichtet (1872)

- Neo-Druidentum in Amerika (1830er Jahre)
- Jüdische Druiden (1850er Jahre)
- Neo-Druidentum in Australien (1851)

600 700 800 900 ------ 1500 1600 1700 1800 1900 2000

klassischen Literatur. Auch wenn literarische Hinweise auf die Druiden in der frühen Eisenzeit fehlen, kann es sie schon lange vor Cäsar gegeben haben.

Dennoch zeigt die Abbildung die Langlebigkeit des Druidentums, wenngleich sich sein Wesen zwischen der ersten Erwähnung in Gallien und Britannien Ende des 1. Jahrtausends v. Chr. und der heute in England, Europa und der Neuen Welt praktizierten Form radikal verändert hat. In irgendeiner Form gibt es das Druidentum also seit über zwei Jahrtausenden.

II

DIE KELTEN UND DAS ÜBERNATÜRLICHE

»Alle gallischen Stämme sind sehr religiös. [. . .] Unter den Göttern verehren sie Merkur am meisten. Von ihm besitzen sie besonders viele Götterbilder, ihn halten sie für den Erfinder aller Künste, für den Führer auf allen Straßen und Wegen, und von ihm glauben sie, er habe den größten Einfluß auf den Erwerb von Geld und auf den Handel. Auf Merkur folgen Apollo, Mars, Jupiter und Minerva. Der Glaube an diese Götter hat etwa denselben Inhalt wie bei den übrigen Völkern: Apollo vertreibt Krankheiten, Minerva lehrt die Anfangsgründe des Handwerks und der Künste, Jupiter hat die Herrschaft über die Himmelsbewohner, und Mars lenkt die Kriege.«

Cäsar, *Der Gallische Krieg*, 6,16–17

CÄSAR HAT SICH als einer von wenigen römischen Autoren mit den Göttern der keltischen Gallier beschäftigt. Seltsamerweise beschreibt er das gallische Pantheon als vollkommen identisch mit dem der Römer. Das ist natürlich Unsinn, denn als Casar Mitte des 1. Jahrhunderts v. Chr. Gallien eroberte, konnte sich die römische Religion in der neuen Provinz noch gar nicht durchgesetzt haben. Auch Cäsar scheint also der »interpretatio Romana« erlegen zu sein, bei der die römischen Beobachter einheimische Gottheiten einfach den eigenen gleichstellten. So mag Cäsar für gallische Götter römische Namen benutzt haben, weil er entweder die wahren Namen nicht kannte oder (wahrscheinlicher) seinen Lesern in Rom seine Beobachtungen verständlich machen wollte.

Das folgende Kapitel beschäftigt sich mit dem Wesen der keltischen Religion und stützt sich dabei sowohl auf die antike Literatur wie auf materielle Kulturerzeugnisse. Wenn wir in etwa wissen, wie sich die Gallier und Britannier die übernatürliche Welt vorstellten, können wir auch besser verstehen, welche Rolle die Druiden im Kontext der heidnischen Glaubenssysteme und Rituale der Kelten spielten.

Steinrelief des gehörnten Gottes Cernunnos aus Reims, 1./2. Jahrhundert n. Chr. Cernunnos wurde von den Galliern vor der Römerzeit verehrt. Bilder gehörnter Götter tauchen in der eisenzeitlichen Kunst auf Münzen und in italienischen Felszeichnungen auf.

Eisenzeitliche Holzfiguren: (links) weibliche Figur aus Ballachulish, Schottland, und (rechts) männliche Figur aus Teigngrace, England. Der Dichter Lukan erwähnt ausdrücklich hölzerne Götterbilder in gallischen heiligen Hainen.

Die griechische und römische Kultur war hauptsächlich städtisch, die keltische Gesellschaft vorwiegend ländlich. Was wir über die religiösen Systeme des keltischen Europa im späten 1. Jahrtausend v. Chr. und im frühen 1. Jahrtausend n. Chr. wissen, bezeugt eine enge Naturverbundenheit. Wie bei den meisten Vielgöttersystemen entstammten die verehrten Geister sowohl der wilden als auch der bebauten Landschaft und ihren Bewohnern. Landschaftliche Merkmale – Berge und Wälder – sowie Tiere bildeten den Schwerpunkt der Kulte. Objekt der Anbetung waren göttliche Mächte, die mit der Fruchtbarkeit der Menschen, des Viehs und der Feldfrüchte in Zusammenhang standen. Auch die Stammesgebiete selbst wurden heilig gehalten, und die Erde, welche die Toten aufnahm, betrachtete man als geweihten Boden.

Die Geister der Flüsse und Gewässer wurden als Lebensspender und Mittler zwischen Erde und Jenseits angerufen. Die Himmelsgewalten – vor allem Sonne und Donner – galten als göttlich und wollten gnädig gestimmt werden. Inschriften und Bilder aus römischer Zeit zeigen, daß die Götter die Naturerscheinungen in Person waren; so ist der Name »Taranis« nicht als »Gott des Donners« zu deuten, sondern er *war* der Donner; »Sequana« war der Seinefluß an der Quelle; »Sulis« war die heiße Quelle in Bath und nicht bloß ihre Hüterin oder Besitzerin. Manche Geister standen in engster Verbindung zu den Tieren, als deren Inbegriff sie galten: Die Namen der Bärengöttin Artio und der Pferdegöttin Epona beruhen auf den keltischen Wörtern für Bär und Pferd.

Abgeschlagener Kopf aus Stein (Caerwent, Südwales). Er wurde in einem Tempel auf dem Grundstück eines altrömischen Stadthauses gefunden. Einige Eisenzeit-Kelten praktizierten die rituelle Kopfjägerei, an der auch Druiden beteiligt gewesen sein könnten.

Das religiöse Beweismaterial

Unser Wissen vom Wesen der keltischen Religion stammt teils aus der antiken Literatur (den klassischen Beschreibungen der Kelten und den Volkssagen von Irland und Wales) und teils aus archäologischen Funden vor allem aus römischer Zeit, deren Inschriften und religiöse Darstellungen erheblich zu unserem Wissen beitragen. Was uns (wegen des praktischen Analphabetentums der Kelten der Eisenzeit) fehlt, sind Schriftzeugnisse von keltischer Hand.

Bei der Einschätzung aller drei Quellentypen ist Vorsicht am Platze. Die klassischen Geschichtsschreiber unterlagen unvermeidlich dem Vorurteil, der Verzerrung, dem Unwissen, dem Mißverständnis, der literarischen Konvention und dem Stereotyp des »Barbaren«, so daß insgesamt ein etwas schiefes und in manchem unwirkliches Bild entsteht.

Aufgrund des zeitlichen Abstands zur vorchristlichen Periode muß bei der Bewertung der heidnischen Kelten-Religion an die frühwalisischen und -irischen Zeugnisse in der Volkssprache sogar ein noch strengerer Maßstab angelegt werden als an die klassischen Quellen. Zwar läßt sich der eine oder andere Text aufgrund seines heidnischen Inhalts als wirkliches Echo der vorchristlichen Zeit herausfiltern, aber die frühesten Mythen von Irland und Wales – so etwa das *Maginogion* (Wales) und die *Táin* (im Ulster-Zyklus) – wurden erst im Mittelalter niedergeschrieben. Die Gelehrten sind sich uneins, ob diese Texte substantielles Material aus mündlicher Überlieferung enthalten oder bloße Schöpfungen der klösterlichen Autoren des Mittelalters sind.

Diese Voreingenommenheit gibt es bei den archäologischen Funden nicht. Dennoch wird unsere Interpretation dieser Zeugnisse unvermeidlich von unserer »modernen« Weltsicht gefärbt.

Bronzehirsch mit bastbedecktem Geweih, 1. Jahrhundert v. Chr. Aus dem religiösen Bronzehort von Neuvy-en-Sullias, Frankreich.

Die übernatürlichen Elementarkräfte

Die beiden wichtigsten Gruppen übernatürlicher Mächte hatten mit Himmel und Wasser zu tun. Sonne und Donner galten, wie archäologische Funde zeigen, als besonders wirkkräftig. Schon in der Bronzezeit benutzten die Menschen in weiten Teilen Europas das Speichenrad als Wahrzeichen der Sonne; auch in der späteren Eisenzeit und römisch-keltischen Periode stellten Radsymbole die Sonnengottheiten dar. Die Römer importierten ihren eigenen Himmelsgott Jupiter, dessen Bildnis mit dem des einheimischen Sonnengottes zu einer hybriden Himmelsgottheit verschmolz, die dem römischen Gott ähnelte, aber als zusätzliches Attribut das Sonnenrad erhielt.

Darüber hinaus besaßen die Kelten den »Donnerer« Taranis als einheimischen Donnergott. Auf ihn verweisende Inschriften sind in Britannien, Gallien, Germanien und im ehemaligen Jugoslawien gefunden worden, und der römische Dichter Lukan erwähnt ihn als brutalen Gott, den nach Menschenopfern dürstete.

Es gibt unzählige Indizien für die Verehrung des Wassers durch die Kelten (ja sogar ihre Vorfahren in der Bronzezeit). In der vorrömischen Eisenzeit wurden Metallarbeiten, Holzgegenstände, Tiere und – gelegentlich – Menschen in Seen, Flüssen, Quellen und Sümpfen als Opfergaben versenkt. In der Römerzeit wurden die Namen von Wassergottheiten auf Inschriften oder in zeitgenössischen Texten vermerkt. Die Marne hieß in der Antike »Matrona« (Mutter); die Seine war »Sequana«; der Severn »Sabrina«; die Wharfe »Verbeia«; die Saône »Souconna« und so weiter. In Bath wurden die »Aquae Sulis« (die Wasser der Sulis) verehrt, in Aquae Arnemetiae (Buxton im Derbyshire) die Göttin »Arnemetia«.

Steinaltar aus römischer Zeit mit Weihe-Inschrift an den keltischen Donnergott Taranucnus (eine abgeleitete Form von Taranis), Böckingen, Deutschland. Nach Lukan war Taranis einer der drei gallischen Götter, die Menschenopfer verlangten.

Bronzefigurine des keltischen Sonnengottes, 2. Jahrhundert n. Chr., aus Le Châtelet, Frankreich. Donnerkeil und Blitze ähneln dem römischen Sonnengott Jupiter, aber das Sonnenrad ist ein keltisches Symbol.

Welche Götter gab es?

Zur Identifizierung der Götter der vorrömischen Eisenzeit sind wir auf wenige Bildnisse angewiesen, darunter die Steinfiguren im Schneidersitz aus Roquepertuse (ganz rechts) und Entremont, die aus mit Menschenschädeln verzierten Tempeln stammen. Sie tragen eine Rüstung und halten Skulpturen von Menschenköpfen in der Hand – vermutlich handelt es sich um Kriegsgötter, die Kultgaben entgegennehmen. Die Bronzestatuette (rechts) aus St.-Maur (Frankreich) ist bis an die Zähne bewaffnet; wir vermuten darin einen Kriegergott, aber da ein Widmungs- oder heiliger Text fehlt, kann es auch ein Stammeshäuptling sein.

Die Römer verursachten einen beträchtlichen Wandel der materiellen Keltenreligion: Nun schrieb man erstmals den Namen des Gottes auf den Altar oder das Bildnis. Zudem gewann die Ikonographie im Einklang mit der griechisch-römischen Tradition beträchtlich an Umfang, und Statuen wurden jetzt häufig mit Attributen oder Symbolen ihrer Funktion versehen.

Können wir bei so wenig Beweismaterial für benannte vorrömische Gottheiten überhaupt von einem »keltischen Pantheon« sprechen? Wir besitzen zwei Anhaltspunkte, beide aus der antiken Literatur. Der eine ist Cäsars eingangs zitierte Aussage. Vergleicht man seine Liste gallischer Götter mit den archäologischen Informationen über das römisch-keltische Gallien und Britannien, so ergeben sich verblüffende Übereinstimmungen. So sagt Cäsar, vor allem Merkur sei verehrt worden. Nach dem Beweismaterial für Merkur oder sein einheimisches Gegenstück in der Römerzeit war er im Westen Europas tatsächlich der volkstümlichste Gott. Ebenso verschmolzen Apollo, Mars, Jupiter und Minerva mit keltischen Gottheiten. Die Apollo zugeschriebenen Heilkräfte sind im gallischen Belenus, Moritasgus, Grannus und so weiter allgegenwärtig; der Himmelsgott Jupiter wurde mit einheimischen Sonnen- und Donnergöttern gleichgestellt, und auch Mars und Minerva wurden verehrt. Die beiden letzteren Gottheiten hatten vor allem mit Krieg zu tun; interessanterweise gibt es in der vorrömischen Keltenwelt zahllose Hinweise auf Kriegsgötter beiderlei Geschlechts.

Ein Gewimmel von Göttern

Bildliche Darstellungen und Weihe-Inschriften aus römischer Zeit zeugen von einer nachgerade verwirrenden Masse von Göttern und Göttinnen. Diese vielköpfige und -gestaltige Versammlung muß – was nicht immer einfach ist – irgendwie hierarchisch geordnet werden, wenn wir die religiösen Systeme im keltischen Europa verstehen wollen. Untersucht man die Häufigkeit und Verteilung der Bilder und Götternamen, dann können wir herausschälen, wer in der gesamten keltischen Welt verehrt wurde, wer in enger begrenzten Gebieten – die vielleicht mit den Stammesgebieten übereinstimmten – beliebt war, wer mit einem konkreten Ort in Verbindung stand und wer vielleicht nur in einem einzigen Heiligtum verehrt wurde.

Steinrelief römischen Datums mit drei Muttergöttinnen aus Versault, Frankreich. Die Göttin links säugt ein Kind, die in der Mitte hält ein Handtuch, die dritte einen Schwamm und ein Becken.

Diese Häufigkeits- und Verteilungsmuster mögen zwar auf den relativen Beliebtheitsgrad bestimmter Götter verweisen, nicht jedoch zwangsläufig auf ihre hierarchische Bedeutung. So war die burgundische Heilgöttin Sequana in Mittelostfrankreich in den Augen ihrer Anbeter einflußreicher als die in ganz Britannien, Gallien und Rheinland verehrten Muttergöttinnen.

Einige Kulte gingen über die Stammesgrenzen hinaus und wurden überall praktiziert. Zu diesen universalen Gottheiten gehören die Muttergöttinnen, der Himmelsgott und die Pferdegöttin Epona, deren Anbeter so weit verstreut wie in Britannien, Rom und Bulgarien wohnten. Kennzeichnend für die Muttergöttinnen war, daß sie häufig als Dreiergruppe auftraten; in vielen Teilen Britanniens, in Gallien und am Rhein wurden sie als eine Art Dreieinigkeit angesehen, wobei sich

LUKANS DREI KELTENGÖTTER

In Der Bürgerkrieg nennt Lukan drei Gottheiten mit ihrem keltischen Namen oder Titel. »Esus« bedeutet »Herr« oder »Meister«, Taranis »Donnerer«, Teutates bezeichnet einen Stammesgott. Da Lukan diese drei herausgriff, dürften sie besonders bedeutend gewesen sein; das wird von mehreren Inschriften bestätigt. Aus weitverstreuten Teilen der keltischen Welt stammen sieben Taranis-Altäre; Teutates kommt in einigen britannischen Inschriften vor, so auf der Silberfeder (rechts) mit Widmung an Mars Toutatis (rechts oben) aus Hertfordshire; Esus erscheint auf einer Inschrift zum Bild eines Holzfällers (ganz rechts) aus Paris. Eine fast identische Skulptur, allerdings ohne Inschrift, fand sich in Trier.

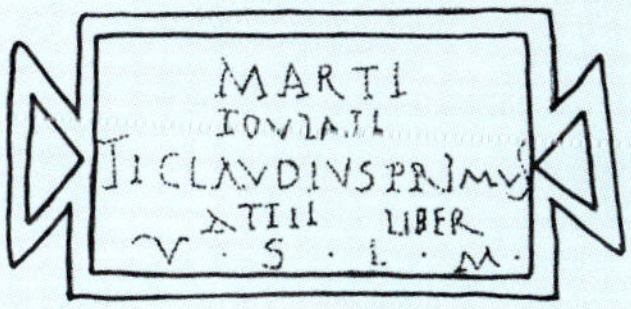

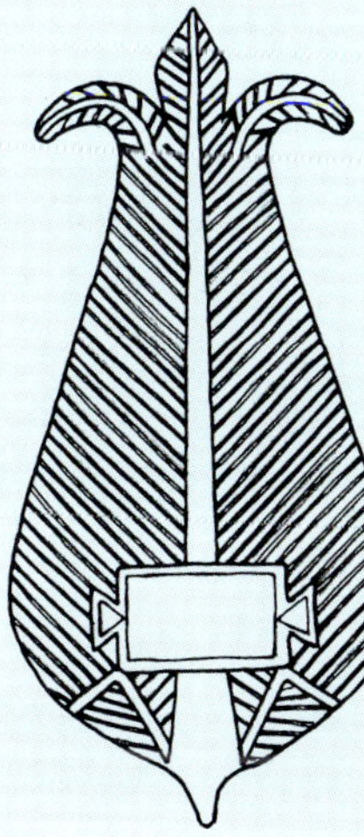

jedoch starke regionale Unterschiede feststellen lassen.

Auch der keltische Himmelsgott wurde unterschiedlich wahrgenommen und verehrt. Dennoch blieb die Verbindung zwischen dem keltischen Jupiter und dem Sonnenrad weithin erhalten: Römische Soldaten errichteten am Hadrianswall mit Rädern verzierte Altäre, und Gleiches taten seine Verehrer in Köln und Nîmes.

Manchmal lassen sich regionale Gottheiten identifizieren, die vielleicht vor allem mit Stammes- oder Unterstammesgebieten in Verbindung standen. Den Remern in Nordwestgallien ist eine typische Gruppe von Steinskulpturen eigen, die einen dreigesichtigen Gott mit gleichen Gesichtszügen und wallenden Bärten darstellen. In der Eisenzeit gab derselbe Volksstamm Münzen mit drei Gesichtern heraus, ein Motiv, das sich nirgends sonst in Gallien findet. Vermutlich handelt es sich um eine spezifische Remer-Gottheit. Ein weiterer Stammesgott war der von den Treverern verehrte Lenus. Ihm wurde in mehreren Treverer-Heiligtümern gehuldigt, deren großartigstes in der Stammeshauptstadt Trier stand. Gelegentlich wurde er jedoch auch in andere Gebiete exportiert: Im fernen Britannien wurden ihm in Chedworth im Gloucestershire und Caerwent in Südwales Altäre errichtet.

Andere keltische Gottheiten blieben indes äußerst lokalisiert, traten manchmal nur in einem einzigen Heiligtum auf – vielleicht personifizierten sie einen bestimmten Ort. Von den über 400 keltischen Götternamen in Gallien erscheinen 300 nur ein einziges Mal. Sequana war auf ihren Quellentempel bei Dijon begrenzt, Sulis gehörte zu Bath, das Götterpaar Ucuetis und Bergusia wurde nur im burgundischen Alesia verehrt. Der britannische Gott Nodens steht vor allem mit dem großen Heiligtum Lydney am Severn in Verbindung, taucht aber auch in Cockersand Moss in Cumbria auf. Zwei weitere einheimische Gottheiten – Cocidius und Belatucadrus – hatten beide mit Krieg zu tun und wurden in klar umgrenzten Gebieten im Bereich des Hadrianswalls verehrt.

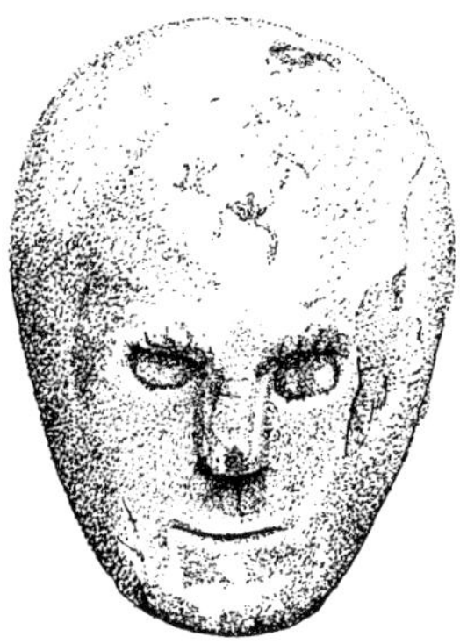

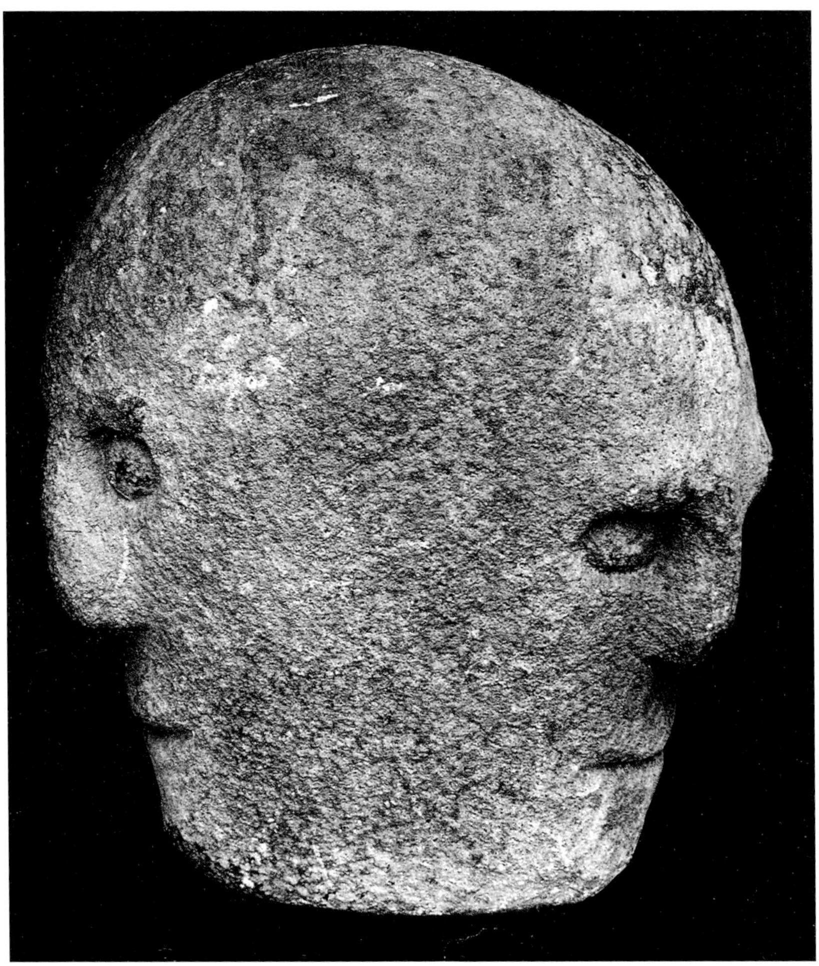

Vorder- und Seitenansicht eines dreigesichtigen Steinkopfs aus Corleck, Grafschaft Cavan (1. Jhdt. v. Chr. bis 2. Jhdt. n. Chr.). Die Drei galt bei den Kelten als magische heilige Zahl. Der Kopf dürfte einen in der späten Eisenzeit verehrten Keltengott darstellen.

FÜR DIE HEIDNISCHEN Kelten war die Anwesenheit übernatürlicher Mächte integraler Bestandteil ihrer Welt. Himmel, Sonne und unterirdisches Dunkel – alle hatten ihre Geister. Jedem Berg und Fluß, jeder Quelle und jedem Sumpf, jedem Baum und Felsvorsprung wurde seine eigene Gottheit zugeschrieben. Nemausus war nicht nur der gallische Name für die Siedlung in Nîmes, sondern auch für den obwaltenden Quellengott. Sein weibliches Gegenstück waren die drei Nemausicae. Im selben Gebiet besaß die Stadt Glanum ihren Gott Glanis; auf einem Altar einer heiligen Quelle steht »Dem Glanis und den Glanicae«. Andere Götter, deren Name auf ihren topographischen Ursprung verweist, sind zum Beispiel Vosegus, dem die Vogesen geweiht waren, Luxovius von der Badesiedlung Luxeuil, und Vason, dem die Stadt Vaison im unteren Rhônetal gehörte.

Göttliche Jäger und das Wild

Im keltischen Europa wurden Jagdgötter verehrt, die oft sowohl Schutzgott des Jägers als auch seiner Beute waren. In Frankreich legt auf einer Darstellung im Tempel von Le Donon (Vogesen) der bewaffnete Hirschjäger seine Hand segnend aufs Geweih des ihn begleitenden Hirsches; der Jagdgott aus Le Touget (Gers) trägt zärtlich einen Hasen im Arm. Die Ebergöttin Arduinna, die den Ardennen den Namen gab, reitet ihre wilde Beute mit dem Messer in der Hand, während der Ebergott von Euffigneix (Haute-Marne) mit dem Motiv eines Ebers dargestellt wird, der mit gespreizten Borsten den Torso des Gottes hinaufschreitet, was auf eine Vermengung des menschlichen und tierischen Aspekts der Gottheit hindeutet.

Wie in vielen traditionellen Gesellschaften war die Jagd wohl mit zahlreichen Verboten und Ri-

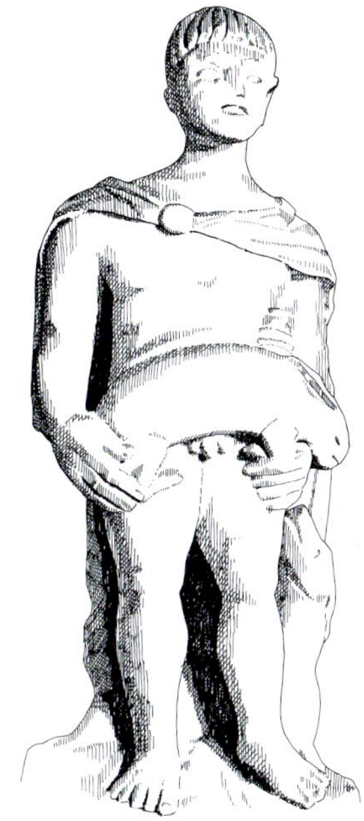

Steinstatue eines Jagdgottes mit einem Hasen, 1./2. Jahrhundert n. Chr., aus Le Touget, Frankreich. Bei den Kelten war die Jagd zugleich Sport und rituelle Handlung. Die Symbolik des Hasen geht vielleicht auf seine Kapriolen im März und seine nächtliche Futtersuche zurück. Auch Königin Boudicca (Mitte 1. Jhdt. n. Chr.) opferte ihrer Siegesgöttin einen Hasen.

LANDSCHAFTSGEISTER

Gelegentlich wurden topographische Geister mit der Fruchtbarkeit des Landes verknüpft. Die Dreiheit der Mütter trug vor allem im Rheinland Übernamen; Beispiele dafür sind die »Matronae Aufaniae« bei Bonn und die »Vacallinehae« bei Pesch. Diese germanischen Mütter sorgten insbesondere für fruchtbaren Boden; auf Altären sind sie mit Furchtkörben im Schoß abgebildet und haben Blumengirlanden tragende Akolyten bei sich.

Doch das Heilige war nicht nur in bestimmten Landschaftsmerkmalen zu finden, sondern besaß auch machtvolle Präsenz in einer Reihe von Haus- und Wildtieren. Die Namen mancher Gottheiten zeigen ihre enge Verbindung mit bestimmten Tieren. Epona und Artio, den Schutzgöttinnen der Pferde und Bären, sind wir schon begegnet, aber es gab noch viele andere – Merkur Moccus kümmerte sich beispielsweise um die Schweine, und Apollo Cunomaglus war der Herr der Hunde.

Steinstatuette der Pferdegöttin Epona, 1./3. Jahrhundert n. Chr., aus Alesia, Frankreich.

Steinskulptur eines Ebergottes, 2./1. Jahrhundert v. Chr., aus Euffigneix, Frankreich. Man beachte den schweren Halsreif, das große Auge entlang der linken Seite und den über den Rumpf schreitenden Eber.

tualen umgeben. Dem griechischen Schriftsteller Arrian (2. Jahrhundert n. Chr.) zufolge gingen die Kelten nie ohne den Segen des Gottes auf die Jagd und opferten den übernatürlichen Mächten Haustiere als Ausgleich für die der Natur geraubten wilden Geschöpfe. Möglicherweise wurde das Jagen als Tätigkeit angesehen, die neben ihrer praktischen auch symbolische Bedeutung hatte, der zufolge das Blutvergießen nicht nur zum Tod der Beute führte, sondern zugleich die Erde nährte.

Zwiesprache mit den Geistern

Alles deutet darauf hin, daß die alten Kelten ihre Welt mit vielgestaltigen Geistern teilten, weshalb man davon ausgehen kann, daß sie auch versuchten, mit dieser unsichtbaren Welt Zwiesprache zu halten. Das konnte durchaus im Alltag sein – so mag etwa eine Familie bei der Zubereitung des Essens Speis und Trank für die Schutzgeister von Heim und Herd beiseite gestellt haben. Zur Vorbereitung auf Jagd, Ernte, Krieg, Heirat und Geburt könnten Gebete und Geschenkversprechungen gehört haben. Auch bei Beerdigungen mag man den Göttern Opfer dargebracht haben, um den Übergang des Verstorbenen von einer Welt in die nächste zu erleichtern. Der toten Vorfahren wurde vielleicht an ihrem Geburts- oder Todestag ehrenvoll gedacht. Es gibt auch Hinweise für Ahnenverehrung in der keltischen Gesellschaft: Ein relativ unbekannter alexandrinischer Dichter des 3. Jahrhunderts v. Chr. namens Nikandros von Kolophon erwähnt, die Kelten hätten zur Vorhersage der Zukunft mit ihren Toten Zwiesprache gehalten; dazu verbrachten sie die Nacht in der Hoffnung, im Schlaf erleuchtet zu werden, neben den Gräbern von Familienmitgliedern. Die im eisenzeitlichen Heiligtum von Gournay (Frankreich) gefundenen, rituell zerstückelten Leichen deuten nach Meinung ihres Ausgräbers Jean-Louis Brunaux auf Begräbnisrituale hin, die mit dem Ahnenkult zu tun hatten. Die in Kornsilos bei Danebury gefundenen menschlichen Einzelknochen versinnbildlichten vielleicht die Gegenwart heimgekehrter Vorfahren, deren Gebeine vordem an anderem Ort rituell entblößt worden waren.

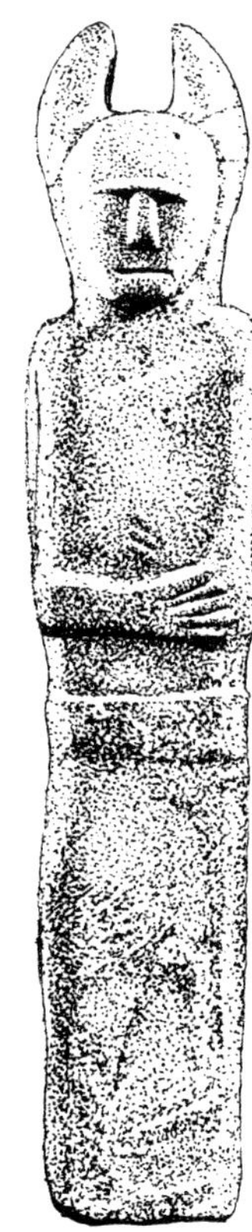

Sandsteinstatue eines Gottes mit Janusgesicht und Hörnern oder Laubkrone, aus Holzgerlingen, 6./5. Jahrhundert v. Chr. Der Januskopf könnte den Blick in die irdische und übernatürliche Welt symbolisieren.

IN DIESE GERADE umrissene Szenerie der keltischen Heidenreligion gilt es nun die Druiden – und ganz generell die religiösen Amtsträger – einzuordnen. Ein wichtiges Merkmal der heidnischen Priester in der Antike war, daß es ihnen nicht um Ethik oder Moral, sondern um Machtausübung vermittels der Religion ging. Der Unterschied zwischen dem Wesen christlicher Geistlicher, die ihren Pfarrkindern den richtigen Heilspfad zu weisen haben, und den meisten heidnischen Priestern der Antike ist gewaltig.

Die beträchtlichen Ähnlichkeiten zwischen Druiden und römischen Priestern sind vielleicht zumindest teilweise darauf zurückzuführen, daß die Druiden Galliens und Britanniens nur aus der Perspektive der Klassiker beobachtet und aufgezeichnet wurden. Beide waren in die Kontrolle übernatürlicher Kräfte durch Zukunftsdeutung verwickelt, beide standen in enger Beziehung zur weltlichen Gewalt, beide nahmen Opfer überaus wichtig, und beiden lag die Disziplinierung des gemeinen Volkes am Herzen.

Eine heidnische Berufspriesterschaft

Auffallend an der keltischen Gesellschaft war das enge Band zwischen Religion und Politik, ein auch in der römischen Welt anzutreffendes Phänomen. Mit der Wahl in gallische Magistrate gingen religiöse Zeremonien auf geweihtem Boden in Anwesenheit von Priestern und anderen Stammesführern einher. Nahe Parallelen lassen sich aus dem heutigen England zitieren, wenn ein Monarch in der Westminsterabtei in Gegenwart der höchsten Geistlichen des Landes gekrönt wird.

Die klassischen Autoren berichten mehrfach von der Verwicklung gallischer Könige in religiöse Dinge. Cassius Dio sagt, der Biturigen-König Ambigatus habe Opfer dargebracht und geweissagt. Desgleichen berichtet Cicero, der Galater-König Deiotarus sei zugleich Feldherr und mächtigster religiöser Führer des Landes gewesen. Sogar sein Name verbindet ihn mit Heiligkeitsvorstellungen, denn etymologisch leitet er sich von dem Wort für Gott her. Nur er besaß die Fähigkeit, gewisse Omen zu deuten. Cäsars Freund Divitiacus aus dem Königshaus der ostgallischen Äduer war zugleich Herrscher und Druide.

Wir müssen also fragen, inwieweit die religiösen Amtsträger Galliens und Britanniens einen von weltlichen Ämtern unterschiedenen Berufsstand bildeten. Desgleichen müssen wir nach einer Definition für »Priester« suchen und festzustellen trachten, ob der Begriff auf die Druiden paßt. Läßt sich beispielsweise zwischen Priestern und Propheten oder Druiden und Zauberern unterscheiden? Zur Beantwortung solcher Fragen müssen wir auf die Druidenbeschreibungen in der antiken Literatur und insbesondere Cäsars detaillierte Aussagen zurückgreifen. Anthropologen fällt eine universelle Bestimmung von »Priestertum« schwer: Der Begriff entzieht sich sowohl in der antiken als auch in der modernen Tradition einer engen Definition. Einige Gelehrte, vor allem Nora Chadwick in ihrem 1966 veröffentlichten Werk *The Druids*, sprechen den Druiden überhaupt die Priesterschaft ab und betonen ihre politische Rolle. Aber angesichts der offenbar unvermeidlichen Verknüpfung von Politik und Religion in der Antike sowie der eindeutig religiösen Rolle der Druiden (nach Cäsar, Strabon, Diodor, Lukan und vielen anderen) fällt es mir leicht, die Druiden als Priester zu bezeichnen; schließlich schreibt Cäsar kategorisch: »Die Druiden [...] interpretieren die religiösen Vorschriften« (6,13).

Nach Aussage der griechisch-römischen Autoren befaßten sich die Druiden mit einer Vielzahl politisch-religiöser Funktionen und waren – neben den unmittelbar priesterlichen Pflichten der Kultordnung, des Gebets und Opfers – als Wahrsager und Zauberer tätig.

Cäsar läßt uns wissen, die Druiden seien eindeutig ein eigener Berufsstand gewesen, waren sie doch in bis zu zwanzigjährigem Studium ausgebildete Spezialisten, die sich vom gemeinen Volk auch durch die Befreiung vom Kriegsdienst und von Steuern abhoben: »Die Druiden nehmen in der Regel nicht am Krieg teil und zahlen auch nicht wie die übrigen Steuern« (6,14).

PRIESTER UND POLITIK

Die politisch-religiöse Aufgabe des Äduerfürsten Divitiacus entspricht der Cäsars in Rom. 63 v. Chr. wurde Cäsar »Pontifex maximus« und erhielt damit eine ebensosehr politische wie religiöse Position. Dieses »religiöse« Amt brachte ihm politische Macht ein; interessanterweise war, als Augustus Ende des 1. Jahrhunderts v. Chr. das Prinzipat errichtete, Pontifex maximus einer der üblichen Kaisertitel. Ein modernes Gegenstück zur offenbar engen Verknüpfung von Priestertum und Politik bei Römern und Kelten bieten die islamischen Staaten, vor allem Iran. Auch im heutigen weltlichen England ist die Königin zugleich Staatsoberhaupt und Haupt der anglikanischen Kirche.

Bronzeobjekte aus religiösen Horten in England. (Oben) Bronzenes Radmodell und Eberfigurine aus einem Hort bei Hounslow nahe London, 1. Jahrhundert v. Chr. (Unten) Rabenfigurinen und ein neben anderen Bronzestücken in Felmingham Hall gefundenes Modellrad; sie lagen mit Münzen aus der Mitte des 3. Jahrhunderts n. Chr. in einem Topf. Es könnte sich um Tempelgaben handeln, die von den Druiden oder anderen Priestern in Zeiten der Gefahr vergraben wurden.

EINE HIERARCHIE VON PRIESTERN?

Priesterkollegien gab es in vielen indogermanischen Gesellschaften, ebenso in italischen und indo-iranischen Systemen. Das nebenstehende Cäsar-Zitat läßt sie auch in Gallien vermuten. Druide wurde man nicht durch Zugehörigkeit zu einer Dynastie, sondern durch Verdienst und Ausbildung (Cäsar sagt freilich, nur Adlige hätten es werden können). Das mag sich im 4. Jahrhundert n. Chr. geändert haben, als der Dichter Ausonius von einer erblichen Druidendynastie sprach.

Es muß neben den Druiden auch andere Religionsfunktionäre gegeben haben; die klassischen Autoren sprechen von »sacerdotes«, »gutuatri«, »vates« und anderen. Die Gliederung mag teils mit der zentralen oder lokalen Organisation, teils mit dem Rang zu tun gehabt haben. Wahrscheinlich hatte jeder Tempel seinen Hüter, und die Opfertiere dürften nicht von den Druiden, sondern von niedrigeren Rängen geschlachtet worden sein. Wichtig ist Cäsars Bemerkung, die Druiden seien von Kriegsdienst und Steuer befreit; der Dispens muß auf wenige Personen beschränkt gewesen sein.

Die Freistellung vom Kriegsdienst hatte vielleicht damit zu tun, daß die Druiden nicht vom Tod befleckt werden durften (der römische Jupiter-Hohepriester durfte nicht mit dem Anblick von Leichen behelligt werden). Auf Menschenopfer kann sich ein solches Verbot für Druiden allerdings nicht erstreckt haben!

»An der Spitze aller Druiden steht ein Mann, der den höchsten Einfluß unter ihnen genießt. Stirbt er, so folgt ihm entweder der nach, der unter den übrigen das höchste Ansehen besitzt, oder aber sein Nachfolger wird von den Druiden gewählt [...] Nicht selten wird dann jedoch auch mit Waffen um die leitende Stellung gekämpft.«

Cäsar, *Der Gallische Krieg*, 6,13

CÄSARS BEMERKUNG VERDEUTLICHT, daß im Gallien des 1. Jahrhunderts v. Chr. das oberste Druidenamt nicht vererbt, sondern nach Verdienst vergeben wurde. Interessant ist, daß die Nichtteilnahme der Druiden am Krieg den bewaffneten Kampf nicht ausschloß.

Dank solcher Zeugnisse können wir uns ein Bild machen, wie die Druiden organisiert waren und wie weit sich das Druidentum in der keltischen Welt erstreckte. Cäsar sagt: »Zu einer bestimmten Zeit des Jahres tagen die Druiden an einem geweihten Ort im Gebiet der Carnuten, das man für das Zentrum ganz Galliens hält« (6,13).

Demnach gab es sie in ganz Gallien und waren sie in einem Netzwerk verbunden. Analog zu dem geweihten Ort bei den Karnuten (vermutlich in der Nähe des heutigen Chartres) traf sich in Kleinasien, so Strabon, der Rat der Galater in Drunementon (»Eichenheiligtum«). Auch dort könnte es also Druiden gegeben haben. Daß sie in Britannien operierten, wissen wir: »Man glaubt, daß die Lehre der Druiden aus Britannien stammt und nach Gallien herübergebracht worden ist. Daher gehen die, die tiefer in ihre Lehre eindringen wollen, meist nach Britannien, um sie dort zu studieren« (Cäsar, 6,13). Ebenso bestimmt verneint Cäsar indes das Druidentum in Germanien: »Die Germanen [...] haben weder Druiden, die den kultischen Dingen vorstehen ...« (6,21).

Die Druiden als Mittler

Zu den Hauptaufgaben der heidnischen Priester zählte die Vermittlung zwischen der Geister- und der Menschenwelt und zwischen verschiedenen Personengruppen. Ähnlich ist ja auch heute der christliche Klerus einerseits Mittler zwischen Gott und Volk (durch Gebet, Sakramentsausteilung und andere Sakralhandlungen); andererseits übt er oft eine politische Vermittlerrolle aus, beispielsweise in Nordirland, Bosnien, Südafrika und anderen Unruhegebieten.

Auch den Druiden oblag die Doppelrolle der Vermittlung zwischen Göttern und Menschen und zwischen streitenden Gruppen. In der im Druidentum so ausschlaggebenden Zukunftsdeutung geschah eine Mittlung zu den übernatürlichen Mächten.

Die Mittlerschaft zwischen Göttern und Menschen könnte den Druiden auch die Aushandlung säkularer Fragen eingebracht haben. Nach Cäsar waren sie als Richter, Schlichter und Unterhändler in allen Dingen tätig – dies war eine Hauptaufgabe ihrer Jahresversammlungen. Der vermittelnde Einfluß der Druiden kann auch mit ihrer Rolle als Wahrer der mündlichen Tradition als Ausdruck der Stammesgeschichte und -identität zusammenhängen.

Gebet und Fürbitte

Vor der Römerzeit gibt es nur wenige Beweise, daß die Kelten beteten, wenngleich die Götteranrufung üblich gewesen sein muß. Auch die von den Klassikern so betonten Opfer sind eine Form des Gebets und dienten wohl dazu, die Götter »zu gewinnen«, damit sie ihren Getreuen nicht schadeten, sondern halfen, und ihnen für Segnungen zu danken.

Die Gebete dürften in Heiligtümern und anderen Kultstätten gesprochen worden sein. Als Brennpunkt dienten vielleicht Götterbilder wie in Rom die Altäre und im frühchristlichen Irland die Steinkreuze. Auf Inschriften gallischer und britannischer Altäre wird manchmal die Frömmigkeit der Bittenden erwähnt; häufig heißt es, die Steine seien von Pilgern »in Erfüllung eines Gelöbnisses« gestiftet worden. Darin folgten die heidnischen Kelten des Römerreiches einer römischen Sitte, wandten sich aber oft an ihre einheimischen Götter. Auch die Fluchtäfelchen in Bath, die Suls Strafe auf Übeltäter herabrufen, sind eine Form des Gebets.

Man kann davon ausgehen, daß es wie heute gemeinsame und private Gebete gab. Bei wichtigen Anlässen dürften die Druiden die feierlichen Gebete ganzer Stämme oder Gemeinden, niedrigere Priester die Gebete kleinerer Gemeinschaften, das Familienhaupt vielleicht Familiengebete geleitet haben.

Schamanismus in Britannien?

In vielen traditionellen Gesellschaften, so bei bestimmten Indianerstämmen und in Sibirien, nahmen sogenannte Schamanen Tiergestalt an, um mit der Geisterwelt in Kontakt zu treten (rechts). Bei den heidnischen Kelten ist Schamanismus nicht eindeutig belegt, aber indirekt könnten etwa der kürzlich in Hooks Cross entdeckte Geweih-Kopfschmuck (S. 58), die Gestalt mit ähnlichem Kopfschmuck auf dem Gundestrup-Kessel (unten rechts) und die »tanzenden Pferde« auf dem Späteisenzeit-Eimer (unten) aus Aylesford auf schamanische Praktiken hindeuten. Ein Priester oder Druide, der sich als Hirsch an die Geister wandte, mochte ein Geweih als Kopfschmuck tragen; die Aylesford-Pferde mit ihren Menschenbeinen könnten Männer in Pferdehäuten bei einem rituellen Tanz darstellen. Auf jeden Fall könnten sich Priester sehr wohl (vielleicht mit Hilfe von Drogen) in eine Trance versetzt haben, in der die Götter mit ihnen sprachen. Wir wissen, daß die Eisenzeitmenschen Narkotika kannten: Im Hallstattgrab von Hochdorf wurde Cannabis gefunden. Neuerdings meinen einige Gelehrte, die eigenartig surrealen Darstellungen der vorrömischen Keltenkunst könnten von Künstlern in drogeninduzierter Trance geschaffen worden sein.

Zeremonien und Feste

Bronzekopf eines stierhörnigen Gottes aus Lezoux, Frankreich, 1./2. Jahrhundert n. Chr. Viele Keltengötter wurden zur Unterstreichung der engen Bande zwischen Mensch und Natur halb als Mensch, halb als Tier abgebildet.

Die antike Literatur spricht häufig von Versammlungen und Zeremonien, meist im Zusammenhang mit religiösen oder quasireligiösen Betätigungen. Die jährliche »Synode« der Druiden bei den Karnuten in Gallien war vermutlich Anlaß zu Festlichkeiten ebenso wie feierlichen Handlungen. Athenaios berichtet unter Rückgriff auf Poseidonios und damit aufs frühe 1. Jahrhundert v. Chr. von einem mittelgallischen Häuptling und Arvernerherrscher namens Luernios, der ein Fest gab und »sich bei seinen Werbereden an das Volk in einem Wagen durch die Lande fahren [ließ] und Gold und Silber an die unzähligen ihm folgenden Kelten ausgestreut« habe und ein gewaltiges Festmahl anrichten ließ, das mehrere Tage dauerte (Athenaios, *Deipnosophistae*, 4,37). Auch irische Sagen erwähnen politisch-religiöse Versammlungen und Feste, insbesondere die große Versammlung von Tara (dem heiligen Ort für die Königsinvestitur), bei der Jahrmärkte, Pferderennen und anderes stattfanden.

Die frühirische Literatur nennt uns die Namen der vier großen Jahreszeitfeste, die zum Teil viel mit den Druiden zu tun hatten. Sie markierten wichtige Daten im Bauernkalender und sollten die göttlichen Mächte für gute Ernten und gesundes Vieh gnädig stimmen; gleichzeitig bildeten sie den Übergang von einer Jahreszeit zur andern und sollten den Menschen nach schwerer Arbeit auf den Feldern Entspannung bieten. Sie heißen: Imbolc, Beltane, Lughnasadh und Samhain.

Imbolc und Frühling

Das Imbolc-Fest fand am 1. Februar statt; mit ihm wurde die Saison der Lämmergeburt und die Milchbildung bei den Mutterschafen begangen. Der Name bedeutet (vielleicht in Anspielung auf das reine Weiß der Milch) »Reinigung«, und Imbolc bezog sich insbesondere auf die irische Heidengöttin Brigid, aus der später eine christliche Heilige wurde, die aber sowohl ihren alten Festtag als auch ihre Verantwortung für die Milchwirtschaft beibehielt. Imbolc scheint vor allem ein reinigendes Fest gewesen zu sein, das vielleicht von den trächtigen Schafen, ihren Lämmern und ihrer Milch Schaden fernhalten sollte.

Beltane und Sommer

Das große keltische Maifest Beltane wird bis heute in Schottland unter diesem Namen und in Wales als »Calan Mai« gefeiert. Es fand am 1. Mai statt und kennzeichnete den offiziellen Sommeranfang, zu dem das Vieh auf die Weiden getrieben wurde. Beltane war und ist ein Fest des Feuers. Der irische Schriftsteller Cormac (9. Jahrhundert) stellt zwischen Beltane und den Druiden eine feste Beziehung her: Sie hätten zwei große Feuer entzündet, zwischen denen das Vieh zum symbolischen Schutz vor Krankheit durchgetrieben worden sei. Beltane kommt wohl entweder von »bil« (Glück) oder »bel« (Licht).

Die Hauptversammlung in Tara, dem offiziellen Zentrum Irlands, fand zu Beltane statt. Viele irische Sagen assoziieren das Feuer, Beltane und die Druiden. Das *Book of Invasions* enthält eine Geschichte vom Druiden Mide, dem Begründer von Meath, der als erster ein Beltane-Feuer entzündete. Im irischen Text *Dinnschenchas* aus dem 12. Jahrhundert wird erzählt, sein großes Feuer habe sich auf ganz Irland ausgebreitet, so daß er sich den Zorn der angestammten anderen Druiden zugezogen habe. Mide schnitt ihnen allen die Zunge heraus und verbrannte sie rituell, vermutlich, weil ein sprechunfähiger Druide seine ganze

Diese Darstellung des Maifests Beltane zeigt das druidische Feuerritual, mit dem der Sommeranfang gefeiert wurde. Als Fruchtbarkeitskult und Reinigungsritual werden Rinder zwischen zwei Feuern durchgetrieben.

Kraft verlor. Die Rede, einschließlich der Weissagung und Satire, war ein wichtiges Werkzeug der Druiden.

Lughnasadh und Herbst

Die Feier des Erntefestes Lughnasadh am 1. August begann zwei Wochen vor diesem Tag und dauerte bis zwei Wochen danach. Es ist nach dem großen irischen Licht-, Kriegs- und Handwerksgott Lugh benannt, der es zu Ehren seiner Pflegemutter Tailtiu begründet hatte. Begangen wurde es an diversen großen Kultstätten: Emain Macha in Ulster, Carman in Leinster sowie für ganz Irland in Tara. Im *Dinnschenchas* diente es der Versammlung, in der politische und rechtliche Fragen geregelt wurden, aber es war auch Forum für andere Stammesaktivitäten wie Spiele und Festmähler. Auch Ernteriten sollen vollzogen worden sein, denen wohl Druiden und andere religiöse Würdenträger vorstanden.

Samhain und Winter

Samhain war das vierte große Inselfest und wurde am 31. Oktober/1. November begangen. »Samhain« kann vom irischen »samrad« oder gallischen »samon« kommen; beide beziehen sich auf die warme keltische Jahreszeit. Samhain könnte somit das Ende des warmen Wetters und den Beginn des Winters bedeuten. Dabei fand in Tara eine Großversammlung statt; vielleicht wurden die Haustiere zur Winterausmerzung, Nahrungsbeschaffung und Zucht zusammengeholt. Samhain war eine gefährliche Zeit: Die konventionellen Grenzen von Raum und Zeit waren vorübergehend außer Kraft, die Geister des Jenseits mischten sich unter die Lebenden. Traditionell gilt Samhain als keltisches Neujahrsfest, doch neuerdings ist dies in Frage gestellt worden.

Zu Samhain entfaltete sich ungeheure geistliche Energie und traten gewaltige Ereignisse ein. Cú Chulainn, der Held von Ulster, hatte an diesem Fest Jenseitsbegegnungen, desgleichen der übermenschliche Kriegsführer Finn im Fen-Zyklus. An Samhain vereinigte sich der Stammesgott Daghda mit der Raben-Kriegsgöttin Morrigán; auch die Riten im Zusammenhang mit dem geweihten Königtum fanden an diesem Fest statt.

Die Druiden hatten insoweit mit Samhain zu tun, als ihre Mittlerkraft den übernatürlichen Energiestrom aus dem offenen Jenseits kanalisieren mußte. Ein Hügel, auf dem zu Samhain eine große Versammlung stattfand, verdankt seinen Namen der altirischen Göttin Tlachtga, der Tochter eines Druiden.

Steinerner Januskopf, in der Mitte durch den Schnabel eines Raubvogels zusammengehalten, aus dem Tempel von Roquepertuse, 4./3. Jahrhundert v. Chr. Der am Eingang zum Heiligtum angebrachte Kopf stellt vielleicht den Tempelgott dar, dessen Doppelgesicht ihn die heilige und die profane Welt zugleich überblicken läßt.

ALLE VIER GROSSEN keltischen Religionsfeste – Imbolc, Beltane, Lughnasadh und Samhain – hingen also mit Feld- und Weideereignissen im Bauernkalender zusammen. Parallelen dazu gibt es auch im römischen Festkalender, der mit der Begehung von Jahresphasen rituelle Vorgänge verband.

Im Eisenzeit-Farmprojekt Butser in Hampshire hat Peter Reynolds das keltische Bauernjahr zu rekonstruieren versucht und nachgewiesen, daß bestimmte Aktivitäten zu bestimmten Jahreszeiten über den Erfolg oder gar das Überleben ländlicher Gemeinden entschieden.

Im Winter wurde viel in den Wäldern gearbeitet; nicht nur Brennholz wurde beschafft, sondern auch Holz für Bauzwecke und Werkzeuge.

Bei Frühjahrsbeginn wurde gepflügt und gesät. Das Gras fing an zu wachsen, und das Vieh wurde auf die Weiden getrieben; Kälber, Lämmer und Zicklein wurden geboren.

Zu Beginn des Sommers, Anfang Juni, wurden die Schafe geschoren (oder gerupft). Dem dürfte das Wollwaschen, Spinnen und Weben gefolgt sein. Anfang Juli begann die (für den Winter unerläßliche) Heumahd. Im August wurde geerntet – ein arbeitsintensiver Vorgang. War die Ernte eingebracht, ließ man das Vieh hinaus, das den leeren Boden abgraste, festtrampelte und düngte. Eine frühherbstliche Arbeit dürften die Vorkehrungen für das Einlagern des Korns gewesen sein; in Südengland wurden dazu unterirdische Silos oder Speichergruben benutzt. Ebenfalls im Herbst wurde der Tierbestand überprüft; überzählige männliche oder schwache Tiere wurden geschlachtet, das Fleisch geräuchert oder gepökelt. Man begann mit der Düngung, danach wurde umgepflügt – das Ganze endete wohl kurz vor Samhain.

Kalender und heilige Feste

Die religiösen Saisonfeiern hingen natürlich eng mit dem Jahreskalender zusammen. Den römischen Kalender besorgte das Kollegium der höchsten Priester; er enthielt die Daten aller Kultfeste sowie die Markttage. Manche Tage galten für religiöse Handlungen als ungünstig, andere als günstig. Ein erhalten gebliebener italienischer Stadtkalender ist das Tablett aus Antium, auf dem jeder Tag eingetragen und angegeben ist, welche Zeiten sich für Opfer und andere Riten eigneten.

Ein Gegenstück zum Antium-Kalender ist ein gallisches Bronzefragment aus dem 1. Jahrhundert v. Chr. aus Coligny in Zentralfrankreich, das wie ein Terminkalender für religiöse Feste und Kultanlässe aussieht. Der Coligny-Kalender bestärkt die Vermutung, daß die großen irischen Jahreszeitfeste Imbolc, Beltane, Lughnasadh und Samhain auch in der übrigen keltischen Welt begangen wurden. Auf dem Fragment erscheint das mit Samhain verwandte Wort »Samonios«. Desgleichen kann das als »Rivros« (nach Anne Ross »Großer Festmonat«) für den 1. August eingetragene Erstfrüchtefest auf das am selben Tag gefeierte Lughnasadh verweisen.

Am Entwurf des Coligny-Kalenders waren fast sicher Druiden beteiligt, so wie in Antium und anderswo die römischen Priester. Jeder größere gallische oder britannische Flecken oder Stamm mag eine eigene heilige Zeittafel besessen haben, die vielleicht aus Holz war und deswegen nicht erhalten blieb. Oder aber die Priester hatten – zumindest in weniger romanisierten Gegenden oder vorrömischer Zeit – die keltischen Kalender lediglich im Kopf, was ihr Ansehen und ihre Macht in der Gemeinde nur noch erhöhte. Wir sollten an Cäsars Worte über die gallischen Druiden denken: »Sie halten es für Frevel, diese Verse aufzuschreiben« (6,14).

Die Götter und die Landwirtschaft

Alle Teile des Bauernjahres waren gleichermaßen wichtig. War das Wetter schlecht oder wurden Ernten und Tiere von Krankheiten befallen, konnte das für den Bauern und die Gemeinschaft zur Katastrophe werden. Also mußten die Götter mit den richtigen Gebeten, Riten und Opfern gnädig gestimmt werden. Die günstigsten Tage für das Pflügen, Säen und Ernten mußten berechnet werden, und dabei dürfte die Seherkraft der Druiden eine zentrale Rolle gespielt haben.

Daß auch die Götter mit Agrardingen in Verbindung gebracht wurden, ergibt sich aus den Kommentaren zweier klassischer Autoren: Tacitus berichtet in seiner Germania von einer Zeremonie, bei der ein der Erdgöttin Nerthus geweihter Wagen um ihr Gebiet herum zu einer Feierstätte gefahren wurde, wo dann tagelange Festmähler abgehalten wurden. Gregor von Tours, ein Bischof aus dem 6. Jahrhundert, schreibt, im französischen Autun sei im 3. Jahrhundert bei einem rituellen Fest die Göttin Berecynthia »zum Schutze der Felder und Weinberge« auf einem Wagen durch die Gegend gekarrt worden.

Der bei Bourg-en-Bresse gefundene Coligny-Kalender (1. Jhdt. v. Chr.) besteht aus dem Fragment einer Bronzeplatte, auf der in Gallisch 64 Monate verzeichnet sind. Vermutlich benutzten ihn die Druiden zum Berechnen günstiger Tage für Zeremonien, Feste und wichtige politische Ereignisse. Vor dem Vergraben hatte man den Kalender absichtlich zerbrochen.

III

Die Druiden in den klassischen Texten

»Ferner gibt es Philosophen, die der Götterlehre kundig sind und in sehr hohem Ansehen stehen; man nennt sie Druiden. [. . .] Es ist bei den Galliern gebräuchlich, daß sie kein Opfer ohne einen ihrer Weisen verrichten. Denn sie sagen, man dürfe den Göttern die Dankopfer nur durch Diejenigen bringen lassen, die mit ihrem Wesen vertraut seyen und, so zu sagen, ihre Sprache verstehen.«

Diodorus Siculus, *Historische Bibliothek*, 5,31

Schon 200 v. Chr. waren die Druiden für die griechisch-römischen Schriftsteller ein faszinierendes Thema. Kelten und Druiden erschienen ihnen, die fast wie Touristen in ihre eigene Kultur eingesponnen waren, als absolut fremdartige Kuriositäten. Gleichzeitig notierten sie jedoch auch Aspekte des Druidentums, die Züge ihrer eigenen Religion aufwiesen, vor allem die Zukunfts- und Traumdeutung. Doch die Menschenopfer brandmarkten die Druiden als fremdländische Barbaren.

Eindeutig werden die Druiden nur für Gallien und Britannien erwähnt. Zwar spricht Diogenes Laertius im 3. Jahrhundert n. Chr. beispielsweise auch von Druiden bei den Galatai, aber damit meinte er vielleicht Gallien und nicht Galatien in Kleinasien.

Insgesamt vermittelt uns die klassische Literatur ein komplexes Druidenbild. Mal werden sie als religiöse Männer, mal als Lehrer, Denker, Heiler oder Magier beschrieben. Die Einstellung der klassischen Autoren zu den Druiden ist alles andere als einheitlich, oft sogar widersprüchlich. Die einen sahen sie als wilde, ungeschlachte Barbaren, die es auszurotten galt, die anderen rühmten ihre geistige und philosophische Leistung. Pomponius Mela nennt sie »Meister der Weisheit«.

Die Schriften der klassischen Chronisten übten auf die bildliche Darstellung der Druiden im 18. und 19. Jahrhundert einen starken Einfluß aus, so auch auf Noel Halles »Druidenfeier«, 1737–1744 (links ein Ausschnitt).

VERDAMMUNG

»Ihr, Druiden, kehrtet [...] wieder zurück zu den wilden Bräuchen und grausamen Opfern.«

Lukan, *Der Bürgerkrieg*, 1,445–446

»Die heiligen Haine, die grauenhaften Kulthandlungen dienten, wurden zerstört. Denn das Blut der Kriegsgefangenen [...] zu vergießen, [...] hielten sie für ihr heiliges Recht.«

Tacitus, *Annalen*, 16,30

»Denn erst die Herrschaft des Kaisers Tiberius unterdrückte ihre Druiden und diese Art von Wahrsagern und Ärzten.«

Plinius, *Naturkunde*, 30,4

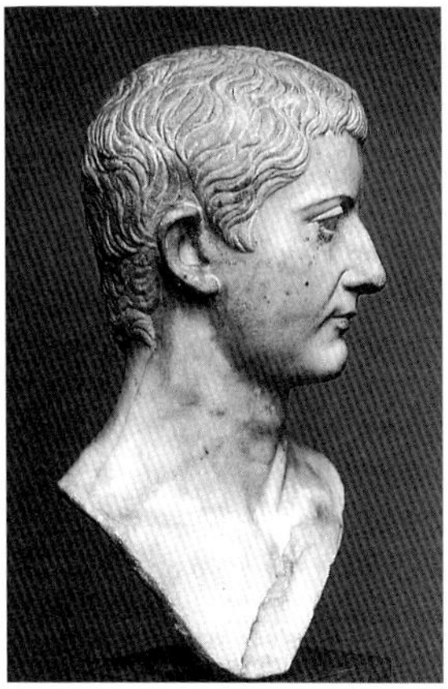

(Oben) Kaiser Tiberius versuchte das Druidentum auszurotten und verbot in einem Edikt die Ausübung der Druidenreligion.

(Rechts) Einige Griechen – so etwa Hippolytus und Klemens von Alexandria – idealisierten die Druiden als »edle Wilde«, betonten ihre Rolle als gelehrte Denker und Mystiker und bagatellisierten ihre Beteiligung an Menschenopfern.

»... die Dryiden üben ausser Naturkunde auch sittliche Weltweisheit. [Sie] hält man für die gerechtesten Menschen ...«

Strabon, *Erdbeschreibung*, 4,4,4

DIE KLASSISCHEN AUTOREN teilen sich grob gesprochen in ein pro- und ein antidruidisches Lager, wobei einige beide Aspekte enthalten. Die früheste (vorhandene) Literatur wird manchmal auch »poseidonische Tradition« genannt. Der in Syrien geborene griechische Philosoph Poseidonios lebte etwa von 135 bis 50 v. Chr. und bereiste Gallien; sein Werk lebt nur in den Schriften späterer Autoren fort. Zu deren wichtigsten gehören Cäsar (100–44 v. Chr.), Strabon (ca. 60 v. Chr. bis 20/25 n. Chr.) und Diodor (1. Jahrhundert v. Chr.); sie alle schrieben im 1. Jahrhundert v. Chr. Manchmal zitieren sie Poseidonios aus-

drücklich, manchmal läßt sich sein Einfluß nur vermuten. Die Beschreibungen der Druiden ähneln sich in allen diesen Texten sehr, aber am ausführlichsten äußert sich Cäsar, vielleicht dank seines langen Gallien-Aufenthalts in den fünfziger Jahren v. Chr.

Alle drei Autoren liefern von den Druiden ein gemischtes Bild, obschon der Schwerpunkt auf ihrer Barbarei liegt. Cäsar hatte offenbar Achtung vor ihrer Macht, während Diodor und Strabon ihre philosophischen Aktivitäten betonen und sie fast im gleichen Atemzug mit barbarischen Menschenopfern in Verbindung bringen: »Ferner gibt es Philosophen. [...] Mit ihrer sonstigen Rohheit stimmt die unerhörte Gottlosigkeit überein, wovon ihre Opfergebräuche zeugen« (Diodorus Siculus, 5,31–32).

Den Druiden feindselig gesinnt: Plinius, Lukan und Tacitus

Diese Autoren schrieben hundert Jahre nach Cäsar, als Gallien bereits voll ins Römische Reich integriert war und Britannien gerade befriedet wurde. Alle drei haben für die Druiden wenig übrig. Lukan und Tacitus sprechen von schaurigen Riten und Menschenopfern in abgeschiedenen Hainen, Plinius höhnt über die druidische Zauberei. Sie alle zeigen sich von Vorstellungen

(Links) Mehrere römische Autoren – darunter Plinius, Lukan und Tacitus – standen den Druiden feindselig gegenüber und schrieben sehr abfällig über sie. Sie betonten ihre Rolle in barbarischen Gebräuchen wie blutrünstigen Menschenopfern in geheimen Hainen.

über primitive Barbarei beeinflußt, die die zivilisierte Welt beleidige und ausgelöscht gehöre.

Achtung vor den Druiden: die Alexandriner und andere

Unter den in frühchristlicher Zeit in den Schulen Alexandriens erzogenen Gelehrten bildete sich die idealisierte Vorstellung vom Druiden als dem »edlen Wilden«, dem schlichten, doch machtvollen und von den Hemmschuhen der Zivilisation freien Mystiker heraus. Diese Autoren erwähnen keine Menschenopfer, sondern die Rolle der Druiden als gelehrte Denker. Die Autoren, die dieses Bild von den Druiden verbreiteten – darunter Christian Hippolytos (170 bis ca. 236), Klemens von Alexandria (150 bis ca. 212) und Cyrill von Alexandria (Erzbischof, 412–444) –, kannten die Druiden nicht aus eigener Anschauung; sie waren bloß fleißige Leser, deren gesamtes Material aus zweiter Hand stammte. Sie alle beziehen sich auf frühere Quellen wie etwa Timaios (356–260 v. Chr.) und Polyhistor (geb. um 105 v. Chr.).

Auch andere Autoren benutzten alexandrinische Quellen: Diodorus Siculus und der große Schriftsteller des 4. nachchristlichen Jahrhunderts, Ammianus Marcellinus, zitieren das Werk des Alexandriners Timagenes, der 55 v. Chr. als Gefangener nach Rom kam.

Die Alexandriner empfanden tiefes Interesse für die, wie sie meinten, reine und einfache Weisheit der Barbaren. Ähnlich dem Buche Genesis hatte in ihren Augen der Mensch die göttliche Gnade verloren, und die entwickelte Gesellschaft war, verglichen mit dem Goldenen Zeitalter, entschieden mit Makeln behaftet. Diese Meinung teilten sie mit vielen anderen antiken Denkern, vor allem dem griechischen Dichter Hesiod (8. Jahrhundert v. Chr.) und dem Römer Lucretius (1. Jahrhundert n. Chr.).

Ist auf die antiken Autoren Verlaß?

Oberflächlich betrachtet, sollten wir den frühesten Quellen am meisten glauben, denn sie wurden zu oder kurz nach der Zeit verfaßt, als die Druiden noch eine aktive Kraft waren. Poseidonios besuchte Gallien, Cäsar verbrachte dort fast zehn Jahre. Plinius, Lukan und Tacitus waren allesamt Zeitgenossen der ersten kaiserlichen Versuche einer Ausrottung des Druidentums. Doch alle diese frühen Chronisten verfolgten nicht nur historische Ziele. Jeden banden nicht nur die Konventionen der mittelmeerischen Kultur, sondern auch literarische Konventionen, denen zufolge man ungestraft übertreiben, romantisieren, Reden erfinden und in anderen Quellen räubern durfte. Das archetypische oder stereotype Barbarenbild ist mehr oder weniger allgegenwärtig. Die Darstellung von Kelten und Druiden wird von Klischees beherrscht. Gewisse anscheinend sinnvolle Phrasen müssen skeptisch betrachtet werden. Strabons Bemerkung, die Druiden seien die »gerechtesten aller Menschen«, ist ein Klischee der griechischen Literatur über Fremde und bedeutet möglicherweise sonst gar nichts.

Die Verfasser der poseidonischen und alexandrinischen Tradition erlagen wohl auch den gängigen griechisch-römischen Philosophien. So wurden den Druiden vielleicht künstlich stoische und pythagoreische Gedankengänge unterschoben, und wie wir schon sahen, galt das alexandrinische Idealbild vom »edlen Wilden« nicht nur für das Druidentum. Interessanterweise gaben sich die christlichen Verfasser den heidnischen Druiden gegenüber durchaus wohlwollend.

Unsere wertvollste Quelle für die Druiden ist Cäsar. Zwar diente sein *Gallischer Krieg* der politi-

Die Druiden in Britannien

»Man glaubt, daß die Lehre der Druiden aus Britannien stammt und nach Gallien herübergebracht worden ist. Daher gehen die, die tiefer in ihre Lehre eindringen wollen, meist nach Britannien, um sie dort zu studieren.«

Cäsar, *Der Gallische Krieg*, 6,13

Neben Cäsar sprachen auch andere von Druiden in Britannien. Wichtig ist seine Feststellung nicht nur wegen des Ansehens der britannischen Druiden, sondern auch wegen des engen gesellschaftlichen Zusammenhangs zwischen Gallien und Britannien.

Über hundert Jahre später erwähnt auch Plinius die gemeinsame gallische und britannische druidische Praxis: »Doch was muß ich dies von einer Kunst erwähnen, die sogar den Ozean überschritten hat und bis ans Ende der Welt vorgedrungen ist? Britannien feiert [die Magie] auch heute noch so begeistert mit solchen Zeremonien, daß es den Anschein haben könnte, Britannien habe sie den Persern übermittelt« (Plinius, Naturkunde, 30,4).

Das ist das Gegenteil von Cäsars Aussage. Doch der eigentlich entscheidende Punkt besteht darin, daß für Plinius Britannien fern aller Zivilisation praktisch am Ende der Welt liegt. Damit wird das Bild von den »total fremdländischen« Druiden untermauert.

Auch Tacitus spricht von Druiden in Britannien, speziell auf Anglesey, in dessen Inselfestung sie sich nach dem Beginn der römischen Invasion anno 43 n. Chr. möglicherweise zurückziehen mußten. Da Tacitus ein relativ objektiver Chronist ist, besteht kein Anlaß zu bezweifeln, daß der römische Statthalter 60/61 n. Chr. diese Zufluchtstätte der Druiden angriff.

(Oben) Rekonstruktion einer Opferszene vor dem Tempel der Sulis Minerva in Bath mit Priester und Bittstellerin.

schen Propaganda, aber seine Druidenbeschreibung ist leidenschaftslos, detailliert und zeitgenössisch. Er war in Gallien, ehe die Druiden ihre Macht verloren.

Doch auch Cäsars Zeugnis ist problematisch: Die Druiden werden nur im ethnographischen Teil (Buch 6) erwähnt, als handele es sich um einen Exkurs zur historischen Kriegschronik in den anderen Kapiteln. Das in Buch 6 vorgestellte Bild der gallischen Gesellschaft mag sogar ein bewußt »mit einheimischen Augen« gesehener ethnographischer Bericht sein. Das würde erklären, warum er in Buch 6 für Priester den gallischen Begriff »Druide«, in den anderen Büchern jedoch das lateinische »sacerdos« benutzt. Dennoch sind »sacerdos« und Druide nicht synonym: Cäsar beschreibt die Druiden als Quasipriester/-magistrate, und es ist zu Recht gesagt worden, Cäsars Druiden hätten viel mit der politisch-religiösen Rolle hochstehender Magistrate im spätrepublikanischen Rom gemein.

In den antiken Darstellungen der Druiden vermengen sich wahrscheinlich Wahrheit und Phantasie. Daß die Druiden auf der Höhe ihrer Macht sowohl politisch einflußreich als auch religiös bestimmend waren, steht außer Frage. Aber wir müssen uns vor Ausschmückungen, Übertreibungen und Falschaussagen hüten.

(Links) Lukan beschrieb einen Druidenhain bei Marseille, den Cäsars Soldaten im 1. Jahrhundert v. Chr. zerstörten. Hier inmitten der Bäume die (an haitianische Voodoo-Puppen gemahnenden) gespenstischen Holzgötter, die den Besucher in Angst und Schrecken versetzten.

(Rechts) Der Druide Merlin, Mentor von König Artus, wird in ein unterirdisches Verlies gelockt. Gegen 1905 entstandene Illustration von Henry Justice Ford (1860–1941).

Die Druiden und die Gesellschaftsordnung

Bretonische Druiden, Stich aus dem 19. Jahrhundert. Der auf dem Fels stehende Druide meditiert, oder er schlichtet einen Streitfall zwischen den im Vordergrund Stehenden.

Divitiacus: Druide und Herrscher

Der große römische Redner und Schriftsteller Cicero lebte fast gleichzeitig mit Cäsar und begegnete Divitiacus 60 v. Chr., als der Äduer-Adlige nach Rom kam und sich vergeblich um römische Hilfe gegen die Einfälle des Germanenkönigs Ariovist bemühte. Ciceros Ausführungen sind insofern wichtig, als Cäsar sich zwar des längeren über Divitiacus ausläßt, aber nur Cicero ihn als Druiden bezeichnet. Diese Bemerkung fiel im Zusammenhang mit einer Diskussion über die republikanische Herrschaft durch den Senat mit Hilfe der Religion.

Cäsar nennt Divitiacus einen proömischen Äduer-Häuptling und persönlichen Freund. Er regierte gemeinsam mit seinem jüngeren Bruder Dumnorix, der das römerfeindliche Lager anführte und leidenschaftlicher Nationalist war. Divitiacus hatte in der gallischen Politik ungeheuren Einfluß und war zudem häufig als Vermittler zwischen der gallischen Führung und Cäsar tätig. Er wohnte auch dem Konvent der gallischen Staaten bei, und dieser entsandte ihn nach Rom, wo er für alle Stämme sprechen sollte. Divitiacus verhandelte in Rom über die Begnadigung seines Bruders und die des rebellischen Stammes der Bellovaker. Er gilt als gewandter, verantwortungsvoller Politiker, glänzender Redner und Diplomat sowie als erfahrener und überzeugender Schiedsmann bei Konflikten.

»Und diese Weise der Weissagungen ist nicht einmal bei den barbarischen Völkern vernachlässigt worden. So sind doch in Gallien die Druiden, von denen ich selbst den Aeduer Divitiacus [...] kennen gelernt habe, der behauptete, ihm sei die Naturwissenschaft, die die Griechen Physiologie nennen, bekannt und theils durch Augurien, theils durch Muthmaßung, was zukünftig wäre, voraussagte.«

Cicero, *Von der Weissagung*, 1,41,90

Die klassischen Texte verdeutlichen, daß – wie in den Glaubenssystemen vieler antiker und moderner Gesellschaften – zwischen keltischer Religion und Politik eine enge Verbindung herrschte, in deren Brennpunkt die Druiden standen. Cäsar schreibt, in der gallischen Gesellschaft gebe es nur zwei Klassen von Belang: die Druiden (die er als erste nennt) und die Ritter. Sodann behandelt er ihre vielgestaltigen Aufgaben, zu denen politische und militärische Verhandlungen, Opferzeremonien, die religiöse und sonstige Unterweisung gehörten. Dio Chrysostomus (40 bis etwa 112 n. Chr.) spricht ehrerbietig von der politischen und geistigen Kraft der Druiden, die er mit den persischen »magi«, den indischen Brahmanen und anderen einflußreichen Gelehrtenschichten vergleicht.

Dumnorix: der Freiheitskämpfer

Dumnorix, der Bruder des Divitiacus, ist eine interessante Gestalt und war vielleicht ebenfalls Druide. Als Cäsar 54 v. Chr. seinen zweiten Besuch in Britannien plante, beschloß er, verratsverdächtige Häuptlinge lieber mitzunehmen, als sie hinter seinem Rücken den Aufstand planen zu lassen. Zu ihnen gehörte Dumnorix, der erklärte, er hasse Seereisen, und bezeichnenderweise hinzufügte, »er sei durch die Erfüllung religiöser Pflichten verhindert« (5,6).

Richter und Schiedsmänner

»[Die Druiden] hält man für die gerechtesten Menschen, wesshalb ihnen sowohl die besonderen als allgemeinen Rechtshändel anvertrauet werden. Selbst Kriege haben sie ehemals geschlichtet, und den Angriff beginnende Heere besänftigt. Auch die Blutschulden zu richten, war vorzüglich ihnen übertragen.«

Strabon, *Erdbeschreibung*, 4,4

Strabon, Diodor und Cäsar erwähnen allesamt, daß die Druiden straf- und zivilrechtliche Richteraufgaben erfüllten, aber Strabon läßt zudem durchblicken, zu der Zeit, als er schrieb, habe die militärische Schiedsaufgabe bereits der Vergangenheit angehört. Dabei erwähnt der fast gleichzeitig lebende Diodor ausdrücklich die Verwicklung der Druiden in Kriegsfragen:

»Diese Männer und die Liederdichter haben den größten Einfluß nicht blos bei den Geschäften des Friedens, sondern auch im Krieg, und zwar unter den Feinden sowohl als unter ihren eigenen Leuten. Sie treten manchmal in's Mittel, wenn die Heere schon in Schlachtordnung und mit vorgehaltenen Lanzen gegeneinander anrücken, und stiften Frieden, gerade wie man gewisse Thiere beschwört. So muß auch bei den wildesten Barbaren der Weisheit die Leidenschaft weichen und [der Kriegsgott] Ares sich vor den Musen scheuen.«

Diodorus Siculus, *Historische Bibliothek*, 5,31

Nach Cäsar waren die Druiden in allen straf- und zivilrechtlichen Streitigkeiten vom Mord bis zu Erbfragen zuständig. Sie führten den Vorsitz in Prozessen von Privatpersonen und Gemeinschaften und griffen bei Streitigkeiten über Eigentumsgrenzen ein. Zu den wichtigsten Aufgaben bei der großen Jahresversammlung der Karnuten-Druiden gehörte die Schlichtung von Auseinandersetzungen. Besondere Macht über die Menschen übten die Druiden dadurch aus, daß sie sie von Opferzeremonien ausschließen konnten – eine Art Exkommunikation, die den Übeltäter praktisch für vogelfrei erklärte. Strabon irrt hier also, und möglicherweise diente der plötzliche Wechsel der Erzählzeit mitten im Text der Absicht, dem Ganzen bewußt den Anstrich eines märchenhaften »Es war einmal« zu geben.

(Oben) Ein Galaterkrieger tötet sich und sein Weib, um der Gefangennahme zu entgehen.

(Unten) Die Druiden hielten ihre Jahresversammlung im Stammesgebiet der Karnuten ab.

Der Rache- und Gerechtigkeitsgöttin Nemesis geweihtes Fluchtäfelchen aus Blei aus dem Amphitheater der Legionärsfestung Caerleon, Südwales. Vielleicht stammt es von einem Legionär, der bei den Spielen wettete, oder von einem Gladiator, der auf diese Weise sein Überleben sichern wollte. Solche Täfelchen wurden vielleicht von religiösen Würdenträgern geschrieben.

»Die Druiden der Gallier haben behauptet, daß man sie [die Selago-Pflanze] gegen jedes Übel bei sich tragen solle und daß ihr Rauch gegen alle Augenschäden nützlich sei.«

Plinius, *Naturkunde*, 24,62

Hier ist eindeutig von Magie die Rede; zuvor bespricht Plinius die seltsame Art, in der die Pflanze gesammelt werden mußte: »Man sammelt sie ohne eisernes Gerät, indem man sie mit der rechten Hand durch die Tunika hindurch, auf der Seite, wo die linke Hand ist, herausreißt, als wolle man sie stehlen.« Interessanterweise verknüpft Plinius Magie und Heilkunst und erwähnt Augenleiden: Aus den Votivgegenständen vieler Heilungstempel geht hervor, daß gerade bei Augenleiden häufig die Götter um Hilfe angefleht wurden.

Die berühmtere Passage bei Plinius, die dem druidischen Ritual des Mistelzweig-Sammelns gilt, beginnt so: »Die Druiden – so nennen sie ihre Magier – halten nichts für heiliger als die Mistel und den Baum, auf dem sie wächst, wenn es nur eine Wintereiche ist« (Plinius, *Naturkunde*, 16,95). Wie die Selago-Pflanze mußte auch der Mistelzweig auf ganz bestimmte Art gesammelt werden, und bezeichnenderweise bestand die dazu benutzte Sichel wiederum nicht aus Eisen, sondern aus »Gold« (wahrscheinlich vergoldeter Bronze, denn reines Gold wäre zu weich gewesen). Wie die Selago-Pflanze diente auch der Mistelzweig Heilzwecken; man verabreichte ihn dem Kranken in einem Getränk und hielt ihn für ein Mittel gegen alle Gifte sowie für eine wirksame Abhilfe bei Unfruchtbarkeit.

Der Alexandriner Hippolytus, der Ende des 2., Anfang des 3. Jahrhunderts schrieb, nennt die Druiden Zauberer, und Diogenes Laertius (3. Jahrhundert n. Chr.) spricht von einer »rätselhaften Sprechweise« der Druiden.

Vor dem von den griechisch-römischen Autoren verbreiteten Bild der Druiden als merlinähnliche Zauberer ist Vorsicht geboten. Hexerei und Magie galten bei den Römern als subreligiöse Handlungen, die manchmal als Quacksalberei oder – unheimlicher – als böse »schwarze Kunst« angesehen wurden. So lag es nahe, die religiösen Führer einer »Primitivkultur« als »Medizinmänner« zu stereotypisieren, die irgendwelchen faulen Zauber von sich gaben. Sofern die Druiden tatsächlich Magie übten, muß das im Zusammenhang mit ähnlichen Vorgängen in der klassischen Welt gesehen werden. Schließlich war das Aufschreiben und Den-Göttern-Opfern von Flüchen – eine verbreitete Praxis in der mittelmeerischen Antike – ebenfalls eine Art Zauberei.

Das Druiden-Ei

Plinius erwähnt einen seltsamen druidischen Talisman namens »urinum«: ein angeblich aus dem Speichel und Leibschaum geknäuelter Schlangen geformtes Schlangenei. Dieses »Druiden-Ei« sollte seinem Träger vor Gericht Recht verschaffen. Nach Plinius war es »von der Größe eines mäßig runden Apfels« (29,12). In The Druids *(1968) nimmt Stuart Piggott an, es habe sich in Wirklichkeit um miteinander verbundene leere Wellhorn-Schneckenhäuser gehandelt, die zwar an den Stränden Nordwestgalliens und Englands allgegenwärtig sind, auf Leute aus dem Mittelmeerraum aber exotisch gewirkt haben dürften.*

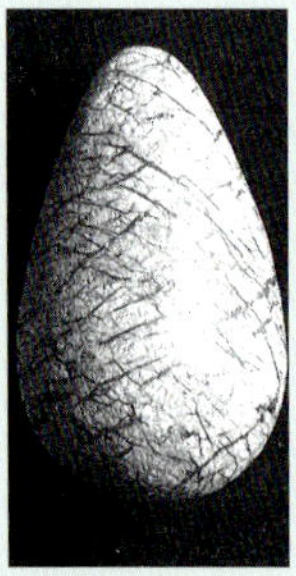

(Oben) Ei-Amulett aus Serpentin, wahrscheinlich römischen Datums, aus Bu Sands, Orkney, Schottland.

Manche griechisch-römische Kommentatoren versuchten die gesellschaftliche Rolle der Druiden zu bagatellisieren. Sie verhöhnten ihre Kräfte als Quacksalberei und stellten die Druiden als bloße Medizinmänner (rechts) dar, deren Zaubersprüche nichts als wirkungsloser Hokuspokus waren.

»Druiden holen den Mistelzweig.« Auf diesem Gemälde von George Henry und Edward Atkinson Hornel, 1890, wird der Mistelzweig mit einer »goldenen« Sichel geschnitten.

Steinrelief mit Schulszene; Römerzeit, aus Neumagen. Viele Klassiker sprechen von den Druiden als Erziehern, welche die mündlichen Überlieferungen, die religiösen Doktrinen und die Stammesgeschichte lehrten.

»Eine große Zahl von jungen Männern sammelt sich bei [den Druiden] zum Unterricht, und sie stehen [...] in großen Ehren. [...] Die Druiden nehmen in der Regel nicht am Krieg teil und zahlen auch nicht wie die übrigen Steuern. [...] Diese großen Vergünstigungen veranlassen viele, sich aus freien Stücken in ihre Lehre einweihen zu lassen, oder ihre Eltern und Verwandten schicken sie zu den Druiden. [...] [Einige bleiben] 20 Jahre lang im Unterricht. Sie halten es für Frevel, diese Verse aufzuschreiben, während sie in fast allen übrigen Dingen im öffentlichen und privaten Bereich die griechische Schrift benutzen.«

Cäsar, *Der Gallische Krieg*, 6,13–14

Von den Chronisten des 1. Jahrhunderts v. Chr. erwähnt nur Cäsar ausdrücklich die Rolle der Druiden als Erzieher, meint aber offenbar, nur künftige Druiden hätten sich ausbilden lassen. Im 1. Jahrhundert n. Chr. schrieb jedoch Pomponius Mela, die Schüler der Druiden seien Söhne des Adels. Ob sie auch alle selbst Druiden werden wollten, ließ er offen: »Sie lehren die Edelsten der Rasse vielerlei Dinge.« Im weiteren beschreibt er die den Unterricht umgebende Geheimniskrämerei: »...zwanzig Jahre lang an abgeschiedenen und fernen Orten – in Höhlen oder einsamen Hainen ...« (*De Chorographia*, 3,2,19).

Dieses Versteckspiel mag sich erst im 1. Jahrhundert n. Chr. entwickelt haben, als Rom allgegenwärtig und der offenen Druidenpraxis feindlich gesinnt war.

Über die tatsächlichen Lehrinhalte können wir den klassischen Autoren nur winzige Bruchstücke entnehmen. Nach Cäsar diente der Unterricht der Kenntnis der Götter, der Vergangenheit und der natürlichen Welt. Ammianus zufolge waren die Druiden die Wahrer der Geschichte der Gallier. Mit Moral, Strafe für Untaten und Lohn für gutes Verhalten in Form von Hölle und Himmel hatte die druidische Unterweisung wenig oder nichts zu tun. Diogenes Laertius hingegen läßt die Druiden dreierlei lehren: »die Götter ehren, nichts Böses tun und sich der Tapferkeit befleißigen« (*Leben und Meinungen berühmter Philosophen* I, Prooemium, 6). Ethik kommt dabei nur im zweiten Lernziel vor.

Von Melas Erwähnung der Höhlen und Haine abgesehen, wissen wir wenig über den Ort der druidischen Unterweisung. Tacitus allerdings spricht von der altkeltischen Schule in Bibracte in Burgund, an deren Stelle dann im Jahre 12 v. Chr. die von Augustus gegründete Römerschule in Autun getreten sei. War erstere vielleicht eine Druiden-Akademie?

Wahrer der mündlichen Überlieferung

»Wie es heißt, lernen sie [...] eine große Zahl von Versen auswendig. [...] Sie halten es für Frevel, diese Verse aufzuschreiben. [...] Wie mir scheint, haben sie das aus zwei Gründen so geregelt: Einmal wollen sie nicht, daß ihre Lehre allgemein bekannt wird, zum andern wollen sie

verhindern, daß die Lernenden sich auf das Geschriebene verlassen und ihr Gedächtnis weniger üben. Denn in der Regel geschieht es, daß die meisten im Vertrauen auf Geschriebenes in der Genauigkeit beim Auswendiglernen und in ihrer Gedächtnisleistung nachlassen.«
Cäsar, *Der Gallische Krieg*, 6,14

Als zweiten Grund für diese Betonung der mündlichen Unterweisung nennt Cäsar die Geheimhaltung. Auch der christliche Autor Origenes läßt sich über das Fehlen einer druidischen Schrift aus. Dennoch sollte uns diese Lehrmethode nicht überraschen, denn das Auswendiglernen gehörte in der Antike – auch in Griechenland und Rom – zur Standarderziehung.

An Cäsars Aussage über die mündliche Unterweisung fällt die Erwähnung der Verse auf, ganz so, als spielten die Druiden eine ähnliche Rolle wie die von anderen erwähnten Barden. In der Tat ist Cäsar der einzige Autor, der keine Unterscheidung zwischen Druiden und Barden (Dichtern) trifft.

Strabon sagt: »Bei allen Kelten gibts überall drei Stände vorzüglich geehrter Männer, die Barden, die Weissager [Vaten] und die Dryiden« (4,4,4), und Diodor hält fest: »Es gibt unter ihnen Liederdichter, die man Barden heißt. Diese begleiten ihren Gesang, worin sie Einige lobpreisen, Andere schmähen, mit einem der Leier ähnlichen Werkzeug« (5,31). Im weiteren betont Diodor die enge Verbindung von Druiden und Barden. Auch Lukan nennt beide fast im selben Atemzug, unterscheidet sie jedoch voneinander. Auch in der irischen Überlieferung werden Druiden und Barden eng verknüpft. Es sieht so aus, als habe den Barden die Komposition und der Vortrag von Versen oblegen, den Druiden deren Erlernen und Lehren. Fest steht, daß den Mythen und Sagen über die Vergangenheit großer Wert beigemessen wurde und sie als Teil des keltischen Erbes memoriert und gelehrt werden mußten.

Religionslehre

»Die Druiden [. . .] interpretieren die religiösen Vorschriften.«
Cäsar, *Der Gallische Krieg*, 6,13

Cäsars Wort klingt aufsehenerregend, aber weder er noch sonstjemand liefert mehr als bloß Skizzenhaftes über das, was die Druiden glaubten oder lehrten. Cäsar zählt viele Themen auf, über die die Druiden lange debattierten und ihre Schüler unterrichteten, darunter »die Macht und Gewalt der unsterblichen Götter«. Mela sagt, die Druiden glaubten den Willen der Götter zu kennen, und viele Autoren erwähnen ihre traumdeutende und weissagende Fähigkeit. Diodor bemerkt, sie hätten die Sprache der Gotter gesprochen und durch ihre Zwiesprache mit der übernatürlichen Welt den Frommen Segen gebracht. Ganz Ähnliches schreibt auch Lukan.

Ein konkretes Detail verdanken wir Cäsar: »Alle Gallier rühmen sich, von Vater Dis [= Pluto, römischer Gott der Unterwelt und der Toten] abzustammen, und sagen, das werde von den Druiden überliefert.« Damit impliziert Cäsar, die Gallier hätten einen entsprechenden Gott gehabt.

(Links) Bronzefigurine eines Priesters aus Cricklade, Römerzeit. Der gewandumhüllte Kopf deutet auf einen britannischen Priester, vielleicht einen Druiden hin.

(Rechts) Bronzefigurine des keltischen Hammergottes Sucellus mit Laubkrone, Hammer und Topf, 2./3. Jahrhundert n. Chr., Glanum.

DAS STUDIUM DES UNIVERSUMS

»Sie stellen [. . .] häufig Erörterungen an über die Gestirne und ihre Bahn, über die Größe der Welt und des Erdkreises, über die Natur der Dinge . . .«

Cäsar, *Der Gallische Krieg*, 6,14

»Ferner gibt es Philosophen, die der Götterlehre kundig sind [. . .]; man nennt sie Druiden.«

Diodorus Siculus, *Historische Bibliothek*, 5,31

»[Der Mond bildet] bei ihnen den Anfang der Monate und Jahre und nach 30 Jahren einen neuen Zeitabschnitt.«

Plinius, *Naturkunde*, 16,95

MEHRERE KLASSISCHE AUTOREN, auch die ansonsten den Druiden feindselig gesinnten, lassen sich über ihre Rolle als Philosophen und Gelehrte aus. Pomponius Mela nennt sie »magistri sapientiae« (»Meister der Weisheit«). Ammianus betont (unter Berufung auf Timagenes, 1. Jahrhundert v. Chr.) ihren hohen Intellekt und sagt, sie hätten »sich zur Erforschung verborgener und hoher Dinge« erhoben (15,9,8). Das erweckt den Eindruck, es habe sich um wahre Denker mit einer Verachtung für die banalen Alltagsprobleme des Menschen gehandelt.

Die alexandrinischen Schreiber, die den Druiden – zumeist – achtungsvoll begegneten, räumen ihnen große Geistigkeit ein. Dio Chrysostomus vergleicht die Philosophie der Druiden mit jener der großen Zivilisationen Ägyptens, Persiens und Indiens. Klemens von Alexandria geht so weit, den Ursprung der Philosophie bei den Kelten zu suchen. Die Alexandriner bewunderten die – wie sie es sahen – originäre Weisheit des »edlen Wilden«.

Astronomie, Astrologie und Mathematik

Ein Wissenschaftszweig der Druiden war das Studium der natürlichen Welt, vor allem die Sternkunde. Ammianus spricht von »Euhagen« (Sehern), die »die Geheimnisse der Natur zu erklären versuchten« (15,9,8). Nach Cicero besaß der Druide Divitiacus Kunde von Naturerscheinungen. Mela sagt, die Druiden beanspruchten für sich, über die Größe und Gestalt der Erde, das Universum und die Bewegungen der Sterne Bescheid zu wissen. Lukan erwähnt die Behauptung der Druiden, die Astrologie ebenso zu beherrschen wie die Geheimnisse des Göttlichen. Diese Verknüpfung von Druiden und Sternkunde tritt auch in den frühchristlichen irischen Texten auf: Der Druide, der die heilige Brigid lehrte, pflegte die Sterne zu studieren.

Die astronomischen Beobachtungen der Druiden dienten einem sehr praktischen Zweck: der Kalenderberechnung. Sowohl Cäsar als auch Plinius erwähnen die Zeitberechnung der Druiden anhand des Mondes. Nach dem christlichen Autor Hippolytus konnten die Druiden gewisse Ereignisse mit Hilfe pythagoreischer Berechnungen vorhersagen; man darf also durchaus annehmen, daß sie Theorien großer griechischer Mathematiker wie Pythagoras benutzten. Schon ab dem 7. Jahrhundert v. Chr. gab es in Südgallien Griechen, und die enge Verbindung zwischen Mittelmeer und keltischem Europa zur selben Zeit ist archäologisch mehrfach belegt.

Melas »Meister der Weisheit«

Die Aussagen der klassischen Autoren über die druidische Philosophie sind nicht ohne weiteres zu interpretieren. Manches mag sich einfach aus dem persönlichen Hintergrund der Autoren in ihre Beschreibungen geschlichen haben. Poseidonios war Stoiker, und Strabons Aussage, nach druidischer Lehre versinke das Universum periodisch in Feuer und Wasser, kommt geradewegs aus dem Stoizismus. Ich halte es jedoch für verfehlt, die ganze druidische Lehre ausschließlich auf eine falsche, den Druiden übergestülpte klassizistische Vorstellung zurückzuführen.

Vielleicht standen die druidischen Denker am Rande der großen philosophischen Debatten, deren Schwerpunkt im Mittelmeer lag. Die wichtigste, offenbar griechisch beeinflußte Druidenlehre war die von der Reinkarnation.

Beim Studium der Natur wandten die Druiden den Himmelsbewegungen große Aufmerksamkeit zu. Ihre Sternbeobachtungen dürften für die Berechnung der günstigen Tage für bestimmte Riten und Zeremonien wichtig gewesen sein.

»... nach eurer [der Druiden] Auffassung pilgern / Schatten nicht in den stillen Erebus, nicht in das fahle / Reich des Totenbeherrschers Pluto, lenkt in der andern / Welt der nämliche Geist den Leib«

Lukan, *Der Bürgerkrieg*, 1,449–453

Klassische Hades-Darstellung; Ausschnitt aus dem Aquarell »Die Inschrift über dem Tor zur Hölle« von William Blake, einer Illustration zu Dantes Göttlicher Komödie, *1824–1827. Für die Druiden fuhr die Seele nicht zur Hölle, sondern durchlief einen endlosen Zyklus von Wiedergeburten.*

DIE KLASSISCHEN AUTOREN sprechen ganz konkret von der druidischen Lehre der unaufhörlichen Wiedergeburt in anderen Leibern. Einige – so Hippolytus – bringen sie mit der pythagoreischen Philosophie der Seelenwanderung in Verbindung. Der Vergleich hinkt insofern, als nach dem Pythagoreismus die menschliche Seele in jeglichen lebendigen Körper – Mensch oder Tier – eingehen kann, während das druidische Denken nur von einem Übergang zwischen Menschenleibern sprach.

Diesbezüglich besteht zwischen mehreren der Chronisten bemerkenswerte Gleichförmigkeit. Nach Cäsar maßen die Druiden der Vorstellung, nach dem Tod gehe die Seele in einen anderen Körper ein, große Bedeutung bei. Das habe ihre Tapferkeit bestärkt, weil sie den Tod nicht fürchteten. Gleiches behauptet Mela: »Eines ihrer Dogmen [...] lautet, die Seelen seien ewig, und unter den Schatten gebe es ein anderes Leben« (*De Chorographia*, 3,2,19).

Ammianus zufolge verachteten die Druiden das sterbliche Los der Menschen und propagierten die Unsterblichkeit der Seele. Diodor und Valerius Flaccus (der im 1. Jahrhundert n. Chr. das Werk *Factorum et Dictorum Memorabilium Libri Novem* schrieb) erwähnen den keltischen Glauben an buchstäbliche Unsterblichkeit. Dazu Diodor: »Bei der Bestattung der Leichen werfen [...] Manche auf den Scheiterhaufen Briefe, die sie an ihre verstorbenen Verwandten geschrieben haben, in der Hoffnung, die Todten werden dieselben lesen« (5,28) – eine seltsame Bemerkung, wenn man bedenkt, daß die frühen Kelten Analphabeten waren. Flaccus berichtet, es sei bei den Galliern alte Übung gewesen, einander Geld zu leihen mit der Bedingung, daß es in der nächsten Welt zurückgezahlt werde.

Nun räumen die modernen Gelehrten zwar einen (von manchen antiken Autoren verständlicherweise aufgeblähten) Unterschied zwischen den pythagoreischen und den druidischen Ideen ein, aber man muß auch sehen, daß die klassische Literatur zwei widersprüchliche und unscharfe Theorien zur druidischen Unsterblichkeitslehre enthält: Die eine betrifft den Wechsel der menschlichen Seele zwischen irdischen Leibern; diese Ansicht vertreten Cäsar und Lukan. Mela und – implizite – Diodor und Flaccus hingegen beschreiben die Vorstellung von einer jenseitigen Welt als Kopie oder Spiegelbild der diesseitigen. Diese zweite Vorstellung entspricht dem Inhalt der frühirischen und -walisischen Mythologie. Die erstere Theorie – die Reinkarnation – führte zur verfehlten Gleichstellung von Druidentum und Pythagoreismus.

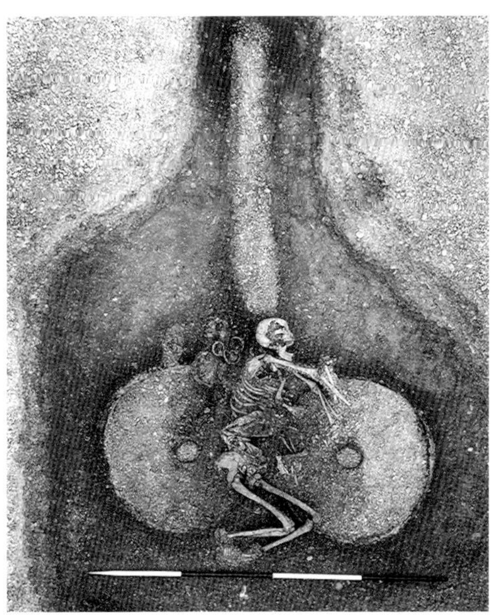

Eisenzeitliches Wagengrab einer jungen Frau, bei der eine große Schweinshaxe und Bronzeobjekte lagen, darunter eine zylindrisches Behältnis, in dem vielleicht heiliges Wasser oder Öl gewesen war. Aus Wettwang, Yorkshire. Grabbeigaben deuten auf den Glauben an ein Nachleben hin, in dem der Tote Nahrung und persönliche Dinge braucht.

Eine Säule des steinernen »Schädeleingangs« am Schrein von Roquepertuse in Gallien. Die Erwachsenenschädel (vermutlich von besiegten Kriegern) standen in Nischen als Opfergabe an die Siegergötter der einheimischen Salluvier.

Aus den Texten des 1. Jahrhunderts v. Chr. und denen des 1. Jahrhunderts n. Chr. läßt sich ein deutlicher Einstellungswandel den Druiden gegenüber ablesen. Die späteren Chronisten sind viel negativer, verbinden Feindseligkeit und Verachtung. Hatten Cäsar, Diodor und Strabon allesamt noch Interesse für die druidische Praxis und Lehre gezeigt – wenngleich gemischt mit einer Mißbilligung speziell der Menschenopfer –, so reden Plinius, Sueton, Tacitus und Lukan mit Abscheu von den Druiden und nennen sie ungehobelt und brutal. Sueton spricht in seinem *Leben des Claudius* von den »grausamen und barbarischen religiösen Gebräuchen der Druiden«, Lukan von »wilden Bräuchen«. Plinius läßt dunkel so Schlimmes wie rituellen Kannibalismus anklingen.

Dieser Wechsel im Ton im 1. Jahrhundert n. Chr. spiegelt sowohl den internen Niedergang des Ansehens der Druiden als auch die römische Haltung gegenüber der neueroberten Provinz Gallien wider. Die Druiden galten nicht mehr als Kuriosum, sondern als Bedrohung der zivilisierten Welt, der Gallien fortan angehörte und nun beschützt werden mußte. Es ist indes durchaus denkbar, daß der Einfluß der Druiden bereits Mitte des 1. Jahrhunderts v. Chr. zurückging; schon damals begann sich die gallische Kultur zu verändern und sich dem römischen System anzunähern; einige Gemeinwesen hatten bereits ihre monarchische Struktur gegen einen Magistrat eingetauscht.

Ungeachtet des natürlichen Rückgangs der Macht der Druiden und der Versuche der Kaiser im 1. Jahrhundert v. Chr., sie loszuwerden, ergibt sich klar aus der Literatur, daß die Druiden gewöhnlich immer dann und dort auftraten, wenn und wo der Aufstand gegen Rom gärte. Das bedeutet, daß die Druiden, auch wenn sie sich Mitte des 1. Jahrhunderts n. Chr. weitgehend aus der politischen Arena zurückgezogen hatten, noch immer eine aktive Widerstandsbewegung darstellten, die jederzeit wieder zum Leben erwachen konnte. Sie mögen also wirklich hinter den Aufständen gestanden haben. Eine bedeutende Re-

Phantasievolles Bild der Druiden im Kampf mit den Römern, die ihre heilige Festung auf Anglesey zerstören wollen. Den Angriff um die Mitte des 1. Jahrhunderts n. Chr. befehligte Statthalter Suetonius Paulinus; er wollte den Druiden den Garaus machen, weil sie im Brennpunkt des Nationalismus und der romfeindlichen Aktivitäten standen.

bellion gegen die Römerherrschaft, an der möglicherweise die Druiden beteiligt waren, fand 60/61 n. Chr. in Britannien statt, als Boudicca, Witwe des Ikener-Königs Prasutagus und neue Stammesherrin (im heutigen East Anglia), ihr Volk und die benachbarten Trinovanten gegen die römische Regierung führte. Ihre Armee zerstörte die drei Römerstädte Colchester, London und Verulamium (St. Albans), während Statthalter Suetonius Paulinus mit seinem Hauptheer bezeichnenderweise mit der Auslöschung der Druidenfestung auf der Insel Anglesey beschäftigt war.

Die Konfrontation auf Anglesey

»Am Gestade stand schon die feindliche Schlachtreihe, eine dichte Folge bewaffneter Männer. Zwischendurch liefen Weiber umher, die nach Art der Furien in schwarzen Gewändern und mit aufgelösten Haaren Fackeln in den Händen trugen. Ringsherum stießen Druiden, die Hände zum Himmel erhoben, grausige Verwünschungen aus. Dieser ungewohnte Anblick brachte unsere Soldaten so in Verwirrung, daß sie sich wie gelähmt, unbeweglich den Waffen der Feinde aussetzten. Dann aber feuerte sie der Feldherr an und sie selbst ermahnten sich gegenseitig, doch nicht vor einer Schar von Weibern und Verzückten zu zittern. Sie greifen an, schlagen die Gegner zu Boden und treiben sie in das Feuer ihrer eigenen Fackeln. Später erhielten die besiegten Inselbewohner eine Besatzung, und die heiligen Haine, die grauenhaften Kulthandlungen dienten, wurden zerstört. Denn das Blut der Kriegsgefangenen auf ihren Opferaltären zu vergießen und den Willen der Götter aus menschlichen Eingeweiden zu erfragen, hielten sie für ihr heiliges Recht.«

Tacitus, *Annalen*, 14, 30–31

Fiel der Boudicca-Aufstand zufällig mit dem römischen Angriff auf Anglesey zusammen oder inszenierten die Druiden einen Aufstand, um Paulinus abzulenken, ehe er die heilige Insel der Druiden völlig vernichten konnte? Meiner Ansicht nach trifft wenigstens teilweise letzteres zu.

Die Archäologie bestätigt die Literatur

Tacitus beschreibt das bedeutende Druidenheiligtum auf Anglesey. Es mag mehr als Zufall sein, wenn eine der umfangreichsten Sammlungen von Votivobjekten der Eisenzeit ebenfalls von diesem Inselchen an der Südwestküste von Wales stammt. Der Hort birgt große Mengen ansehnlicher Metallarbeiten wie Sklavenketten, Waffen, Schilde und Wagenbeschläge aus dem 2. Jahrhundert v. Chr. bis zum 1. Jahrhundert n. Chr. Die Opfergaben könnten aber auch über lange Zeit gesammelt und dann beim verzweifelten Versuch, die Entehrung ihres Allerheiligsten durch die Römer abzuwenden, von den Druiden in den See von Llyn Cerrig geworfen worden sein.

Spekulativer, aber dennoch glaubhaft wäre ein Zusammenhang mit dem Lindow Mann vom Cheshire und dem Römerangriff auf Mona. Generell gilt als ausgemacht, daß der junge Erwürgte, der dann nackt ins Lindow-Moor geworfen wurde, Opfer eines Ritualmordes war. Wenn die Opferung wirklich im 1. Jahrhundert n. Chr. stattfand und Menschenopfer so selten waren, wie der Mangel an archäologischen Funden vermuten läßt, hätte eine besondere Krise die Tötung veranlaßt. Cheshire liegt etwas von Mona entfernt, aber eine denkbare Route des römischen Heeres aus mehreren Richtungen nach Nordwales führt hier durch. Mit dem Tod des Lindow-Mannes könnte man versucht haben, die übernatürlichen Kräfte dazu zu bewegen, den Feinden des Druidentums in den Arm zu fallen.

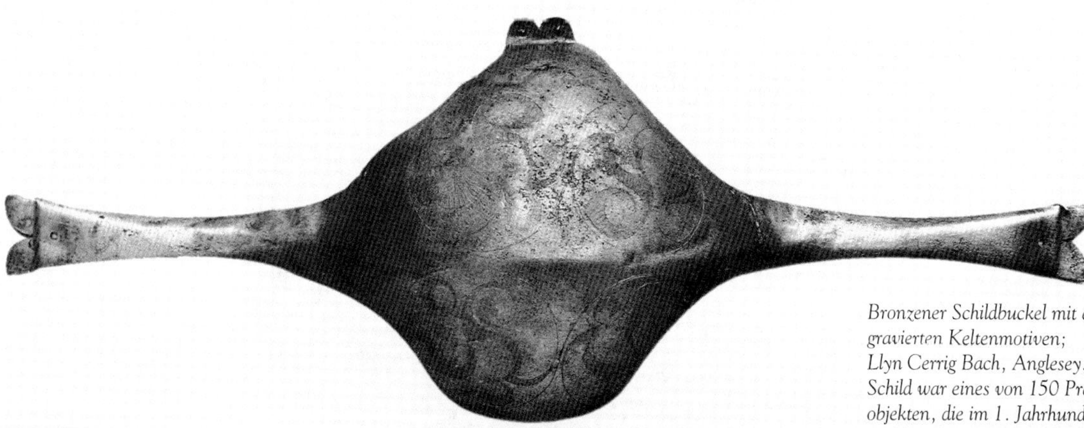

Bronzener Schildbuckel mit eingravierten Keltenmotiven; Llyn Cerrig Bach, Anglesey. Der Schild war eines von 150 Prestigeobjekten, die im 1. Jahrhundert n. Chr. als Votivgaben in den See versenkt wurden.

IV

NACH DRUIDEN GRABEN

»Am hellichten Mittag / wie auch zur finsteren Nacht scheut selbst der Priester den Zugang, / fürchtet sich schrecklich davor, den Gebieter des Waldes zu treffen.«

Lukan, *Der Bürgerkrieg*, 3,423–425

DER RÖMISCHE DICHTER Lukan stellte zwischen heiligen Hainen und Priestern eine direkte Verbindung her. Am Anfang seines Buches über den Bürgerkrieg zwischen Pompeius und Cäsar erwähnt er ausdrücklich die Druiden und unterstellt ihnen Menschenopfer. Er berichtet von Druidenritualen in tiefen, dunklen, schreckgebietenden und vom Raunen der Quellen erfüllten Wäldern bei Marseille: »... finstere Bilder der Götter | recken sich roh, sie ragen, unförmig, aus splitternden Stümpfen. | Stellung allein und scheußliche Färbung am faulenden Holze | setzen in Schrecken.«

Zwar lassen sich Lukans heilige Haine archäologisch nicht belegen, aber auf die hölzernen Götterbilder gibt es Hinweise: Darstellungen wie die aus »Fontes Sequanae« könnten den von Lukan beschriebenen sehr ähneln. Die Zuordnung der archäologischen Funde zu den Priestern – und vor allem den Druiden – ist insofern problematisch, als es sich weitgehend um bloße Indizien handelt.

Archäologische Befunde über religiöse Würdenträger der Antike stammen aus den unterschiedlichsten Quellen: Mal gibt eine heilige Stätte etwas her, mal die Überreste religiöser Bräuche wie etwa Opfergaben, und schließlich haben wir die wenigen erhalten gebliebenen liturgischen Gegenstände – Kopfschmuck, Zepter und andere Insignien. Doch wir müssen auch an Dinge und Tempelausstattungen denken, die vermutlich untergegangen sind: Textilien, das meiste Holz, Lebensmittel und Wein. Ebenso müssen wir uns die Rituale als solche vergegenwärtigen: Gebete, Tanz, Musik und Zeremonien. Stücke wie die tanzenden Figuren aus Neuvy-en-Sullias (Frankreich) und die Trompeten aus Irland eröffnen einen faszinierenden Ausblick auf lebhafte und komplexe Rituale.

»Sonnenwagen« aus der Bronzezeit. Er war um 1300–1200 v. Chr. bei Trundheim, Dänemark, in einem Torfmoor vergraben worden. Obwohl 1000 Jahre älter als die erste Erwähnung der Druiden, läßt er auf ein Ritual schließen, das nicht ohne eigene Priesterschaft ausgekommen sein dürfte.

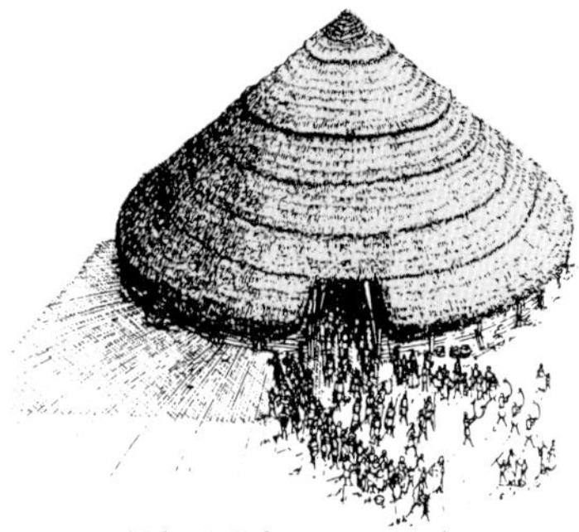

(Oben) Rekonstruktion des Hauptgebäudes von Navan Fort, County Armagh, Irland (1. Jahrhundert v. Chr.), vermutlich Ort religiöser Feste. Ein solcher Bau deutet auf eine organisierte Priesterschaft (Druiden?) hin.

(Rechts) Navan Fort (die alte Ulster-Hauptstadt Emain Macha): Man erkennt die Einfriedung und die runde Struktur im Innern.

DEN GRÖSSTEN TEIL der Bronze- und Eisenzeit über dürfte die nichtklassische europäische Gesellschaft mehr oder minder hierarchisch organisiert gewesen sein, wobei Häuptlinge, Adlige und nichtbäuerliche Spezialisten wie Schmiede und Kunsthandwerker an der Spitze standen. Große zeremonielle Bauten wie Stonehenge wurden jahrhundertelang, von der frühen bis zur späten Bronzezeit, genutzt und verändert und lassen eine organisierte Religion vermuten.

Die großen Stein- und Holzkreise der Frühbronze haben ihre eisenzeitlichen Gegenstücke, so etwa im irischen Navan Fort, wo eine große, vielringige Holzstruktur von 40 Meter Durchmesser aus Eichen errichtet wurde, die (wie uns die Jahresringe sagen) Anfang des 1. Jahrhunderts v. Chr. gefällt wurden. Kernstück der Bauanlage war ein riesiger, freistehender Stamm von ursprünglich vielleicht 13 Meter Höhe. Das umgebende Ritual war recht seltsam: Bald nach Errichtung der hölzernen Ringstruktur wurde ihr Inneres mit Steinblöcken aufgefüllt und dann die Außenwand in Brand gesteckt. Man hat behauptet, das Ganze sei nur ein gigantisches Feueropfer gewesen. Wenn das stimmt, dann war das Ritual immerhin so kompliziert, daß wir uns eine Orchestrierung durch religiöse Berufsfunktionäre vorstellen dürfen.

Rekonstruierter ritueller Holzkreis (frühe Bronzezeit) in Sam-y-Bryn-Caled, Wales, der als religiöser Bau gedeutet wurde. Eine Grube in der Mitte enthielt verbrannte Knochen junger Erwachsener.

Die Sonnenpriester der Bronzezeit

In Verbindung mit dem Sonnenkult in der Spätbronzezeit Nord- und Mitteleuropas gibt es ein paar archäologische Hinweise auf eine organisierte Priesterschaft. Seltsame, eindeutig zeremonielle Objekte werden manchmal als heiliger Kopfschmuck interpretiert: ausgefallen hohe, hohle, konische und mit »Sonnen«-Motiven wie Speichenrädern und konzentrischen Kreisen geschmückte »Hüte« aus Blattgold, die wahrscheinlich um 1200 v. Chr. hergestellt wurden. Der besterhaltene Konus stammt aus Etzelsdorf in Bayern; er ist 95 Zentimeter hoch und rundum mit getriebenen und gravierten Ornamenten verziert. Ein weiteres Beispiel aus Schifferstadt enthielt Rückstände, die darauf schließen lassen, daß die

Innenoberfläche einst mit duftenden Harzen Kontakt hatte, was irgendeine rituelle Funktion nahelegt.

Gold und Bronze wurden auch für andere Kultgegenstände verwendet, die vielleicht liturgischen Zwecken dienten und mit einem Sonnenkult zusammenhingen. Das sprechendste Stück ist der »Sonnenwagen« von Trundholm, den pflügende Bauern in einem dänischen Torfmoor zerlegt und vergraben entdeckten. Er besteht aus einem Bronzepferd vor einem sechsrädrigen Modellwagen, auf dem eine große, auf einer Seite vergoldete Scheibe aus Bronze stand. Das Ganze mißt etwa 60 Zentimeter und stammt von ca. 1300/1200 v. Chr. Seine Nutzung bei Sonnenriten läßt sich nur vermuten, aber die Scheibe nimmt sich sehr sonnenähnlich aus, und auch das Pferd trägt einen Stirnschutz mit Strahlenverzierung um die Augen.

Das Bild von der Sonne als über den Himmel von Pferden gezogenem Wagen ist vielen indogermanischen Völkern der Antike einschließlich der Griechen, Römer und Perser eigen. Vielleicht wurde das Trundholm-Modell auf Prozessionen mitgeführt und sollte das Wiedererscheinen der Sonne nach dem Winter versinnbildlichen. Tagsüber wäre dann die vergoldete Seite nach Süden gerichtet gewesen, so daß die Feiernden das glänzende Gesicht von Osten nach Westen ziehen sahen; bei Sonnenuntergang hätte man es umgedreht, damit nunmehr die nichtvergoldete Seite die Rückreise der Sonne von Westen her darstellte. Daß religiöse Amtsträger bei solchen Feiern Regalien wie die »Sonnen-Konushüte« trugen, ist nicht auszuschließen, bleibt aber Spekulation.

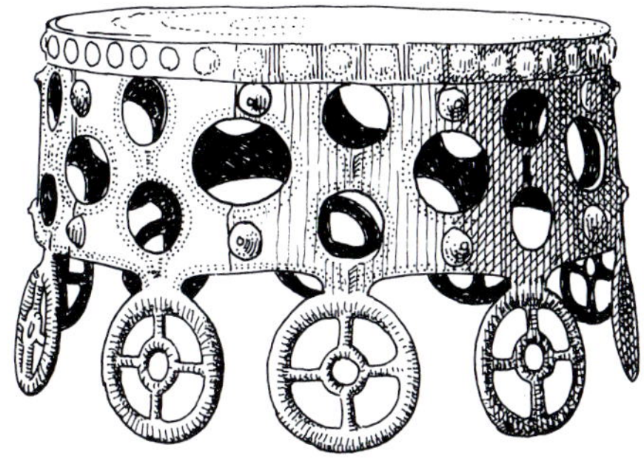

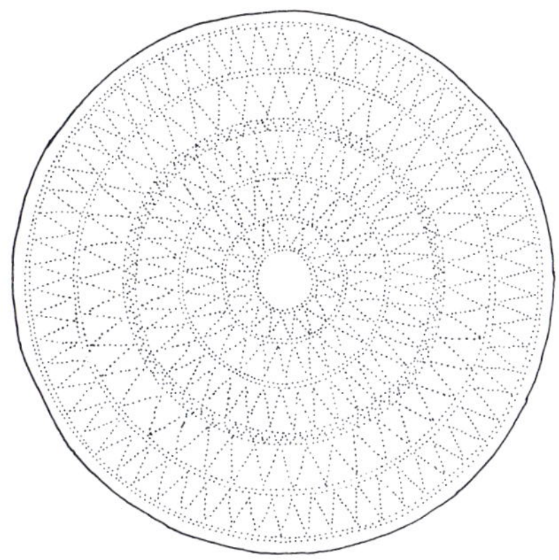

(Oben) Seiten- und Obenansicht einer bronzezeitlichen »Sonnentrommel«, die in einem Torfmoor bei Balkåkra in Südschweden gefunden wurde.

(Unten) Mit Sonnenrädern und -kreisen verzierter Goldkonus aus Etzelsdorf, Bayern. Ein zweites Fundstück enthielt wohlriechende Harze. Diese Objekte dienten vielleicht rituellen Zwecken.

DIE HEILIGE STÄTTE VON LIBENICE

Im 4. Jahrhundert v. Chr. errichteten Kelten im böhmischen Libenice eine über 90 Meter lange Kultstätte unter freiem Himmel. Die religiösen Aktivitäten scheinen sich weitgehend auf das eine Ende konzentriert zu haben; dort fand man in einer Absenkung (rechts) Reste von zwei Holzpfählen. Zwei unmittelbar daneben entdeckte Halsspangen lassen vermuten, daß die Pfähle Menschengestalt hatten. Der Boden des Heiligtums besteht aus einer Reihe von Gruben, die im Lauf der Jahre möglicherweise immer wieder geöffnet wurden, um Opfergaben (etwa Speisen und Getränke) aufzunehmen. Menschen- und Tierknochen deuten auf Blutopfer hin. Eine im Zentrum der Anlage beigesetzte Frau könnte eine Art Oberpriesterin gewesen sein, aber genausogut kann es sich auch um das Opfer eines Rituals handeln.

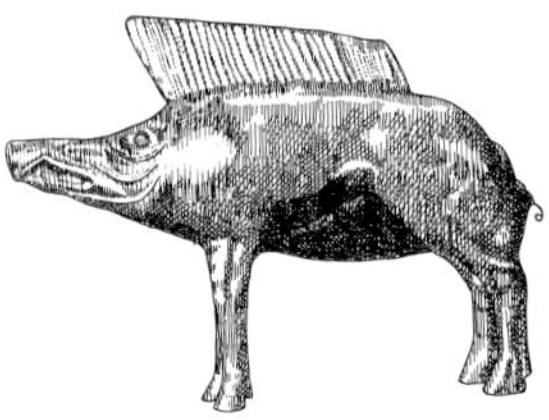

Fast lebensgroßer Bronze-Eber aus dem religiösen Bronzehort von Neuvy-en-Sullias, 1. Jahrhundert v. Chr.

Diese Bronzefigur (1. Jhdt. v. Chr.) aus Neuvy-en-Sullias hält etwas Eiförmiges in der Hand – ein »Druiden-Ei«?

IN NEUVY-EN-SULLIAS AM Südufer der Loire wurde kurz vor oder zur Zeit der römischen Besetzung Galliens Mitte des 1. Jahrhunderts v. Chr. ein Hort religiöser Bronzestücke vergraben. Vielleicht stammten sie aus dem Gallierheiligtum bei Floriacum (Fleury), das dem Fundort gegenüberliegt. Das Versteck enthielt Tierfiguren, darunter einen herrlichen, fast lebensgroßen Eber, einen Hirsch und ein dem einheimischen Gott Rudiobus geweihtes Pferd.

Noch interessanter sind die Statuetten von Menschen, denn sie könnten Tempelpriester oder Kultteilnehmer darstellen. Zu ihnen gehören ein Musiker, nackte Tänzer und Tänzerinnen sowie eine Figur, die als Druide aufgefaßt wird. Es handelt sich um einen Mann mit kurzem Bart und Lockenhaar; er trägt eine lose, langärmlige Robe, die bis kurz unters Knie reicht, und hält in der Linken einen kleinen, runden Gegenstand, bei dem es sich nach Meinung der Gelehrten um das von Plinius erwähnte »Druiden-Ei« handeln könnte. In seiner »Naturkunde« (29,12) erzählt Plinius, ein römischer Ritter aus dem Land der Vokontier, der bei einem Rechtsstreit ein solches »Schlangen-Ei« auf der Brust trug, sei von Kaiser Claudius aus keinem anderen Grund als diesem getötet worden; von den Druiden werde behauptet, das Amulett verhelfe seinem Besitzer vor Gericht zum Sieg – vermutlich durch Stärkung seiner Rednergewalt. Wie wir wissen, waren die Druiden berühmt für ihre Wortgewandtheit.

Eindeutig identifizierbare »Druiden-Eier« sind zwar nirgends entdeckt worden, aber es gibt mehrere eiförmige Steinamulette aus Schottland, die nach dem Zusammenhang römischen Datums sein dürften. Das jüngste, zufällig auf der Orkneyinsel Bu Sands gefundene Beispiel besteht aus Serpentin; alle fünf Eier sind aus ungewöhnlichem und visuell interessantem Stein geformt. Mindestens zwei Amulette aus Cairnhill im Aberdeenshire stammen aus einem vermutlich rituellen Fund in einem frühen Steinhügelgrab.

Halsreife

Halsreife aus Gold, Silber oder Bronze waren in der europäischen Eisenzeit ein beliebter Schmuck, und hochrangige Personen scheinen sie fast ausnahmslos getragen zu haben. Schon im 6. Jahrhundert v. Chr. wurden sie in reichen Gräbern Mitteleuropas mit beigesetzt. Klassische Autoren wie Polybius erwähnen (manchmal nur) mit Halsreifen bekleidete keltische Krieger, und nach Cassius Dio trug die britannische Freiheitskämpferin Boudicca, als sie in die Schlacht zog, einen großen, verschlungenen Halsreif aus Gold.

In der späten Eisen- und der Römerzeit tauchen Halsreife in der religiösen Ikonographie der Kelten häufig auf. Einige halsreiftragende Bilder stellen wahrscheinlich Götter dar, und Halsreife sind immer ein Zeichen für hohen Rang. Der geweihtragende Gott Cernunnos wird meist mit Halsreif abgebildet, und auch andere gallische Gottheiten wie Epona und Nantosuelta tragen ihn manchmal um den Hals oder in der Hand. Die Verbindung mit übernatürlichen Mächten wird auch von Funden wie etwa dem Halsreif von Mailly-le-Camp in der Champagne bestätigt, dessen griechische Inschrift besagt, er sei Teil einer Opfergabe des Stammes der Nitrobrigen (Südwestgallien) an göttliche Mächte.

Angesichts dieser klaren Verknüpfung von Halsreifen mit Göttern und hohem Rang könnte ihr Tragen manchmal auch eine Mitgliedschaft in einem Priesterorden und vielleicht sogar einen heiligen Bund mit göttlichen Mächten symbolisieren. Tacitus behandelt in einer Passage über die rituelle Praxis der germanischen Sueben die Symbolik von Seilen und Fesseln:

> »Dem [heiligen] Hain erweist man seine Ehrfurcht auch noch auf andere Weise. Jedermann darf ihn nur in Fesseln betreten, um so seine Ohnmacht und die Macht der Gottheit offensichtlich zu bekunden.«
>
> Tacitus, *Germania*, 39

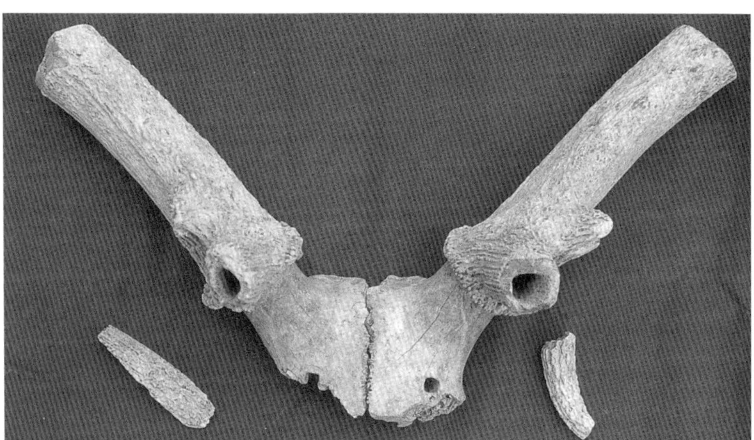

In den Stirnknochen dieses Geweihs sind quadratische Löcher gebohrt; vielleicht wurde es als Kopfschmuck getragen. Gefunden wurde es mit Material aus dem 4. Jahrhundert n. Chr. in der Nähe eines kleinen römischen Bades bei Hooks Cross, Hertfordshire.

So kann es durchaus sein, daß die mit Halsreifen geschmückten Gestalten auf dem dänischen Gundestrup-Kessel keine Götter, sondern Priester und Priesterinnen darstellen. Vielleicht sogar ist das geweih- und halsreiftragende Wesen, das man gemeinhin als Cernunnos (den »Gehörnten«) identifiziert, kein Gott, sondern ein Schamane, dessen Kopfschmuck ihn dazu befähigen soll, mit der Geisterwelt in Verbindung zu treten. Ein ganz neuer Fund in England könnte insoweit aufschlußreich sein: Bei der Untersuchung eines römischen Badehauses in Hooks Cross bei Stevenage im Hertfordshire fanden Archäologen neben dem Schürloch eine flache Grube, die ein Paar große Geweihe (wahrscheinlich von Rothirschen) enthielt, in deren Stirnknochen zwei quadratische Löcher gebohrt waren, als sei dort etwas – vielleicht ein Kopfschmuck – angebracht gewesen. Die römischen Münzen daneben suggerieren ein Datum im frühen 4. Jahrhundert n. Chr., aber der »Kopfschmuck« ähnelt deutlich dem bei Star Carr im Yorkshire gefundenen, der auf 7500 v. Chr. datiert wurde.

Steinkopf mit Halsreif (Gottheit?) aus Mšecké Žehrovice, Böhmen, 3. Jahrhundert v. Chr.

Goldener Halsreif aus dem Schmuckhort von Snettisham, England, frühes 1. Jahrhundert v. Chr.

Mistelgeschmückte Menschen

Ein sehr typisches Motiv der frühkeltischen Kunst sind Männerköpfe mit riesigen Kronen oder Kopfbedeckungen von der Form zweier gegenüberliegender kommaförmiger Blätter. Diese Darstellungen sind räumlich wie zeitlich sehr verbreitet und finden sich sowohl auf großen Steinmonumenten wie auf kleinem Metallzierat. Im 5. und 4. Jahrhundert v. Chr. erscheinen sie auf Steinskulpturen aus Pfalzfeld – einer viereckigen Säule, die auf allen Seiten mit Laub und einem gekrönten Menschenkopf verziert ist (S. 19) – und Heidelberg; dort als freistehender Kopf, der vielleicht einmal auf einer Steinsäule saß (oben rechts). In die Stirnen der Köpfe von Pfalzberg und Heidelberg ist jeweils eine geöffnete Lotosblüte eingemeißelt. Kleinobjekte mit ähnlichen Köpfen tauchen auch auf den mit Gold eingelegten Gesichtern in Schwarzenbach und siebenmal auf einer bronzenen Phalera aus Hořovičky (frühere ČSSR) auf, die mit sieben solcher Köpfe verziert ist. Daß sich diese Tradition hielt, zeigt etwa der Eimer aus einer Feuerbestattung in Aylesford, Kent, der Henkelbefestigungen von der Form laubbekrönter Köpfe besitzt (unten rechts) und aus dem 1. Jahrhundert v. Chr. stammt.

Handelt es sich bei dem Laub, wie vermutet, um Mistelzweige, so könnten die Köpfe – denkt man an Plinius – Götter oder Priester, vielleicht gar Druiden darstellen. Auch die Lotosmotive mögen Symbolcharakter haben: In der klassischen Welt (von der sich die Kelten oft inspirieren ließen) verband man die Lotosblume mit Ewigkeit und Wiedergeburt.

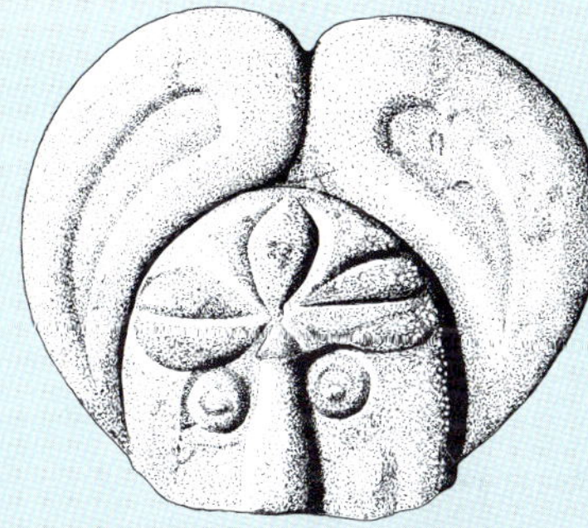

Zeremonielle Insignien: Amtsabzeichen

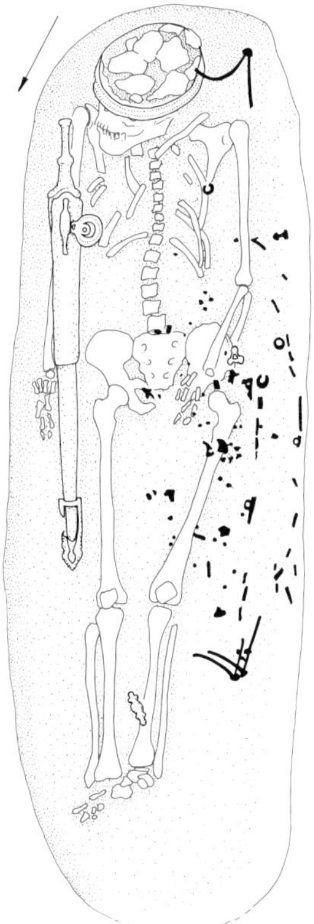

Dieser britannische Krieger wurde mit seiner korallenbesetzten Bronzebrosche und einem Schwert samt dekorativer Scheide beigesetzt und trug ein Zierstirnband oder eine Krone. Aus Deal, England, spätes 2. Jahrhundert v. Chr. Vielleicht war er Krieger und Priester zugleich oder aber ein zeremonieller Anführer, wobei das Schwert nicht Kriegerbesitz, sondern Ehrenzeichen wäre.

Dass keltische Priester in Britannien mit Dingen angetan waren, die sie von der weltlichen Gemeinschaft abhoben, zeigen lebhaft die zahlreichen sensationellen Funde ritueller Insignien wie Kronen, Diademe, Kopfschmuck, Würdestäbe, Zepter und Musikinstrumente.

Kopfschmuck aus der Eisenzeit

Der größte Teil des Kopfschmucks wird auf die Römerzeit datiert, aber das verzierte Bronzestirnband um den Schädel eines in Deal in Kent begrabenen Eisenzeitmenschen aus dem 2. Jahrhundert v. Chr. bildet eine bemerkenswerte Ausnahme. Er wurde als Krieger identifiziert, denn er besaß ein Schwert in einer fein verzierten Bronzescheide sowie einen Schild. Aber der Kopfschmuck hebt ihn heraus: Neben dem Stirnband zierte sein Haupt auch ein bronzenes Querstück, das – Haarresten nach zu schließen – direkt am Kopf anlag. Dieser eisenzeitliche Brite war also mit einem nichtfunktionalen Kopfschmuck begraben worden, der mit Sicherheit kein Helm war und zu keinem gemeinen Soldaten paßte.

Auch andere Grabbeigaben verweisen auf seinen hohen Stand. Nicht nur war die Schwertscheide reich mit Vogelkopfformen verziert und ihr Tragering für den Gürtel mit Korallen besetzt, sondern er war auch mit einer bronzenen Brosche oder »Fibel« mit rosa Korallintarsien beerdigt worden. Sie steckte nicht, wie für die Mantelbefestigung üblich, an der Schulter, sondern befand sich an seinen Beinen, was darauf hindeuten könnte, daß er anstatt eines Militärmantels ein langes, wallendes Gewand trug, das unter dem Knie festgemacht war. Wer also war dieser mit Kriegsgerät, aber zudem mit Kopfschmuck und vielleicht langer Robe beigesetzte Mann? Es könnte ein Häuptling sein oder jemand, der ein militärisches Amt mit hoher weltlicher, eventuell zeremonieller Würde verband. Ebenso könnte es sich um einen religiösen Führer handeln, dem aus Prestigegründen eine erlesene Waffe beigegeben wurde. Wir sollten aber bedenken, daß Cäsar kategorisch feststellt, die Druiden seien eine vom Kriegsadel klar getrennte Kaste und überdies vom Militärdienst befreit. Andererseits wissen wir, daß Cäsars Äduer-Verbündeter Divitiacus Mitglied des Königshauses und zugleich Druide war. Welchen Platz der »Krieger« von Deal in der britannischen Eisenzeitgesellschaft einnahm, bleibt ein Rätsel. Daß dem Fundort Deal jedenfalls religiöse Anklänge innewohnen, beweist ein seltsamer unterirdischer Schrein mit einer Kreidefigur.

Der Fund von Deal steht nicht allein. 1841 wurde in einem Grab bei Leckhampton in England eine andere bekrönte Leiche gefunden; sie ist aber inzwischen verlorengegangen. Fragmente ähnlicher Art in Hounslow bei London erwiesen sich als späteisenzeitliche religiöse Bronzestücke, darunter drei Eberfigurinen und ein Sonnenradmodell.

Römisch-keltischer zeremonieller Kopfschmuck

Die meisten zeremoniellen Diademe in England kommen aus dem Stammesgebiet der Ikener in East Anglia. Der römisch-keltische Tempel in Hockwold-cum-Wilton in Norfolk wurde im 2. Jahrhundert n. Chr. erbaut. In seinem festgestampften Kreideboden wurden sechs Bronzekronen gefunden; jede besaß ein verstellbares Stirnband, das mithin verschiedenen Personen angepaßt werden konnte. Die schönste war ein mit Silberplättchen verziertes Diadem mit Speerspitze und Rundscheiben, auf denen die Köpfe von Gottheiten abgebildet waren.

In der gleichen Gegend, bei Cavenham in Suffolk, tauchten am Ort eines möglichen Tempels

(Oben) Ritueller Kopfschmuck aus Bronze, aus einem römisch-keltischen Tempel in Hockwold-cum-Wilton, England.

Bronzekrone oder -diadem mit verstellbarem Band aus Cavenham, England. Römerzeit.

drei Kronen auf; von der Baulichkeit ist nichts übriggeblieben, aber Dachziegel und Tonscherben deuten auf sie hin. Zwei Kronen bestehen aus recht massivem Bronzeblech mit hoher Stirnseite, die früher mit Applikationen verziert war und sich nach hinten zu einem Band verengt. Die dritte Krone jedoch bestand aus Ketten mit S-förmigen Gliedern, die von Bronzescheiben zusammengehalten wurden, und muß auf einer Stoff- oder Lederkappe gesessen haben.

Vor kurzem ist bei Grabungen am Tempel von Wanborough in Surrey ein Dreiersatz von aus Ketten gefertigtem Kopfschmuck zutage gekommen, der vom Stil her jenem aus Cavendish gleicht; er ist besonders interessant, weil zwei der Stücke von großen Sonnenradsymbolen aus Bronzeguß geziert werden. Da das Speichenrad das Hauptattribut des keltischen Sonnengotts war, hatten ihre Träger vielleicht mit einem Sonnenkult zu tun.

Überreste von Kettenkopfschmuck wie dem aus Cavenham und Wanborough waren auch unter dem religiösen Material, das in Stony Stratford, Buckinghamshire, in einem Tongefäß vergraben gefunden wurde, zusammen mit Plaketten aus Bronze und Blattsilber, die früher vielleicht ebenfalls zu einer Krone gehört hatten.

Bezeichnenderweise taucht derartiger Kopfschmuck meist nicht einzeln, sondern in Gruppen

Diese Kalksteinfigurine wurde zusammen mit Töpferwaren aus dem 2. Jahrhundert n. Chr. in einer Nische am Boden einer Grube im englischen Deal entdeckt. Ihre Anwesenheit läßt darauf schließen, daß die Fundstelle religiösen Zwecken diente; möglicherweise war sie ein unterirdischer Schrein.

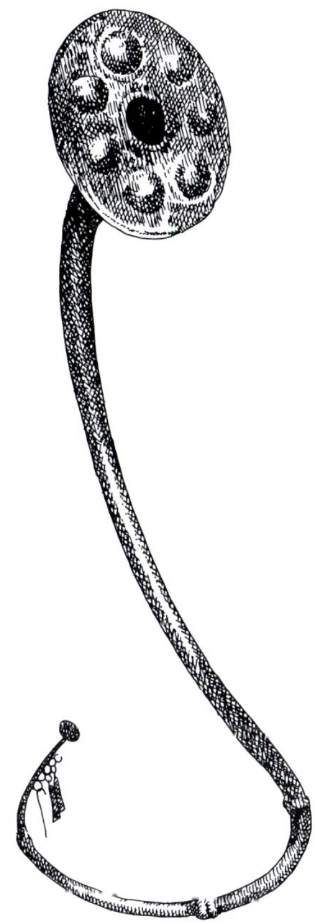

Bronzetrompete aus der späten Eisenzeit, eine von vieren, die in einem See bei Loughnashade in Irland gefunden wurden.

Die Petrie-Krone

Aus Irland kommen zwei eigenartige Kopfschmuckobjekte aus der Eisenzeit; das eine stammt aus der Grafschaft Cork, die Herkunft des anderen und vollständiger erhaltenen – der »Petrie-Krone« (rechts) – ist unbekannt Es besteht aus hohlen Bronzehörnern, die an Zierscheiben sitzen und auf einem durchbrochenen Bronzeband befestigt sind. Die Krone aus Cork hat drei Hörner, die an einem Lederband befestigt gewesen sein könnten, da an ihnen Lederfragmente gefunden wurden. Band, Scheiben und Hörner der Petrie-Krone sind mit delikat geschwungenen Kurvenmustern und Vogelköpfen verziert; der Stil des Dekors verweist auf das 1. oder frühe 2. Jahrhundert n. Chr.

Da das Umfeld dieser Kronen unbekannt ist, läßt sich nicht sagen, ob sie bei religiösen Zeremonien von Priestern getragen wurden. Es könnte sich auch um Würdezeichen von Herrschern handeln. Dennoch lassen sich die ebenso imposanten wie unhandlichen Stücke nur schwer ohne rituellen Zusammenhang denken; man ist versucht, sich feierliche Riten auszumalen, bei denen irische Druiden mit diesen hohen Hörnerkronen angetan Opfer leiteten oder Prozessionen anführten.

Bronzene Zepterspitze mit tanzendem Gott, Rad, Adler, Delphin und dreihörnigem Stierkopf aus Willingham Fen, England. Römerzeit. Das in einem Tempel (?) gefundene Zepter wurde wahrscheinlich von Priestern bei Kultprozessionen mitgeführt.

auf. Das legt nahe, daß in den Tempeln jeweils mehrere Priester mit vermutlich recht unterschiedlichen Aufgaben Dienst taten.

Stäbe und Zepter

Religiöse Autoritätssymbole wie Würdestäbe deuten auf eine organisierte Priesterschaft hin. In Heiligtümern wie Muntham Court, Sussex, wurden einfache Bronzestäbe gefunden, aber manchmal tragen die Zepter auch religiöse Motive. Eine überaus kunstvolle Zepterspitze stammt – neben anderen religiösen Bronzeobjekten – aus Willingham Fen im Cambridgeshire, wo ein ehemaliger Tempel vermutet wird. Darauf abgebildet sind ein jugendlicher Gott mit dem Fuß auf einem Untier, ein Adler, ein Rad, ein Delphin und der Kopf eines dreihörnigen Stiers.

Aus einem Tempel bei Farley Hurth, Surrey, kommt ein Bronzeblech, das einst als Umhüllung eines Zeremonienstabs gedient hat. Verziert ist er mit dichtgepackten, aber einfach ausgeführten Bildern und Symbolen, darunter Tieren und Menschengestalten. Die ziemlich komplexe Ikonographie deutet auf die Darstellung einer mythologischen Episode oder Erzählung hin.

Diverse kleine Bronzeteile in Form von Figurinen sind als Zepterköpfe gedeutet worden; ein eindrucksvolles Beispiel aus Gallien ist die Statuette eines Sonnengottes aus Le Châtelet (Frankreich) mit Befestigungsringen auf dem Rücken. In England gefundene Reitermodelle bildeten möglicherweise ebenfalls die Spitzen von Zeremonienstäben.

Zepterhülle aus Bronzeblech mit gravierten Symbolen aus einem römisch-keltischen Schrein bei Farley Heath, England. Sie wurde um eine Eisenstange gewickelt, die Priestern als Zeremonienstab diente.

Das Wavendon-Totem

Zu den rätselhaftesten Funden aus neuerer Zeit gehört das radförmige, 33 Zentimeter lange Holzobjekt aus Wavendon Gate, England. Es lag auf dem Grund einer wassergefüllten Grube, die aus der frühen Römerzeit datiert. Das Rad ist aus Eiche geschnitzt und besitzt einen Zapfen mit einem Loch darin; möglicherweise war es ursprünglich an dem ebenfalls in der Grube gefundenen Baumstamm befestigt. Ein derartiges Objekt könnte als eine Art Totem im Zentrum eines Tempels gestanden haben, vielleicht im Zusammenhang mit einem Sonnenkult. Bei besonderen Anlässen mag es sogar abgenommen und als eigenständiges Kultobjekt benutzt worden sein.

Die Deutung dieser Entdeckung als Sonnensymbol wird von anderen Funden am gleichen Ort, darunter Miniaturrädern aus Bronze, gestützt. Es fällt schwer, dieses Material anders zu erklären denn als rituelle Ausstattung eines Tempels. Das Rad war ein in Britannien, Gallien und dem Rheinland immer wieder auftauchendes Symbol des keltischen Himmelsgottes.

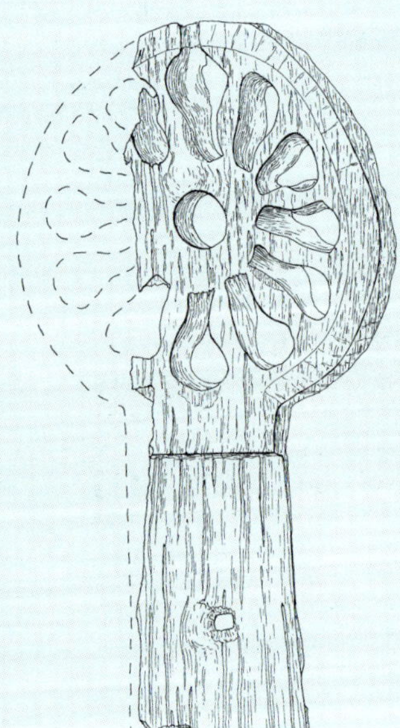

Musik und Götter

Lärm, Gesang, Tanz und Musik – sie alle müssen bei religiösen Festen und Ritualen eine Rolle gespielt haben. Gelegentlich findet der Archäologe Rasseln oder »Sistra«, die in Prozessionen mitgetragen wurden. Dabei handelt es sich um Stabspitzen oder Stäbe aus Bronze mit Befestigungsringen für Glöckchen; sechs solcher »Schellenbäume« stammen aus einem Tempel in Brigstock, Northamptonshire. Ein Stück aus einem Hort geweihter Bronzeobjekte, das neben einer aus dem Jahr 260 n. Chr. stammenden Münze in einem Tonkrug in Felmingham Hall in Norfolk gefunden wurde, ist als Rassel identifiziert worden.

Musikinstrumente gehören zu den eher seltenen Funden, aber die Überreste mehrerer herrlich gearbeiteter Bronzetrompeten aus dem eisenzeitlichen Irland belegen sowohl die Kunstfertigkeit der Bronzeschmiede als auch bedeutende zeremonielle Anlässe. 1798 wurden vier solche Luren in einem See bei Loughnashade in der Grafschaft Armagh entdeckt. Der See liegt am Fuße des Hügels, auf dem die große Keltenfestung Navan Fort stand, Sitz des in der frühirischen Sage so berühmten Ulster-Königs Emain Macha. Die vier herrlich im La-Tène-Stil dekorierten Luren wurden zweifellos als Weihegabe an die Götter absichtlich im See versenkt. Daß dort angeblich auch Menschenschädel gefunden wurden, deutet auf Loughnashade als Opferstätte hin. Die Trompeten sind ein Glanzstück irischer Schmiedekunst in der Eisenzeit. Jede besteht aus zwei in der Mitte verbundenen Röhren aus Bronzeblech: Eine ist zylindrisch, die andere dehnt sich am einen Ende zum Schalltrichter. Die Röhrennähte sind mit innen angebrachten, schmalen Bronzestreifen versiegelt; zum Schluß wurde das Ganze zusammengenietet. Eine weitere, gut erhaltene Lure aus Ardbrinn (Grafschaft Down) enthält über tausend Nietköpfe. Die unglaubliche Präzision, die für das letztlich C-förmige Instrument nötig war, ist beredtes Zeugnis für die auf die Herstellung dieser Stücke verwandte Zeit, Sorgfalt und Kunstfertigkeit.

Die irischen Trompeten haben Eigencharakter (wenngleich keltische Kriegstrompeten – »carnyx« – weithin benutzt wurden), erinnern aber sehr an die großen skandinavischen Luren der späten Bronzezeit (1200–700 v. Chr.). Fünfzig solche Instrumente sind bekannt; sie konnten etwa 12 bis 15 Töne spielen, und in der schwedischen Felsenkunst finden sich Bilder von Lurenbläsern.

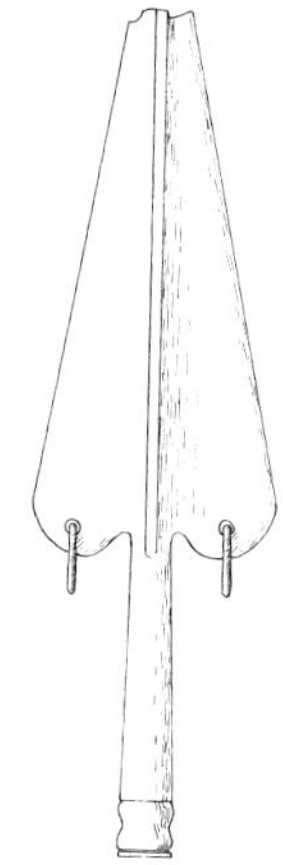

(Oben) Bronzene »Pfahlspitze« aus einem in Felmingham Hall, England, gefundenen Hort religiöser Objekte; 3. Jahrhundert n. Chr. Die speerförmige Spitze weist Ringe zum Anbringen von Glocken oder Rasseln auf und wurde möglicherweise von Kultbeamten bei religiösen Zeremonien benutzt.

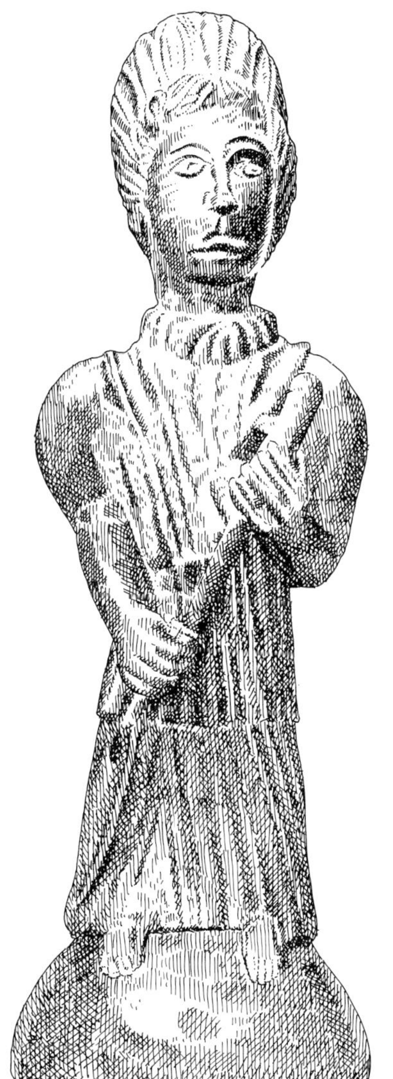

Bronzefigurine einer Flötenspielerin aus Silchester, England (Römerzeit). Sie könnte eine Kultperson darstellen, die mit ihrem Instrument rituelle Tänze oder Gesänge begleitete.

(Oben) Felszeichnung aus Bohuslän, Schweden, mit Lurenbläsern (späte Bronzezeit). Wie die eisenzeitlichen Trompeten aus Loughnashade wurden wohl auch die skandinavischen »lurer« bei Ritualen und Zeremonien verwendet.

Rekonstruierte Bronzezeitbauten auf einer künstlichen Insel in Flag Fen, England. Hier wurden zwischen 1200 und 200 v. Chr. als Geschenk an die Götter große Mengen Prestigegüter und Waffen ins Wasser geworfen.

Da sich die keltischen Menschen die Götter gnädig stimmen oder ihnen danken wollten, brachten sie ihnen Gaben dar: Nahrung, Getränke oder materielle Habe wie Schmuck, Münzen oder Waffen. Bei solchen privaten Frömmigkeitsakten brauchte der Klerus wohl nicht unbedingt mitzuwirken. In einigen Fällen lassen uns die Umstände, Art oder Menge des Votivmaterials aber komplexere und formalere Vorkehrungen vermuten, die vielleicht von den religiösen Amtsträgern der Gemeinschaft oder des Stammes inszeniert wurden.

Flag Fen und Llyn Cerrig Bach

Zum verbreiteten Ritualverhalten der europäischen Spätvorgeschichte gehört das Versenken von Votivgaben in Wasser – Flüssen, Seen oder Sümpfen. In Großbritannien gibt es zwei Orte, an denen derartige Opfer dargebracht wurden: Flag Fen im Cambridgeshire und Llyn Cerrig Bach auf Anglesey. Beide Male handelte es sich um Metallobjekte in großer Menge. Flag Fen liegt im Sumpfland Fen, wo um 1200 v. Chr. eine künstliche Insel und darauf eine Siedlung angelegt wurde. Bald danach wurde zwischen dem trockenen Rand des Sumpfes und der Insel ein »Pfad« aus großen Eichenpfählen errichtet. In dessen Nähe wurden über 300 Gegenstände – meist wertvolle militärische Objekte wie Schwerter und Speere – ins Wasser geworfen; einige davon waren – vermutlich als Symbol der Trennung von der profanen Welt – zuvor absichtlich zerbrochen worden. Neben Metallarbeiten wurden auch Ton- und Schieferobjekte sowie tote Hunde und zumindest ein menschlicher Leichnam im Wasser versenkt. Der Ort wurde etwa von 1200 bis 200 v. Chr. genutzt, also von der späten Bronze- bis in die frühe Eisenzeit.

Llyn Cerrig Bach war ein See, in den zwischen dem 2. Jahrhundert v. Chr. und dem 1. Jahrhundert n. Chr. ansehnliche Opfergaben (meist kriegerischer oder adliger Natur) geworfen wurden. Der 1943 beim Bau eines Luftwaffenstützpunkts entdeckte Fund umfaßt über 150 Stücke, darunter Streitwagenbeschläge, Schwerter, Teile von Schilden, Kessel und zwei eiserne Sklavenketten. Wiederum war einiges davon vor dem Versenken zerschlagen oder verbogen worden. Die Metallarbeiten waren nicht alle lokaler Herkunft; einige kamen aus Irland, andere aus Südwestengland. Man ist versucht, Llyn Cerrig Bach mit den Druiden in Verbindung zu bringen, denn aus Tacitus' *Annalen* wissen wir, daß Suetonius Paulinus 60 n. Chr. auf der Insel Anglesey heilige Druidenhaine bekriegte.

Der See Llyn Cerrig Bach auf Anglesey, wo vielleicht ein Druiden-Heiligtum stand. Im 1. Jahrhundert n. Chr. wurden hier hochwertige Metallarbeiten als Opfergaben versenkt.

Gournay und Tayac

Jean-Louis Brunaux, der das bedeutende eisenzeitliche Gallierheiligtum von Gournay-sur-Aronde an der Oise in Frankreich ausgrub, behauptet, das dort geübte rituelle Verhalten sei so komplex gewesen, daß man fest annehmen könne, ihm habe eine hauptberufliche Priesterschaft vorgestanden, die vermutlich dort auch wohnte. Gournay lag auf der Grenze zwischen drei Gallierstämmen, den Bellovakern, Viromanduern und Ambianern. Auch andere Tempel standen auf Stammesgrenzen: Woodeaton (Oxfordshire) zwischen den Gebieten der mächtigen Katuvellauner und Dobunner ist ein britisches Beispiel dafür. Solche Tempel mögen eine politische Rolle gespielt haben; vielleicht versammelten sich die Leute dort, um Landstreitigkeiten und dergleichen beizulegen. Die Druiden könnten in diesen Tempeln spezielle Funktionen ausgeübt haben. Cäsar nennt konkret ihre Aufgabe als Schiedsmänner und sagt, auf ihrer Jahresversammlung an einem heiligen Ort im Karnutengebiet hätten die Druiden alle vorgetragenen Streitigkeiten geschlichtet.

Die intensive religiöse Aktivität in Gournay setzte im 4. Jahrhundert v. Chr. ein und dauerte mindestens 400 Jahre; sie umfaßte umfangreiche Tieropfer und die Versenkung von über 2000 – rituell zerbrochenen – Waffen. Man schätzt, daß die Waffen einem besiegten Feindesheer gehörten und als Trophäe für die Götter eingesammelt wurden. Genau diese Sitte erwähnt Cäsar bei den Galliern: »In der Regel weihen sie [Mars] das, was sie im Krieg erbeuten werden, wenn sie sich zu einer Schlacht entschlossen haben« (6,17).

Tayac in Westgallien weist eine ganz andere Art der Votivopferung auf, die aber dennoch die Folge eines öffentlichen und nicht privaten religiösen Akts war. Dort umfaßten die Gaben eine massive Goldspange, die zusammen mit über 500 keltischen Münzen vergraben wurde; der Halsreif war in drei Teile zerbrochen worden. Der wertvolle Inhalt konnte eindeutig keiner Einzelperson (es sei denn königlichen Geblüts) gehören. Ein anderer gallischer Halsreif (aus Mailly-le-Camp) trägt eine Widmungsinschrift, die besagt, er sei Teil einer größeren Opfergabe an die Götter.

(Unten) Mit hakenkreuzähnlichem Motiv (damals ein Sonnen- und Glückssymbol) verziertes bronzenes Endstück einer Deichsel, die wahrscheinlich zum Geschirr eines Streitwagens gehörte. Aus Llyn Cerrig Bach, Anglesey.

SNETTISHAM: EIN HEILIGER SCHATZ?

Aufgrund ihrer schieren Masse werfen die in Snettisham (Norfolk) gefundenen Gold-, Silber- und Goldsilberhalsspangen die Frage auf, was der Hort genau bedeutete. Bei der Erstentdeckung 1948 kamen beim Tiefpflügen drei Spangenverstecke zum Vorschein. In den sechziger und frühen siebziger Jahren gesellten sich sporadisch neue Funde hinzu. 1990 wurden weitere Schichten entdeckt: Metallarbeiten lagen in einem Bronzegefäß, andere Spangenhorte lagen eng beisammen in »Nestern« (rechts) in winzigen Gruben, manchmal mit doppeltem Boden, unter dem der wertvollere Schmuck versteckt war. Insgesamt neun Horte wurden gefunden; der einmalige »Schatz« aus dem frühen 1. Jahrhundert v. Chr. umfaßte über 75 komplette Halsspangen und Fragmente von 100 weiteren, dazu Reste von über 100 anderen Schmuckstücken und 170 Münzen; er ist damit die weitaus größte bekannte Spangen- und Hortsammlung der europäischen Eisenzeit.

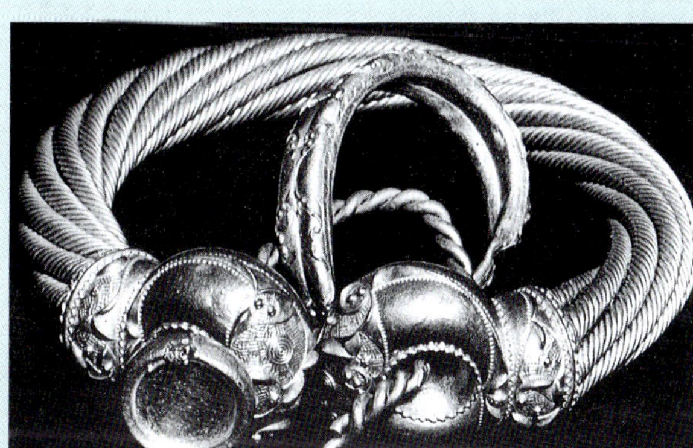

Die große Frage lautet, ob es sich um Votivgaben oder um einen echten Schatz handelt. Sollte der Inhalt (als Geschenk an die Götter) für immer versteckt oder nur sicher verwahrt und später wiedergeholt werden? Meinem Gefühl nach ließe sich beides verbinden: Der Schatz von Snettisham mag dem Schutz der Götter anvertraut worden, ihnen aber nicht ausschließlich geweiht gewesen sein.

»Diese [heiligen Frauen der Kimbrer] gingen mit gezücktem Schwerte den Gefangenen durchs Heerlager entgegen, bekränzten sie, und führten sie zu einem ehernen, gegen zwanzig Eimer haltenden Opferkessel. Hier hatten sie einen Auftritt, welchen Eine bestieg, und über den Kessel gelehnt jedem emporgehobenen Gefangenen die Gurgel zerschnitt.«

Strabon, *Erdbeschreibung*, 7,2,3

Schon ab der Spätbronzezeit wurden in Europa große Bronzeblechgefäße mit Begräbnisriten, Festmählern und Wasser assoziiert. Die Archäologie bezeugt die in der vorrömischen Eisenzeit gängige Praxis, Kessel rituell in Wasser zu versenken, vor allem in Teichen (die manchmal Naturquellen waren) oder Sümpfen. Der Brauch hängt vielleicht mit der Alltagsverwendung von Kesseln zum Fleischkochen zusammen. In den frühirischen und -walisischen Mythen symbolisieren Kessel Reichtum, Wiedererstehung und Wiedergeburt, und das Wasser selbst war den Kelten als lebenspendende und heilende Kraft heilig.

Manche Kultkessel waren riesengroß: Der 1952 in einer Grube bei Horsens in Ostjütland entdeckte (vor der Versenkung absichtlich zerbrochene) Brå-Kessel faßte 600 Liter. Der Kessel selbst war glatt, aber seine Tragringe waren mit Eulenköpfen verziert, und am Rand waren fünf Reitstiere aus Bronzeguß aufgebracht. Dieser Riesenkessel könnte eher einem Heiligtum als einem Haushalt gehört haben und, wie im Strabonzitat erwähnt, als Behältnis für Opferblut benutzt worden sein.

Kessel aus Bronzeblech aus Llyn Fawr, Südwales. Um 600 v. Chr. wurden zwei davon mit anderen Metallarbeiten als Votivgaben an den Seegott versenkt. Vielleicht waren sie besonders wertvoll, denn als man sie in den See warf, waren sie schon alt.

Heilige Gefäße in Wales und Irland

»Ich gebe dir einen Kessel, und seine Kraft ist diese: Wird einer deiner Mannen heute erschlagen, wirf ihn in diesen Kessel, und morgen wird er so wohl sein wie je, nur daß er der Rede nicht mehr mächtig ist.«

Aus der Zweiten Abteilung des »*Mabinogion*«

Das *Mabinogion* ist eine Sammlung frühmittelalterlicher walisischer Sagen in der Volkssprache, die vermutlich im 10. Jahrhundert n. Chr. niedergeschrieben wurden und in Manuskripten des 14. Jahrhunderts enthalten sind. Ihr heidnischer Charakter läßt darauf schließen, daß in ihnen vorchristliche Mythen und Glaubensvorstellungen widerhallen. Die *Pedair Keinc y Mabinogi* umfassen vier getrennte, aber zusammenhängende Erzählungen. In der Zweiten Abteilung wird ein Zauberkessel aus einem irischen See beschrieben; er hat die Kraft, tote Krieger zum Leben zu erwecken, die dann jedoch nicht mehr sprechen können, was darauf hinweist, daß sie in gewissem Sinn weiterhin tot sind und ins Jenseits gehören.

Mehrere eisenzeitliche Kessel stammen aus Gewässern oder Sümpfen in Wales und Irland. Zu den frühesten gehören die mit anderen Metallarbeiten in Llyn Fawr (Südwales) um 600 v. Chr. in einen See geworfenen Bronzekessel. Als sie den Göttern geopfert wurden, waren sie schon etwa hundert Jahre alt.

Auch viele irische Kessel sind in Seen oder Mooren gefunden worden. Einer, der aus einem Sumpf bei Altarte Glebe (Grafschaft Monaghan) stammt, ist seltsamerweise aus einem einzigen Stück Pappelholz geschnitzt. Ein Bronzekessel aus Ballyedmond (Grafschaft Galway) war vor seiner Versenkung im 1. Jahrhundert v. Chr. oder n. Chr. mehrfach ausgebessert worden.

Duchcov und Gundestrup

Ein Gegenstück zu den in Kessel gefüllten und in schottischen »Lochs« versenkten Eisenobjekten gibt es auf der anderen Seite des keltischen Europa im böhmischen Duchcov. Die Duchcover »Riesenquellen« waren eine Naturquelle, die im Mittelpunkt der religiösen Aktivität im 3. Jahrhundert v. Chr. stand. Hier weihte eine Gemeinde (vielleicht auf Geheiß der Priester) dem örtlichen Wassergott einen großen, mit über 2000 bronzenen Schmuckstücken – vor allem Armreifen und Broschen – gefüllten Bronzekessel. Aus der Tatsache, daß wir es hier mit Ziergegenständen zu tun haben statt mit militärischem Gerät, wollen einige Gelehrte schließen, es handele sich um eine Weihegabe von Frauen. Das mag sein, aber wir sollten bedenken, daß auch die keltischen Männer Schmuck trugen.

Über die Herkunft des in Jütland gefundenen Gundestrup-Kessels wird seit langem debattiert. Dieses große, vergoldete Silbergefäß, dessen Einzelplatten mit mythologischen Motiven bedeckt sind, wurde wahrscheinlich irgendwann im 1. Jahrhundert v. Chr. an einer trockenen Stelle im Moor plaziert. Die Ornamentik weist vielerlei ethnische, teils exotische und orientalische Einflüsse auf, aber viele Figuren lassen sich thematisch auch mit der vorrömischen Keltenzeit in Europa assoziieren: Götter mit Halsreif, widderhörnige Schlangen, ein Sonnenrad-Gott und ein gehörnter Gott – lauter den gallischen, vor allem jenen der Römerzeit, sehr verwandte Motive. Die neuere Forschung hat zudem überzeugende Argumente für eine Verbindung der Motive auf dem Gundestrup-Kessel mit Funden aus dem La-Tène-»oppidum« (einer großen vorrömischen Eisenzeitfeste) und dem römischen »vicus« (einer zivilen Siedlung bei einem Römerfort) in Titelberg in Nordostgallien erbracht. Außerdem – wer die Elefantendarstellungen auf dem Kessel als Grund benutzen will, ihm orientalische Einflüsse zuzuschreiben, sollte wissen, daß auf in Titelberg geschlagenen keltischen Münzen ebenfalls Elefanten zu sehen sind. Auch die gängige These, der Gundestrup-Kessel sei östlich der Keltenwelt im thrakischen Südosteuropa hergestellt worden,

Der vergoldete Gundestrup-Silberkessel aus dem Raevemosen-Moor im dänischen Jütland. Dieses zeremonielle Gefäß besteht aus 13 Platten mit erhabenen Götterbildnissen oder mythologischen Szenen. Möglicherweise gehörte es den germanischen Kimbern, die es auf einem Raubzug von einer keltischen Gemeinde erbeutet haben könnten.

wurde neuerdings in Frage gestellt: Sicher war Silberschmieden eine Spezialität dieser Gegend, aber ihre Blütezeit in Thrakien lag im 5. und 4. Jahrhundert v. Chr., also weit vor dem Entstehungsdatum des Kessels.

Wo der Kessel auch hergestellt worden sein mag – daß er sich in einem dänischen Torfmoor befand, muß religiöse Gründe haben. Zwar wissen wir nicht, wie er nach Dänemark kam, aber denkbar ist, daß er Beutegut einer kimbrischen Raubbande war, die ihn aus einem Heiligtum geplündert und dann ihren Göttern geopfert hat.

Der Gundestrup-Kessel mit seinen einmaligen mythologischen Darstellungen muß ein in hohen Ehren gehaltenes Gefäß gewesen sein, das vielleicht Opferblut oder ein sakramentales Mahl geborgen hat. Sinnvollerweise betrachtet man ihn als liturgisches Geschirr eines bedeutenden Tempels und Eigentum seiner Priester.

Kessel aus Schottland

Um die Zeit der römischen Invasion in Schottland (spätes 1. Jhdt. n. Chr.) wurden in zwei Seen bei Blackburn Mill und Carlingwark rituell Kessel versenkt. Beide bargen Eisengegenstände. In Blackburn waren es zwei halbkugelförmige, aufeinandergestülpte Gefäße aus Bronzeblech (unten); der Kessel von Carlingwark hatte eine gerade Öffnung und ein ausgebauchtes Unterteil. Wie der größere Blackburn-Kessel war er mit Eisenobjekten vollgestopft. Das Versenken der schottischen Gefäße im Wasser ähnelt Fällen in Wales und Irland, aber die Eisengegenstände deuten zusätzlich auf die rituelle Natur des Materials hin. Eisenhorten wird eine religiöse Bedeutung zugeschrieben, weil Eisen – außer als Schrott – damals wohl einfach nicht wertvoll genug war, um es aus wirtschaftlichen Gründen zu horten, und man es gewiß nicht ins Wasser warf, wenn man es wiederverwenden wollte.

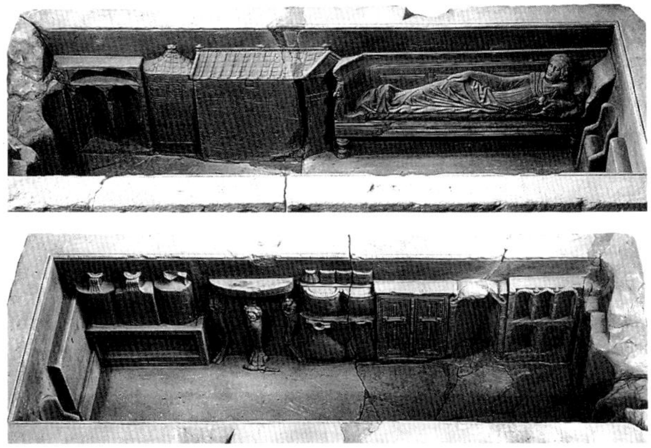

Zwei Innenansichten des Steinsarkophags einer hochstehenden Frau aus Simpelveld, Niederlande (Römerzeit). Die Tote lehnt auf einer Liege und hat alles bei sich, was sie im Jenseits braucht, darunter Möbel, eine Badekabine und Tongefäße.

Ein Adelsfriedhof in Luxemburg

Im Jahr 1966 wurden zwischen Göblingen und Nospelt, etwa 15 Kilometer von dem Treverer-»oppidum« Titelberg in Luxemburg, vier reiche Grabstätten aus dem 1. Jahrhundert v. Chr. entdeckt. Jede bestand aus einem Hügel über einer Holzgrabkammer in einer tiefen Grube. Die Leichen waren verbrannt und die Asche auf dem Boden verstreut worden; auf dem Scheiterhaufen jeder Leiche hatten viele Töpfe gelegen.

Nach den Grabbeigaben handelte es sich bei den Toten um berittene Angehörige des Treverer-Adels – Cäsars »Ritter«. Bei ihren Überresten lagen Speere, Schilde, lange Reitersäbel in reichverzierten Scheiden sowie ein paar Sporen. Die Gräber waren überreich mit Eßgerät ausgestattet: Töpfen aus Ton, Holz und Bronze, sogar Bestecken – zum Teil aus der römischen Welt importiert.

Im Grab B lagen über fünfzig Gefäße, darunter hohe Weinamphoren (zwei mit spanischem Wein) und Kugelamphoren, in denen gewöhnlich Olivenöl oder Fischsauce (»garum«) aufbewahrt wurde, außerdem ein Sieb zum Weinfiltern und eine bronzene Pfanne aus Italien. Ein Bronzekessel und zwei Eimer aus Eibenholz mit keltisch dekorierten Bronzedauben waren lokaler Herkunft. Alle vier Gräber beweisen klar die Bedeutung des Leichenschmauses und des Brauchs, dem Toten seine Habe mitzugeben.

»Der Kernpunkt ihrer Lehre ist, daß die Seele nach dem Tod nicht untergehe, sondern von einem Körper in den anderen wandere. Da so die Angst vor dem Tod bedeutungslos wird, spornt das ihrer Meinung nach die Tapferkeit ganz besonders an.«

Cäsar, *Der Gallische Krieg*, 6,14

»Die Begräbnisse sind im Verhältnis zur sonstigen gallischen Lebensweise sehr prächtig und aufwendig. Alles, was dem Toten vermutlich lieb war, werfen sie auf den Scheiterhaufen, auch Tiere und bis vor kurzem noch Sklaven und Clienten, von denen feststand, daß der Tote sie geliebt hatte.«

Cäsar, *Der Gallische Krieg*, 6,19

CÄSAR, DIODOR UND andere Klassiker, darunter Strabon und Lukan, sprechen konkret von der gallischen Sicht des Lebens nach dem Tode, wie die Druiden sie lehrten. Auf der Suche nach archäologischen Beweisen dafür schaut man sich am besten in den keltischen Gräbern um. Stützt ihr Inhalt die These, daß diese Menschen an ein faßbares Fortleben nach dem Tode geglaubt haben?

Die Aussage der Grabbeigaben

Von der frühesten Eisenzeit (700 v. Chr.) bis zur römischen Eroberung und darüber hinaus wurden in Europa bestimmte Menschen mit einem Teil ihrer Habe beigesetzt. Es liegt nahe, diese Sitte als Ausdruck des Glaubens zu interpretieren, daß die Toten ihre persönlichen Effekten auch in der anderen Welt brauchen würden. Diese Vorstellung bestand sicherlich etwa im alten Ägypten, wo nicht nur die Besitztümer, sondern auch der Leib des Verstorbenen für das Jenseits erhalten bleiben mußte.

Grabbeigaben können aber auch noch anderes bedeuten. So ist etwa die Vorstellung denkbar, daß die Habe einer Person mit ihr sterben und begraben werden muß, weil sie vom Tod befleckt und deshalb für den Gebrauch der Lebenden nicht länger geeignet ist. Alternativ könnte die Beigabe kostbarer Gold- und Bronzeobjekte einen Akt demonstrativer Verschwendung darstellen, bei dem die Verwandten ihren Toten vor aller Augen mit großem Pomp begraben und dabei zugleich Reichtum und Status der Familie unter Beweis stellen, indem sie sich öffentlich von wertvollem Besitz trennen. Desgleichen lassen sich Grabbeigaben als Bestechungsgeschenk an die Mächte der Hölle auslegen, damit diese die Toten nicht zurückkehren und die Lebenden heimsuchen lassen, sondern ihnen die Pforte zur anderen Welt öffnen.

Da die klassischen Autoren den Keltenglauben an ein Fortleben betonen, spiegelt sich in den Beigaben der Eisenzeitgräber höchstwahrscheinlich eine Jenseitserkenntnis. Die frühirischen Sagen in der Volkssprache untermauern diese These. Sie stellen das Jenseits als Spiegelbild des irdischen Daseins dar – ähnlich, aber besser, ohne Zerfall, Krankheit und Altern.

Krieger- und Fürstengräber

Die frühirischen Sagen unterstreichen die Vorstellung von einem Bankett im Jenseits, bei dem enorme Mengen Fleisch und Getränke verzehrt wurden, die sich immer wieder ergänzten. Viele Eisenzeitgräber bezeugen die zentrale Bedeutung des Leichenschmauses. Bei den Toten lagen Trinkgefäße, Kochtöpfe und Fleischbrocken – entweder als Zeichen eines vorherigen Festmahls am Grab oder als eine Art »Lunchpaket« für die

Reise ins Jenseits oder als Gabe an die Götter, damit sie der toten Seele Einlaß ins Jenseits gewähren (ähnlich, wie der Verstorbene bei den Römern als Fahrgeld für Charon, den Fährmann der Unterwelt, eine Münze im Mund trug).

Im berühmten Grab des Fürsten von Hochdorf (spätes 6. Jahrhundert v. Chr.) deutet sehr vieles auf ein Festmahl hin. Er wurde unter einem hohen Hügel in einer Kammer begraben, die den vierrädrigen Leichenkarren, eine herrlich gravierte Bronzeliege (auf die der Tote gebettet war) und massenhaft Hinweise auf einen Leichenschmaus beherbergte: An den Wänden hingen neun Trinkhörner, auf dem Karren war ein Gedeck für neun Personen aufgeschichtet, und in einer Ecke stand ein riesiger Bronzekessel (mittelmeerischer Herkunft), der einst 400 Liter Met enthalten hatte. Auch Gerätschaften für seine Lieblingsbeschäftigungen Jagen und Fischen lagen dabei. Das Dekor der Liege könnte über die Zeremonien Aufschluß geben, die sein Leben priesen und seinenTod beklagten: Männerpaare, die graziös und rituell miteinander tanzen oder ringen, und pferdebespannte Gefährte, die stark dem Leichenkarren ähneln.

Bilder der Ewigkeit

Die Symbolik mancher frühkeltischer Kunstgegenstände läßt die Vorstellung eines Lebens über das Grab hinaus glaubhaft erscheinen. Im späten

Detail des Goldarmbands mit eibbeergekröntem Menschenantlitz aus dem Häuptlingsgrab von Rodenbach (spätes 5. Jhdt. v. Chr.). Das dunkle, immergrüne Blattwerk der Eibe, von dem sich die leuchtendroten Beeren abhoben, könnte Blut, Tod und Wiederauferstehung symbolisiert haben.

5. Jahrhundert v. Chr. wurde in Rodenbach in Deutschland ein Häuptling beigesetzt. Rechts trug er einen goldenen Armreif und Fingerring. Die Dekormotive beider Schmuckstücke dürften symbolische Bedeutung gehabt haben. Der Armreif ist reich verziert und trägt als Zentralmotiv ein (vermutlich) mit Eibbeeren gekröntes kleines Männergesicht. Die Eibe ist immergrün und zudem Sinnbild der Langlebigkeit. Ihre leuchtendroten Beeren wachsen im Winter und heben sich deutlich vom dunkelgrünen Laub ab. Die symbolische Bildhaftigkeit kann durchaus bewußt an Tod und Wiedergeburt gemahnen: Eibenlaub und -beeren sind giftig, die Beeren erinnern an Blutstropfen. Die Todessymbolik wird jedoch vielleicht durch die Hoffnung auf ewiges Leben aufgewogen. Auch das Dekor des Fingerrings kann symbolisch gewertet werden: Ein Januskopf blickt in zwei Richtungen. Dies könnte den Adligen an der Schwelle vom Diesseits zum Jenseits darstellen.

Rekonstruktion des Fürstengrabs von Hochdorf (um 530 v. Chr.). Das Grab enthielt einen prächtigen Metkessel, einen Leichenkarren, ein Gedeck für neun Personen und neun Trinkhörner. Der Fürst ruht auf einer verzierten Bronzeliege und trägt einen Dolch mit Goldscheide sowie Goldschmuck.

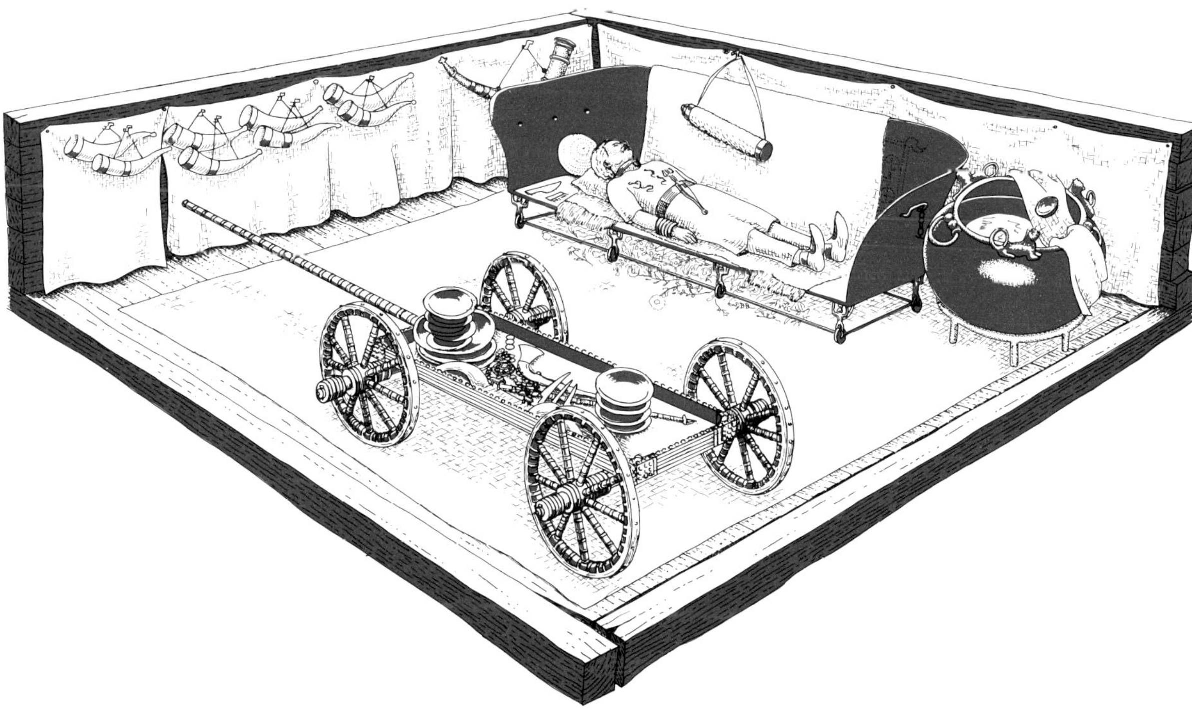

V

OPFER UND WEISSAGUNG

»Nie aber opferten sie ohne Dryiden. Auch andere Arten von Menschenopfern werden ihnen nachgesagt. Manche nämlich erschossen sie mit Pfeilen, oder kreuzigten sie in Tempeln.«

Strabon, *Erdbeschreibung*, 6,4,5

INWIEWEIT KÖNNEN WIR Strabons Aussage glauben? Macht er sich wie die anderen klassischen Schriftsteller der billigen Sensationsgier schuldig, oder berichtet er treulich über eine beobachtete religiöse Praxis? Strabon ist nicht der einzige, der eine unmittelbare Verbindung zwischen Menschenopfer und Weissagung (der Vorhersage der Zukunft durch Beobachtung und Interpretation von Zeichen, die das Opfer von sich gibt und die für Botschaften aus der Geisterwelt gehalten werden) herstellt. Von besonderem Interesse an Strabons Darstellung diverser Formen des Ritualmords ist die Benutzung von Pfeil und Bogen. Da es für deren kriegerischen Einsatz durch die Kelten nur wenig Beweismaterial gibt, könnte ihre Benutzung für Opferzwecke auf Spezialwaffen für spezielle Tötungsformen hindeuten.

Strabon und andere klassische Autoren erwähnen konkret diverse Methoden des Ritualmords. Neben dem Erschießen und Pfählen (im obigen Zitat unrichtig als »Kreuzigen« übersetzt) nennen sie auch das Erhängen, Erdolchen, Ertränken und Verbrennen. So kann man spekulieren, ob sich in den unterschiedlichen Methoden auch die Anrufung bestimmter Götter oder besondere Opferarten widerspiegelten, vielleicht je nachdem, was man von den göttlichen Mächten erwartete. Möglicherweise mußte bei bestimmten Zeremonien Blut fließen (wie beim Erschießen und Erdolchen), während das Verbrennen oder Ertränken anderen Anlässen vorbehalten blieb.

Der »Weidenmann« aus dem gleichnamigen Film. Cäsar, Strabon und andere beschreiben ein gräßliches Ritual der gallischen Kelten, bei dem Menschen und Tiere in einer gigantischen Statue aus Weidengeflecht als Opfergabe an die Götter verbrannt wurden.

Der Begriff »Opfer«

Was bedeutet »Opfer«? Es kann eine einst lebende Gabe an die übernatürlichen Mächte bedeuten, die für den Spender wertvoll ist und für ihn oder die Gemeinschaft einen echten Verlust bedeutet. Zwei wichtige Opferbegriffe im Altertum waren »Geben« und »Sich-trennen«. Die Gabe wurde den Göttern rituell »übergeben«, indem man sie auf besondere Weise tötete oder an einem speziellen Ort ablegte, ihr manchmal aber auch vorher noch etwas antat; dies kann durch Folter, Verstümmelung, Entnahme bestimmter Knochen, Häutung oder Bemalung geschehen sein.

Diese Skulptur einer römischen Opferszene zeigt den Priester mit umhülltem Haupt und den Opferstier.

Der Germanengöttin Vagdavercustis geweihter Altar aus Köln. Unter der Inschrift befindet sich eine Opferszene; neben dem Priester stehen weitere Kultpersonen.

»Den Druiden obliegen die Angelegenheiten des Kultus, sie richten die öffentlichen und privaten Opfer aus und interpretieren die religiösen Vorschriften. [. . .] Wenn sich ein Privatmann [. . .] nicht an ihre Entscheidungen hält, untersagen sie ihm die Teilnahme an den Opfern. Diese Strafe gilt bei ihnen als die schwerste.«

Cäsar, *Der Gallische Krieg*, 6,13

Die meisten griechisch-römischen Geschichtsschreiber der ersten Jahrhunderte vor und nach Christus erwähnen bei den Kelten Opfer, vor allem Menschenopfer. Sehr oft verbinden sie sie mit den Druiden, wenngleich deren Verantwortung für die Ritualmorde manchmal unklar bleibt.

Cäsar zufolge wurden Übeltäter durch den druidischen Bannspruch vogelfrei. Die gallischen Kelten empfanden den Ausschluß vom religiösen Leben schlimmer als Gefängnis und Tod. In einer späteren Passage verbindet Cäsar die Druiden direkt mit Menschenopfern:

». . . die von schwerer Krankheit befallen sind oder sich in Krieg und Gefahr befinden, [opfern] Menschen anstelle von Opfertieren oder geloben solche Opfer. Die Druiden führen diese Opfer durch. [. . .] Sie glauben zwar, daß die Tötung von Menschen, die bei Diebstahl, Raub oder anderen Verbrechen gefaßt wurden, den unsterblichen Göttern angenehmer ist; wenn es ihnen jedoch an solchen fehlt, gehen sie auch dazu über, Unschuldige zu opfern« (6,16).

Zwischen Diodor und Strabon (beide ebenfalls 1. Jahrhundert v. Chr.) bestehen starke Übereinstimmungen. Strabons Kommentar sahen wir schon am Kapitelanfang. Diodor sagt:

»... bei wichtigen Beratungen [...] weihen [sie] einen Menschen zum Opfer und stoßen ihm das Messer in die Brust [...]; wenn nun der Verwundete niedersinkt, so nehmen sie aus der Art des Fallens, aus den Zuckungen der Glieder und auch aus dem Laufe des Blutes das Zukünftige wahr«
Diodorus Siculus, *Historische Bibliothek*, 5,31

Nach Diodor wurden solche Handlungen nie ohne Druiden durchgeführt; an anderer Stelle äußert er, daß Verbrecher fünf Jahre im Kerker schmachteten, ehe sie »zu Ehren der Götter« gepfählt wurden.

Plinius deutet gespenstische Opferriten an, so das Töten und Verzehren von Menschen im Namen der Religion. Lukan und Tacitus sprechen von Menschenopfern in heiligen Hainen unter Aufsicht der Druiden. Lukans *Bürgerkrieg* (zwischen Pompeius und Cäsar) enthält mehrfach Hinweise auf Ritualmorde und impliziert dabei die Druiden. Ein Hain wurde von Cäsars Soldaten absichtlich zerstört: »Hohe Altäre für schreckliche Opfer waren [den hier verehrten Göttern] errichtet, | grausig befleckt ein jeder Baum von menschlichem Blute. [...] Am hellichten Mittag | wie auch zur finsteren Nacht scheut selbst der Priester den Zugang« (*Der Bürgerkrieg*, 3,404–424).

Eine gleichartige Szene schildert Tacitus auf der Insel Anglesey beim Angriff des römischen Statthalters Suetonius Paulinus auf die dortige Druidenfestung. Als erstes berichtet er von den Verwünschungen, die die Druiden den römischen Schändern ihres Heiligtums entgegenschrien, und fährt dann fort: »... die heiligen Haine, die grauenhaften Kulthandlungen dienten, wurden zerstört. Denn das Blut der Kriegsgefangenen auf ihren Altären zu vergießen und den Willen der Götter aus menschlichen Eingeweiden zu erfragen, hielten sie für ihr heiliges Recht« (*Annalen*, 16,30).

Ein Opferfluch

»[Wer] [...], ob Sklave oder Sklavin, Freier oder Freie, Frau oder Mann [...] den Diebstahl einer Eisenpfanne beging, wird mit Haselruten dem Herren Neptun geopfert.«

Dieses bleierne Fluchtäfelchen wurde im Little Ouse River bei Brandon in Suffolk nahe dem Tempel von Hockwold gefunden (Römerzeit). Es ist aus drei Gründen bemerkenswert. Erstens erwähnt es Opfer im Zusammenhang mit Menschen; zweitens datiert die römische Kursivschrift aus dem 4. Jahrhundert n. Chr., lange nach dem Zerfall der keltischen Gesellschaft; drittens bringt es den römischen Gott Neptun in Verbindung mit dem Haselstrauch, dem in der frühirischen Mythologie große Symbolkraft innewohnte. Man sollte daran denken, daß Haselnüsse auch bei mehreren Toten aus der Eisenzeit gefunden wurden, die selbst wahrscheinlich rituelle Opfer waren.

Dieser Stich aus dem 19. Jahrhundert zeigt, wie ein nacktes, gefesseltes Opfer bei Carnac (Frankreich) durch den Wald zum Tod von Druidenhand getrieben wird. Der Zug wird von einem druidischen Harfenisten angeführt; gallische Soldaten sehen zu.

Opferungen im Kampf

Detail des vergoldeten Silber-Kultkessels aus Gundestrup, Dänemark, mit Opferszene: Ein Gott (oder Priester) ertränkt einen Menschen in einem Eimer oder Faß.

Die Bildersprache des verzierten, in Gundestrup gefundenen und im 1. Jahrhundert v. Chr. in einem Torfmoor vergrabenen großen Silberkessels könnte uns Aufschluß über Opferformen geben. Ein Innenblech zeigt ein Heer auf dem Marsch: Fußtruppen, Reiter und Trompeter in vollem Kriegsstaat sowie ein offenbar heiliger Baum. Am anderen Ende steht ein riesiger Mann (viel größer als die Krieger), der einen Menschen mit dem Kopf nach unten über einen Bottich oder Eimer hält – vielleicht will er ihn ertränken. Betrachtet man die Szene und die Handhaltung des Riesen genauer, so erkennt man, daß er das Opfer eindeutig nicht herauszieht, sondern hinabstößt. Das erinnert an Strabons Bemerkung über Menschenopfer bei den Kimbern, die dem Opfer die Kehle über einem Kessel durchschnitten, der das Blut auffing.

Auf einem weiteren Innen- und dem Grundblech scheinen Stieropfer abgebildet; für letzteres wurde eine altes »phalera« (rundes Pferdegeschirr) benutzt, auf dem ein großer Stier nach dem tödlichen Schwertstoß eines (im Verhältnis zum Tier winzigen) Kriegers in die Knie geht. Das Innenblech zeigt eine ähnliche Szene: Drei identische Stiere werden von je einem viel kleineren Mann mit dem Schwert bedroht. Die Ikonographie ist insofern nicht eindeutig, als jeder »Krieger« von einem Hund begleitet wird, es sich also auch um eine rituelle Jagd handeln kann und das Tier kein zahmer Bulle, sondern ein wilder Auerochse sein könnte. Zudem suggeriert die Größe der Tiere deren übernatürlichen Ursprung, so wie im Mithraismus der junge Persergott Mithras den göttlichen Stier erschlug, um die Erde fruchtbar zu machen. Ein ähnlicher Schöpfungsmythus mag auch auf dem Kessel abgebildet sein.

(Oben) Grundplatte des Gundestrup-Kessels mit großem Opferstier, den ein Mann mit dem Schwert ersticht.

DER »WEIDENMANN«

»Andere Stämme besitzen Opferbilder von ungeheurer Größe, deren Glieder durch Ruten untereinander verbunden sind. Dann werden die Götterbilder [...] angezündet, so daß die Menschen in den Flammen umkommen.«
Cäsar, *Der Gallische Krieg*, 6,16

»Auch errichteten sie einen Riesenkerl von Heu und Holz, steckten Hausvieh und allerlei Thiere und Menschen hinein, und verbrannten alles zusammen.«
Strabon, *Erdbeschreibung*, 4,4,5

Nicht weniger als drei antike Quellen erwähnen diese sehr spezielle Art des Ritualmords, bei der die Opfer in ein riesiges Ruten- oder Strohgeflecht gepackt und als Opfergabe an die Götter lebendig verbrannt wurden. Außer Cäsar und Strabon bezieht sich auch ein Kommentar aus dem 9. Jahrhundert zu Lukans Bürgerkrieg darauf.

Die sehr ähnlichen Schilderungen Cäsars und Strabons gehen wahrscheinlich auf Poseidonios als gemeinsame Quelle zurück. Ebenso dürfte der Kommentator zum Lukan-Text eine dieser früheren Darstellungen gelesen und mit Lukans Nennung der drei Keltengötter Taranis, Esus und Teutates verwoben haben, die der Dichter ausdrücklich mit Menschenopfern verbindet. Bei Frühjahrsfeiern im nachheidnischen Europa wurden noch bis vor kurzem Strohpuppen (zum Glück ohne lebenden Inhalt) verbrannt.

Stich des »Weidenmanns« (19. Jhdt.), der mit Menschen gefüllt wird. Ein Druide (unten rechts) überwacht das Ganze, während die Opfer ihr Schicksal bejammern.

»Die Köpfe der gefallenen Feinde hauen [die Gallier] ab und binden sie ihren Pferden auf den Hals; die blutige Rüstung geben sie ihren Dienern und lassen sie unter Jubelgeschrei und Siegesliedern zur Schau tragen. [...] Die Köpfe der Vornehmsten unter den Feinden salben sie ein, bewahren sie in einem Kasten sorgfältig auf und zeigen sie den Fremden.«

Diodorus Siculus, *Historische Bibliothek*, 5,29

Skelett eines Mannes, dessen Leiche in eine Grube hinter dem Wall der Eisenzeit-Hügelfestung in South Calbury (England) gelegt worden war. Nach der Körperhaltung war er gefesselt. Vielleicht war er ein rituelles Opfer, das man hinter die Wehr legte, damit sein Geist die Festung magisch beschütze.

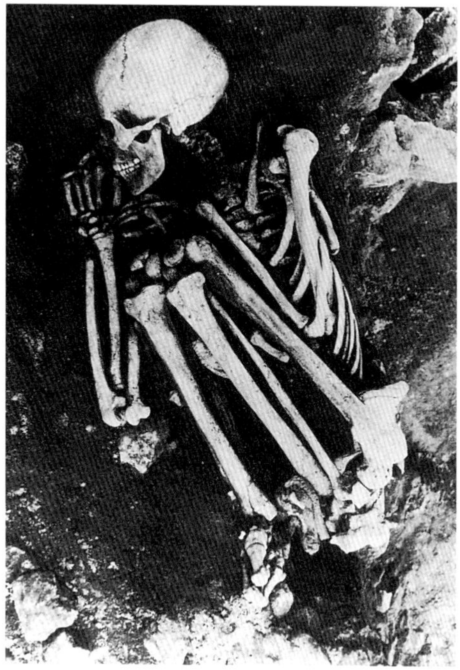

»Mit ihrer sonstigen Rohheit stimmt die unerhörte Gottlosigkeit überein, wovon ihre Opfergebräuche zeugen. [...] Auch die [Kriegs-]Gefangenen schlachten sie als Opfer den Göttern zu Ehren.«

Diodorus Siculus, *Historische Bibliothek*, 5,32

Rituelle Enthauptung in St. Albans

Im Jahr 1955 wurde in St. Albans, England, in einer Grube vor einem Tempel aus dem 2. Jahrhundert n. Chr. der Schädel eines halbwüchsigen Jungen gefunden, dem zur Todeszeit die Kopfhaut abgezogen worden war. Vier große Löcher deuten darauf hin, daß er erschlagen, danach enthauptet und gehäutet wurde. Schäden an der Schädelbasis und der fehlende Unterkiefer lassen vermuten, daß der Kopf auf einem Pfahl steckte. Da Verwitterungsspuren fehlen, stand dieser vielleicht im Innern des Tempels. Der Schädel wurde erst nach dem Ritual in die Grube gelegt.

WELCHES AUFHEBEN DIE klassischen Betrachter der Kelten von der Barbarei ihrer Menschenopfer machten, sahen wir bereits. Daß sie Menschen in Todesqual beobachteten, hat den Druiden eine schlechte Presse beschert und sie als wilde Barbaren in Verruf gebracht. »... einem zum Opfer Geweiheten hieben [die Kelten] mit dem Säbel in den Rücken, und weissagten aus den Zuckungen« (Strabon, *Erdbeschreibung*, 4,4,5).

Seltsamerweise benutzt Diodor den Begriff »Gottlosigkeit«, wo doch die Ehrung der Götter gemeinhin als gottesfürchtig galt. Hier haben wir ein Beispiel klassischer Kritik an einer Sitte, die man weder billigte noch verstand. Den Kelten selbst dürfte ein solcher Akt als sehr fromm erschienen sein. Diodors Auslassung über einen direkten Zusammenhang von Menschenopfern und Krieg ist hingegen aufschlußreich, denn er wird von archäologischen Funden gestützt. Die Heiligtümer von Gournay und Ribemont (Nordfrankreich) enthalten Überreste mehrerer Menschen, die im Kampf gefallen, aber ebensogut als Kriegsgefangene geopfert worden sein mögen. Vor allem Gournay paßt in dieses Bild, weil dort unzählige Waffen – die durchaus Schlachtfeldbeute sein können – den Göttern geweiht wurden.

Die Archäologie kann über Menschenopfer immer nur mehrdeutige Indizienbeweise liefern. Woher sollen wir wissen, ob jemand, dessen Überreste wir finden, im Kampf, an Krankheit oder durch rituelle Tötung starb? Ein gewaltsamer Tod ist meist nachweisbar, aber auch dann kann er auf Krieg, Jagdunfälle, Streit oder Strafe verweisen.

Der Archäologe muß daher vorsichtig sein, ehe er menschliche Überreste an heiligen Stätten als Menschenopfer identifiziert. Desgleichen ist zwischen Menschenopfern im strengen Sinne und ritueller Behandlung nach dem Tode zu unterscheiden. Der junge Mann aus dem frühen 1. Jahrhundert n. Chr. etwa, dessen Skelettreste in einer Grube hinter dem Wall in South Cadbury im südwestlichen Britannien gefunden wurden, *könnte* den Ortsgöttern geopfert worden sein, damit die Wehren die Angreifer abschrecken; er kann aber genausogut im Kampf gefallen sein, wobei sein tapferer Geist dem Wall, in dem er beigesetzt wurde, magische Kräfte verleihen sollte. Ebenso könnten die jungen Männer in den Gruben der eisenzeitlichen Hügelfeste in Danebury vom Ende des 1. Jahrtausends v. Chr. mutige Gefallene sein, deren Leichen als Dankopfer dargebracht wurden.

Kopfjägerei

Livius, Strabon und Diodor berichten von (sie fremd anmutender) Kopfjägerei, die offenbar zur keltischen Kriegspraxis gehörte. Die Schädel waren nicht nur zu Hause geschätzt, sondern wurden auch als Votivgaben in Tempeln benutzt. Livius spricht von der Enthauptung des Römergenerals Postumus durch die norditalienischen Bojer 216 v. Chr., die den Schädel entleert, vergoldet und als Kultgefäß benutzt hätten. Ähnliches scheint in Býčiskála (Böhmen) vorzuliegen, wo ein zur Schale geformter Menschenschädel gefunden wurde.

Roquepertuse und Entremont

Zwei vorrömische Heiligtümer im unteren Rhônetal bei Marseille liefern klare Beweise für rituelle Kopfjagd. In Roquepertuse steht als Eingang zu einem Hügeltempel ein »Schädel-Portikus« aus drei Steinsäulen samt Türsturz mit Menschenköpfen in Nischen. Sie stammten von jungen

Steinskulptur abgeschlagener Köpfe aus einem Schrein des Salluvier-»oppidums« Entremont (Südfrankreich). Dort wurde rituelle Kopfjägerei geübt; die Schädel können den Kriegsgöttern geweihte Schlachttrophäen darstellen.

Diese eisenzeitliche Felszeichnung aus dem Camonica-Tal, Italien, könnte eine Opferszene darstellen, bei der mit Messern bewaffnete (und vielleicht in Tierfelle gehüllte) Priester das Opfer flankieren.

Männern, vermutlich Kriegsopfern. Ein großer Januskopf aus Stein bewachte das Tor, und auf einem Türsturz stand eine große gemeißelte Gans – ein Kriegssymbol. Der Tempel enthielt weitere Skulpturen, darunter ein Fries mit Pferdeköpfen und Statuen von Kriegergöttern.

Das »oppidum« Entremont, Stammeszentrum der Salluvier, hatten die Römer Ende des 2. Jahrhunderts v. Chr. geplündert. Die Säulen eines Steintempels auf einem Hügel der Stadt waren mit Schädelskulpturen aus Stein verziert, und wie in Roquepertuse hingen in den Nischen echte Schädel. Die Speerspitze in einem legt nahe, daß sie von besiegten Kriegern stammten. Skulpturen betonen mehrfach das Schädelritual. Ein Bild zeigt einen Reiter, an dessen Sattel ein Schädel hängt, ein anderes ist eine »Schädelsäule«: ein mit zwölf abgeschlagenen, kieferlosen Köpfen gespickter Stein. Kriegergötter haben Menschenköpfe in der Hand, als hätten sie die Gabe angenommen.

(Oben) Die »Schädelsäule« von Entremont, Frankreich.

(Links) Die in einem früheren Kornspeicher der Eisenzeitfeste Danebury beigesetzte Leiche eines jungen Mannes, möglicherweise ein Dankopfer an die Unterweltgötter, die im Winter das Saatgut bewachten.

»... ebenso ihr [Gallier], die mit Menschenblut ihr den wilden Teutates / gnädig euch stimmt und den Esus mit seinen Schreckensaltären / und den Taranis, wie die Diana der Skythen, so grausam!«
Lukan, *Der Bürgerkrieg*, 1,439–441

Lukan schrieb im 1. Jahrhundert n. Chr. über Gottheiten, denen Cäsars Heer ein Jahrhundert zuvor in Gallien begegnet sein soll.

Er selbst erwähnt Menschenopfer nur allgemein, aber einem Schweizer Kommentator seines Gedichts aus dem 9. Jahrhundert scheinen frühere, inzwischen untergegangene Dokumente vorgelegen zu haben, denn er behandelt die für jeden der drei Götter jeweils geeignete Form des Menschenopfers näher. Der Donnergott Taranis wurde durch Feuer besänftigt; die Opfer für Esus (»Herr«) wurden erstochen und dann zum Verbluten an einem Baum aufgehängt; die für Teutates wurden ertränkt. Aus der Verbindung Taranis' mit Feuer ist geschlossen worden, Bau und Verbrennung des von Cäsar und Strabon erwähnten »Weidenmanns« hätten mit dem Donnerer zu tun gehabt. Sicher ist das nicht, aber für einen Gott, der über den Blitz herrscht, wäre eine Hinrichtung durch Verbrennen durchaus passend.

Der Name Esus erscheint auf der Widmung einer bei Notre-Dame in Paris 1711 gefundenen Steinskulptur. Sie zeigt einen Gott, der auf einen Weidenbaum einhackt; ein ähnliches Bild (allerdings ohne Widmung) fand man im weit entfernten Trier. Die Ikonographie untermauert also die literarisch belegte Verbindung von Esus mit Bäumen. Von Teutates (dem »Stammesgott«) haben wir keine eindeutige Bilddarstellung, aber die Szene des mit dem Kopf nach unten von einem Gott über einen Eimer gehaltenen Mannes auf dem Gundestrup-Kessel könnte ein Ertränkungsopfer darstellen. Der Name Taranis erscheint in sieben Inschriften in England, Frankreich, Deutschland und dem ehemaligen Jugoslawien. Manchmal wird er dabei dem Jupiter gleichgestellt, vermutlich, weil beide Himmelsgötter waren und Jupiter unter anderem für den Donner verantwortlich zeichnete. Waren diese drei Götter so wichtig, wie aus Lukan hervorgeht, dann standen ihren Opferritualen sicher professionelle Priester vor, möglicherweise die Druiden. Lukan erwähnt denn auch wenige Zeilen später die Druiden ausdrücklich.

Andraste und Boudicca

»Und all diese Schrecklichkeiten [die Ermordung und Verstümmelung römischer Frauen] vollführten [die Britannier], indem sie zugleich Opfer darbrachten, Schmausereien hielten und ihrem Frevelsinn die Zügel schießen ließen, sowohl an den anderen heiligen Stätten als insbesondere im Hain der Andraste. Dies war nämlich ihr Name für Nike, und sie bezeugten ihr tiefste Verehrung.«
Cassius Dio, *Römische Geschichte*, 62,7,3

So beschreibt Cassius Dio (3. Jahrhundert n. Chr.) die Umtriebe der britischen Freiheitskämpferin Boudicca (nach dem Tod ihres Mannes Prasutagus Königin der Ikener). Wie wir sahen, führte sie 60/61 n. Chr. einen Bund rebellischer Stämme, darunter neben den Ikenern von East Anglia auch die benachbarten Trinovanten, gegen die Römer. Ausgelöst wurde der Aufstand durch die gewaltsame Beschlagnahmung ikenischer Wertsachen durch römische Beamte, die Auspeitschung Boudiccas und die Vergewaltigung ihrer Töchter bei gleichem Anlaß. Dio sagt zwar nicht ausdrücklich, Andraste sei durch Men-

Widmung an den Donnergott Taranis in griechischen Buchstaben aus Orgon, Südfrankreich. Taranis gehörte zu den drei Göttern, die nach Lukan Menschenopfer forderten.

ostengland) mit drei Leichen – einer Frau und zwei Männern – gelten.

Cäsar spricht interessanterweise ausdrücklich von der »Sati«-Sitte in Gallien und sagt, bei seiner Ankunft 58 v. Chr. sei sie bereits außer Mode gewesen; »... was dem Toten [...] lieb war, werfen sie auf den Scheiterhaufen, auch Tiere und bis vor kurzem noch Sklaven und Clienten, [... die ...] der Tote [...] geliebt hatte. Nach den feierlichen Beerdigungsriten werden sie zusammen mit dem Verstorbenen verbrannt« (*Der Gallische Krieg*, 6,19).

(Links) Marmorstatue der Boudicca und ihrer Töchter im Rathaus von Cardiff, Wales; geschaffen von J. Howard Thomas zwischen 1913 und 1915. Zur Zeit des Boudicca-Aufstands (60/61 n. Chr.) rief die Ikener-Königin eine Siegesgöttin namens Andraste an, der zu Ehren römische Frauen ermordet wurden.

(Oben) Der Mann und die Frau, die im 6. Jahrhundert v. Chr. gemeinsam im Hügelgrab von Hohmichele beerdigt wurden. Die beiden mögen gleichzeitig eines natürlichen Todes gestorben sein, aber vielleicht wurde auch einer von beiden getötet, um den andern ins Jenseits zu »begleiten«.

schenopfer gnädig gestimmt worden, impliziert aber, die ermordeten römischen Frauen seien selbst Opfer gewesen: Die unseligen Opfer wurden gepfählt, die abgeschnittenen Brüste ihnen in den Mund gestopft – eine Entehrung, die bewußt Boudiccas eigene Schmach durch die Römer widerspiegeln sollte.

»Sati« in Hoppstädten

In der späten La-Tène-Eisenzeit wurde bei Hoppstädten im Trevorergebiet an der deutschen Mosel eine ganze Familie begraben. Sofern sie nicht alle mehr oder weniger zur selben Zeit – möglicherweise infolge einer Epidemie – gestorben waren, kann es sich hier um eine Art »Sati« (Witwentötung) handeln: Beim Tod des Familienoberhauptes wurden Frau und Kinder getötet, um ihm ins Jenseits zu folgen. Ähnliches mag auch dem viel früheren Doppelgrab am Hohmichele in Deutschland zugrunde liegen, wo im 6. Jahrhundert v. Chr. Mann und Frau, beide hohen Standes, gemeinsam in einem Hügelgrab beigesetzt wurden. Da es sich bei beiden um eine Nachbestattung im Tumulus handelte, könnten sie alle beide zu Ehren des eigentlichen Grabbesitzers geopfert worden sein. Ähnliches mag für ein späteres Wagengrab der Eisenzeit in Wetwang (Nord-

Der Lindow-Mann wurde Ende der Eisenzeit rituell getötet und in ein Moor versenkt. Nach Schlägen auf den Kopf hatte man ihn erdrosselt und ihm die Kehle durchgeschnitten. Da sich im Magen Mistelpollen fanden, wird eine druidische Beteiligung an seinem Tod vermutet.

Menschenopfer sind zwar archäologisch nicht eindeutig nachgewiesen; für sie sprechen aber in erster Linie die Moorleichen aus Nord- und Westeuropa, die oft gut erhalten sind und Anzeichen von Gewalteinwirkung und ritueller Behandlung aufweisen. Einige davon werden in die keltische Eisenzeit zurückdatiert.

1821 wurde in Gallagh (Grafschaft Galway) in drei Metern Tiefe eine irische Moorleiche gefunden. Nach der Radiocarbon-Analyse stammt sie aus der Eisenzeit. Der Entdeckungsbericht spricht von einem jungen Mann mit Bart und langem schwarzem Haar. Er trug einen knielangen Fellrock und wurde vielleicht mit einem Bündel Haselnußruten erdrosselt (an seinem Hals fand sich ein Streifen dünner Haselnußfasern). Zwei Holzpflöcke neben seinem Körper können als Indiz gelten, daß er absichtlich ins Moor gelegt wurde.

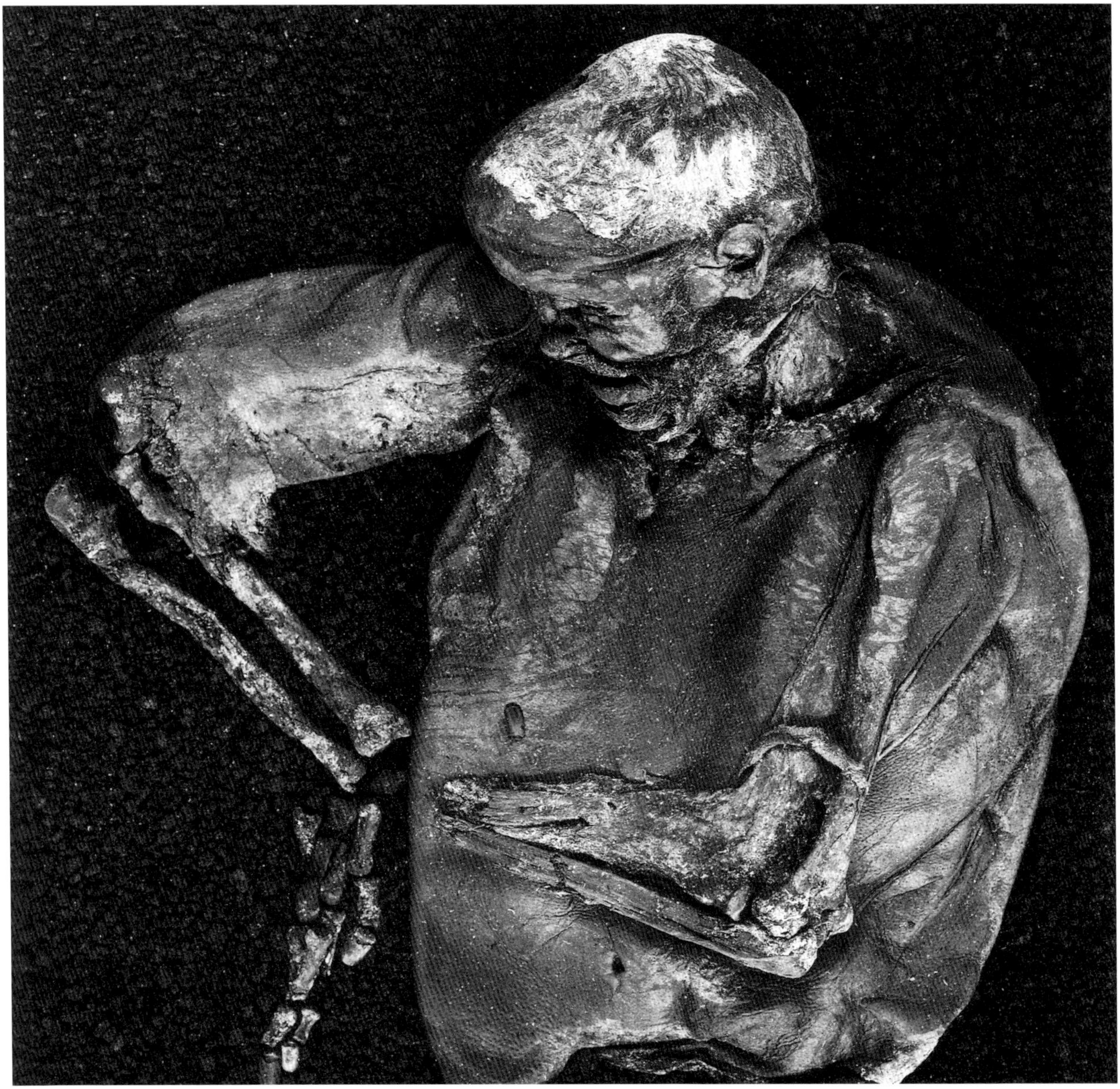

Der Lindow-Mann

Im August 1984 schnitten Torfstecher in Lindow Moss im englischen Cheshire mit ihrer Maschine durch Teile einer menschlichen Leiche. Da sie glaubten, auf das Opfer eines Mordes aus moderner Zeit gestoßen zu sein, riefen sie die Polizei. Nach deren Feststellung handelte es sich um eine antike Leiche, weshalb die Überreste zur Untersuchung ins British Museum gebracht wurden.

Der »Lindow-Mann« (»Pete Marsh« nannten ihn einige Archäologen und Journalisten) war ein junger, gut genährter, etwa 25jähriger Mann, der ein gewaltsames Ende gefunden hatte und dessen Leiche mit dem Gesicht nach unten in einen seichten Moorteich geworfen worden war. Schwere Schläge auf den Kopf dürften ihn bewußtlos gemacht, aber nicht getötet haben. Als Mordwaffe diente eine Sehne, die ihm um den Hals geschlungen, festgezurrt und hinten verknotet wurde. Schließlich wurde ihm noch die Kehle durchgeschnitten. Die C-14-Datierung der Leiche war zunächst umstritten, aber nach neuerer Ansicht starb der Lindow-Mann im 1. Jahrhundert n. Chr.

Nun mag dieser junge Mann wegen eines Verbrechens hingerichtet worden sein, aber einige Aspekte seines Todes deuten auf eine rituelle Tötung hin. Bis auf ein Fuchspelz-Armband war er nackt, sein Körper bemalt. Kurz vor dem Tod hatte er eine Mahlzeit aus speziell zubereitetem, auf einem Rost gegrillten Brot aus vielerlei Saaten und Körnern eingenommen, deren Überreste noch in seinem Magen waren. Im Gedärm wurden auch Mistelpollen gefunden, und da Plinius die Mistel mit den Druiden verknüpft, wurde auf eine mögliche Verbindung zu dieser Priesterschaft spekuliert. Wahrscheinlich gehörte der Lindow-Mann einem höheren Stande an, denn seine Fingernägel waren gepflegt und der Schnurrbart ordentlich getrimmt. Die Tötung selbst mag streng vorgeschriebenen Regeln gefolgt sein, und vielleicht ist es kein Zufall, daß das Opfer drei »Tode« erlitt – Kopfverletzungen, Erdrosselung und Durchschneiden der Kehle. Eine frühirische Mythenepisode schreibt die dreifache Tötung des gesalbten Königs vor.

Moderne Rekonstruktion des Todes des Lindow-Mannes. In dem Film »Mysteries of the Unexplained« *spielen Studenten die Rolle der Druiden und ihres Opfers nach.*

In Lindow Moss wurde ein zweites Opfer entdeckt; es war wahrscheinlich 100 Jahre nach dem Lindow-Mann getötet worden. Umstände und Zustand der Leiche erinnern an den berühmteren Fund, aber drei Dinge fallen auf: Zum einen hatte man ihn geköpft, zum andern war ein Daumen verkümmert (schon das mochte den Mann als Opfer qualifizieren), und zum dritten hatte er ein hauptsächlich aus Haselnüssen bestehendes Mahl verzehrt. Der Haselstrauch war im frühirischen Mythus heilig, und die Fluchtafel von Brandon (S. 73) erwähnt ihn ausdrücklich in Verbindung mit Opfern.

Obwohl Dänemark nie zur keltischen Welt gehörte, bestehen zwischen der materiellen Kultur des keltischen Europa und der dänischen Eisenzeit doch ausgeprägte Ähnlichkeiten. Dänemark hat eine eindrucksvolle Reihe von Moorleichen aufzuweisen, die zum Teil eindeutig aus dem späten 1. Jahrhundert v. Chr. stammen. Eine davon, der Tollund-Mann, ähnelt sehr dem Lindow-Mann. Auch er wurde mit einer Sehne erdrosselt und, abgesehen von einem Ledergürtel und einer Kappe, nackt ins Moor gelegt. Auch er hatte kurz vor dem Tod ein spezielles Brotmahl zu sich genommen. Anderen war es ebenso ergangen: Der in Borre Fen Ermordete war erdrosselt worden; einem anderen, dem Grauballe-Mann, wurde die Kehle durchgeschnitten.

Nun müssen wir bedenken, daß vielleicht nicht alle Moorleichen Gaben an die Götter, sondern unehrenhaft hingerichtete Verbrecher gewesen sein mögen, die ins Moor geworfen wurden, um ihr Ende zu stigmatisieren. In seinem Werk über Germanien (zu dem in der Antike Süddänemark gehörte) spricht Tacitus von Straftötungen in Mooren:

»Die Strafen richten sich nach der Art des Vergehens: Verräter und Überläufer hängt man an Bäumen auf; Leute, die im Krieg versagen oder sich dem Kriegsdienst entziehen oder ihren Leib durch widernatürliche Unzucht schänden, versenkt man in Sumpf und Moor und deckt noch Flechtwerk darüber«
(*Germania*, 12).

Dennoch könnte es sich auch um rituelle Opfer handeln; darauf deutet das unmittelbar vor dem Tod verzehrte Brot ebenso hin wie die Nacktheit und die unnötig komplizierten Knoten, mit denen die Erdrosselungsschnüre verschlossen waren.

Lebendig begraben

Zwei weibliche Moorleichen aus der Eisenzeit scheinen auf besonders gräßliche Weise umge-

Der Tollund-Mann, ein dänisches Eisenzeitopfer, wurde ähnlich dem Lindow-Mann mit einem Strick erdrosselt, der auf dem Photo deutlich zu erkennen ist. Auch er wurde praktisch nackt ins Moor gelegt und hatte vor dem Tode ein spezielles Mahl zu sich genommen.

kommen zu sein. Eine dralle, mit Rock, Cape und Mütze bekleidete Fünfzigjährige war, vielleicht noch lebend, fest in ein Torfmoor in Juthe Fen (Jütland) gepfählt worden. Durch Ellbogen und Knie waren Holzpflöcke getrieben, und die Schwellung einer Wunde läßt vermuten, daß sie dabei noch lebte. Ihren Körper umklammerten große Bögen (genau wie von Tacitus beschrieben), vermutlich, um sie an der Flucht zu hindern und wohl auch sicherzustellen, daß sie nicht von den Toten zurückkehren und den Lebenden nachgeistern konnte. Die bei der Entdeckung angefertigten Aufzeichnungen berichten von dem schreckgeweiteten und verzweifelten Ausdruck ihres Gesichts. In einem Artikel der Zeitschrift *Light Reading for the Danish Public* vom 8. März 1839 wurde die Dame als rastloser Geist beschrieben, dem man Einhalt gebieten müsse.

Bei der Entdeckung wurde die Frau von Juthe Fen zunächst für die berüchtigte norwegische Königin Gunhild, die grausame Frau von König Erik Blutaxt, gehalten, die von den Sklaven des Dänenkönigs Harald ermordet und tief in ein Moor versenkt worden war. Tatsächlich läßt sich die Frau aber eindeutig auf die beiden letzten Jahrhunderte v. Chr. datieren, und wir haben keine Ahnung, wer sie war.

Wie die männlichen Moorleichen mögen auch die dänischen Frauen zur Strafe oder als Opfer getötet worden sein, und das eine schließt das andere nicht unbedingt aus. Wenn sie gegen die Gesetze ihrer Gemeinschaft verstoßen hatten, was hatten sie wohl getan? Die ältere Frau könnte der Hexerei oder Schwarzen Magie schuldig gewesen und deswegen verurteilt worden sein. Aber das sehr junge Mädchen, das im Moor von Windeby entdeckt wurde, kann man sich kaum als Verbrecherin vorstellen, es sei denn, sie sei der Gotteslästerung schuldig gewesen. Waren die Frauen andererseits Opfer ritueller Tötung, dann wurden sie vielleicht anhand besonderer Umstände wie etwa ihres Alters, der physischen Erscheinung oder ihres Status in der Gemeinde ausgewählt. So könnte man spekulieren, ob nicht das Windeby-Mädchen als besonders wirksame Göttergabe gegolten hat, weil sie an der Schwelle zum Erwachsensein stand, also weder Kind noch Frau und doch beides zugleich war. Oder sie konnte eine hochgeborene Geisel sein, die nach dem Bruch eines Vertrags oder Bündnisses den Ortsgeistern geopfert wurde; Tacitus erwähnt diese Todesart allerdings auch für Ehebrecher(innen). Beide – die Juthe-Fen-Frau und das Windeby-Mädchen – können auch als Opfergabe an die Götter geendet haben, weil sie in ihrer Gesellschaftsgruppe ausgegrenzt waren – vielleicht gehörten sie einer bestimmten Adelsfamilie an oder

Das Mädchen von Windeby

Viel jünger als die Frau von Juthe Fen war das halbwüchsige Mädchen aus Windeby, Schleswig-Holstein. Kurz vor dem Tod war ein Ritual oder ein Strafakt an ihr vorgenommen worden, denn eine Seite des blonden Kopfes war kahlgeschoren. Offenkundig wurde sie lebend ins Moor geführt, denn ihre Augen waren mit einem hellfarbenen Kopfband verbunden. Vor dem Tod wurde sie bis auf ein Halsband aus Ochsenhaut nackt ausgezogen. Die genaue Todesart ist nicht bekannt, aber ihre Leiche war mit Birkenzweigen am Boden befestigt und von einem Stein beschwert.

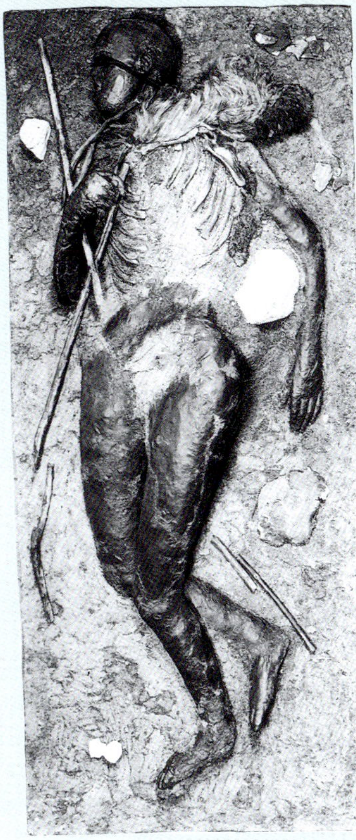

Das Windeby-Mädchen, ein eisenzeitliches Mooropfer aus Norddeutschland. Man erkennt noch die Augenbinde, die Zweige, mit denen es an den Boden geheftet war, und die Beschwerung.

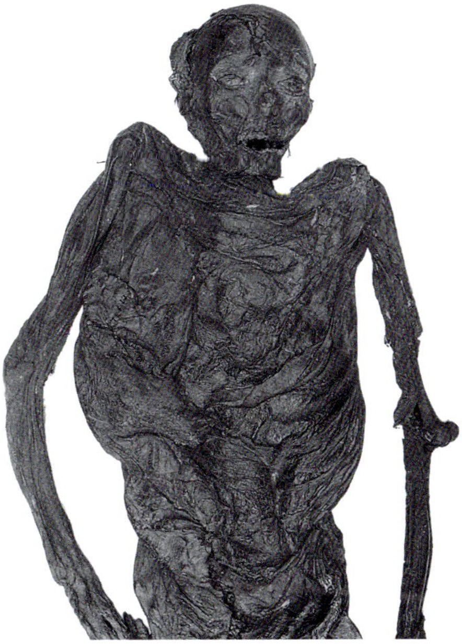

Der grausige Fund einer Fünfzigjährigen aus der Eisenzeit, die in Juthe Fen, Dänemark, lebendig begraben wurde. Ihre Entdecker erkannten noch ihren schreckgeweiteten Blick. Wie das Windeby-Mädchen war sie wohl den Ortsgöttern geopfert worden. Die Schwellung am Knie bestätigt, daß sie mit Zweigen im Sumpf festgehalten worden war, ehe sie starb.

hoben sich durch eine ungewöhnliche Hautfarbe oder gar eine körperliche Mißbildung von den anderen ab. Bei der Juthe-Fen-Frau liegt der Opfercharakter sehr nahe, denn genau an ihrem Begräbnisort befindet sich eine kräftige Naturquelle.

In der keltischen religiösen Tradition scheinen heilige Frauen und Wasser eng verknüpft gewesen zu sein. Die klassischen Autoren heben das Band zwischen Priesterinnen und heiligen Inseln hervor, und weibliche Gottheiten werden ausgeprägt mit Flüssen und Quellen verbunden. Die Juthe-Fen-Frau könnte also ausgewählt worden sein, um eine Göttin zu besänftigen, die vielleicht die Quelle im Moor versinnbildlichte, oder die Quelle galt als Wohnung der Göttin, in die das Opfer gelegt wurde. Daß sowohl die Juthe-Fen-Frau als auch (wahrscheinlich) das Windeby-Mädchen lebendig angepfählt wurden, kann etwas bedeuten. Vielleicht sollte das Moor selbst – und nicht der Mensch – die Tötung besorgen. Damit nahm der angerufene Geist selbst aktiv an der Aufnahme der Gabe teil, die somit als noch wertvoller empfunden wurde.

Die Schreckenshöhle von Býčiskála

Im 6. Jahrhundert v. Chr. fanden in einer böhmischen Höhle rituelle Handlungen statt, zu denen auch Tier- und Menschenopfer gehört haben dürften. Bei den Beisetzungsriten scheinen den Göttern Wagen, Töpfe, Korn und Tiere geopfert worden zu sein. Am grausigsten sind vierzig meist weibliche Leichen ohne Kopf, Hände und Beine. Ein Menschenschädel lag in einem Kessel, ein zweiter war zur Trinkschale geformt. Bei den Leichen lagen die Überreste zweier Pferde, die vorher gevierteilt worden waren.

(Unten) Die Ritualhandlungen in der Höhle. Die verstümmelten Frauen- und Tierleichen sind noch zu sehen; ein Zelebrant hält eine aus einem menschlichen Schädel gefertigte Trinkschale hoch.

»In einigen Gegenden schlagen sie die Thiere, die sie im Krieg erbeuten, mit den Menschen todt ...«
Diodorus Siculus, *Historische Bibliothek*, 5,32

»In der Regel weihen sie [Mars] das, was sie im Krieg erbeuten werden, wenn sie sich zu einer Schlacht entschlossen haben. Haben sie gesiegt, so opfern sie ihm alle erbeuteten Lebewesen ...«
Cäsar, *Der Gallische Krieg*, 6,17

ÜBERALL IN DER Keltenwelt finden sich in Tempeln, Gräbern und Siedlungen Hinweise auf Tieropfer an die Geister. Nun war diese Praxis generell in der Antike verbreitet und in der klassischen Welt ebenso gängig wie im »barbarischen« Europa. Rinder-, Schafs-, Schweine- oder Pferdeopfer bedeuteten für Agrargesellschaften, die kaum genug zu essen hatten, einen schweren Verlust. Es gab zwei Arten von Opfern: Bei der einen wurde das komplette Tier verbrannt oder den Göttern überlassen; bei der andern wurden die Tiere geschlachtet, ein Teil den übernatürlichen Mächten überlassen, das übrige Fleisch (meist das schmackhafteste!) von den Opfernden oder der ganzen Gemeinde verzehrt.

Unzählige archäologische Zeugnisse zeigen, daß die eisenzeitlichen Kelten lieber Haustiere als wilde Tiere opferten – vielleicht, weil sie als wertvoller galten und eng mit dem Leben der Menschen verbunden waren.

Neben den üblichen Haustieren wählten die Kelten als Opfer zwei Arten, die ihnen offenbar sehr wichtig waren: Hunde und Pferde. Beide standen in besonders enger Beziehung zum Menschen: Der Hund begleitete seinen Herrn auf die Jagd, bewachte sein Heim und verzehrte seinen Abfall; das Pferd war Statussymbol und zudem als Trag- und Zugtier sowie im Krieg unverzichtbar.

Italienischer Stich aus dem 19. Jahrhundert: Druiden opfern einen Stier für einen Germanenhäuptling und seine Leute.

Bronzeplakette eines (vielleicht als Opfer) erschlagenen Ebers aus einem Schrein des 1. Jahrhunderts n. Chr. in Muntham Court, Sussex, England.

Der Leichenzug von Soissons

Manchmal ergeben Umfang und Art der Opfergaben in einem Grab Näheres über den Rang eines Toten. In Soissons konnte niemand Geringeres als Kriegshelden, Stammesherrscher oder Priester begraben sein, denn die zwei Toten und vierrädrigen Karren waren von einem ganzen Viehzug begleitet. In einem Grab lagen Stier-, Pferde- und Ziegenpaare, ein Widder, ein Schwein und ein Hund. Keines der Tiere war ausgenommen oder zerwirkt worden; alle hatte man im ganzen ins Grab gelegt.

Die Tiere im Grab eines Eisenzeit-Adligen in Soissons.

Hunde und die Geister

In der keltischen Religion war der Hund Symbol für Heilung und Tod, zwei Rollen, die in der Idee der Wiederentstehung und Wiedergeburt zusammenfinden. Die Unterweltsymbolik des Hundes wird dadurch unterstrichen, daß er tief unter der Erde in Gruben oder Quellen geopfert und begraben wurde.

Bei einem römisch-britannischen Tempel aus dem 1. Jahrhundert n. Chr. bei Muntham Court in Essex wurden mehrere Hundeleichen in einem 60 Meter tiefen Schacht entdeckt, und in Caerwent in Südwales fanden sich in einer Quelle die Überreste von fünf Hunden. Manchmal wurden Hunde bei Opferzeremonien auch verzehrt; Hinweise darauf fanden sich in den Heiligtümern von Gournay und Ribemont-sur-Ancre (Nordfrankreich). Manchmal wurden Hunde getötet, um ihren toten Besitzern ins Jenseits zu folgen: In Tartigny (Frankreich) war ein junger Hund enthäutet und ausgeweidet worden, bevor man ihn neben die Leiche seines Herrn legte.

Pferdeopfer

Die Höhle bei Býčiskála (6. Jahrhundert v. Chr.) enthielt zwei Pferdekadaver, die möglicherweise mehrere menschliche Opfer eines Ritualmords begleiteten. Im gemäßigten Europa wurden Pferde sporadisch fast während der ganzen Eisenzeit als Opfertiere benutzt; zum Sanktuarium von Ribemont gehört ein »Beinhaus« mit Gliederknochen von Pferden und Menschen. Manchmal wurden Pferde zu toten Kriegern ins Grab gelegt – wahrscheinlich als Opfertiere. Das Wagengrab von King's Barrow in Yorkshire (3. Jahrhundert v. Chr.) enthielt die Leiche eines Kriegers mit seinen Pferden. Aus gleicher Zeit stammt das kürzlich entdeckte Grab eines Mannes mit seinem Pferd in Stratford (Ostlondon). Die in Gruben bei Danebury (Hampshire) gefundenen Überreste von Pferden bestanden aus ganzen Kadavern, Körperteilen und Schädeln.

Bronzepferd aus einem religiösen Hort in Neuvy-en-Sullias, Frankreich (späte Eisenzeit). Das Pferd war dem Galliergott Rudiobus geweiht.

Die Todesgrube von Gournay

Der Tempel in Gournay wurde im 4. Jahrhundert v. Chr. in einem Bellovaker-»oppidum« in der Picardie (Frankreich) erbaut. Als erste religiöse Handlung wurden mehrere Gruben ausgehoben, in die zum Teil Waffen kamen. Die große Mittelgrube diente jedoch vor allem der Aufnahme von Ochsenkadavern, die dort etwa ein halbes Jahr lang liegenblieben, während ihr Fleisch vermoderte (das erste überdachte Gebäude wurde zum Schutz dieser Grube errichtet). Danach wurden die Knochen entfernt und gesondert neben die Überreste von Pferden und anderen Tieren in den Einfassungsgraben um das Heiligtum gelegt, wobei Ochsenschädel den Eingang flankierten. Die Pferde waren wohl eines natürlichen Todes gestorben, die Jungschweine, Lämmer und Kälber für ein Opferfestmahl geschlachtet, die Rinder indes komplexer behandelt worden. Sie waren allesamt schon älter und hatten, wie die Knochenanalyse zeigte, zuvor Pflüge und Karren gezogen. Jeder Ochse wurde mit einem gezielten Axtschlag ins Genick getötet.

Nach der Verwesung wurde die Leiche aus der Grube gehoben, ein Teil des Skeletts aus dem Tempel entfernt, während der Rest darin verblieb. Besondere Aufmerksamkeit galt den Schädeln: Bevor man sie am Eingang plazierte, wurde der Unterkiefer entfernt und die Schnauze mit dem Schwert abgeschlagen.

Alle zehn Jahre wurden regelmäßig etwa zehn Tiere geopfert. Das Opferritual in Gournay war so intensiv, komplex und organisiert, daß man nach Meinung des Ausgräbers getrost die Mitwirkung religiöser Funktionäre unterstellen darf. In Erinnerung an Cäsars Schilderung der Opferfunktion der Druiden liefert Gournay die besten archäologischen Indizien für deren Anwesenheit in den Heiligtümern.

Hayling Island

Etwa 50 v. Chr., rund hundert Jahre vor der Eroberung durch die Römer, wurde in Hayling

Island (Hampshire, England) in einem von Palisaden umgebenen Hof ein hölzerner Rundtempel errichtet. Dieser Freiluftbereich bildete den Mittelpunkt der religiösen Aktivität; dort fanden sich rituell zerschlagene Waffen und erkleckliche Hinweise auf Tieropfer – vor allem Schafe und Schweine. Am auffälligsten ist, daß Rinder fehlen, die doch anderswo, in Britannien ebenso wie in der übrigen Keltenwelt, eine so große Rolle spielten. Man kann sich kaum des Eindrucks erwehren, daß in Hayling Rinderopfer gewissermaßen tabu waren. Entweder mißfielen Kühe der Ortsgottheit, oder sie waren wie im modernen Hinduismus sakrosankt und durften nicht getötet werden.

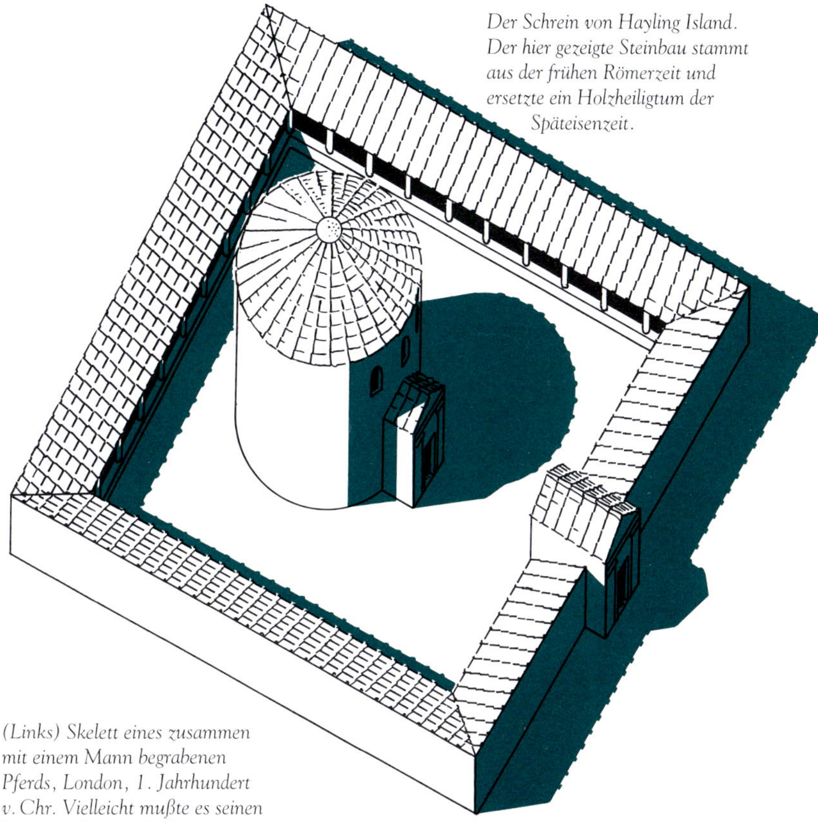

Der Schrein von Hayling Island. Der hier gezeigte Steinbau stammt aus der frühen Römerzeit und ersetzte ein Holzheiligtum der Späteisenzeit.

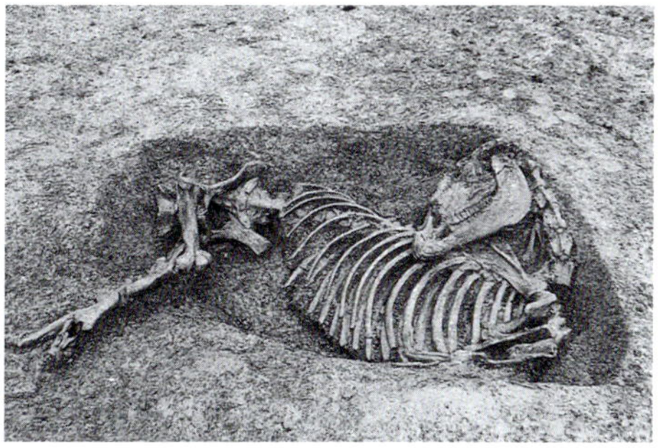

(Links) Skelett eines zusammen mit einem Mann begrabenen Pferds, London, 1. Jahrhundert v. Chr. Vielleicht mußte es seinen Reiter ins Jenseits begleiten.

Tierrituale in Danebury

Die umfangreichen Rituale in der Eisenzeitfestung Danebury, England, konzentrierten sich auf ursprünglich als Kornsilos benutzte Gruben. In ihnen hatte man Menschen und Tiere oder Teile davon beigesetzt. Gefunden wurden mehrere Tierarten, vor allem aber Pferde und Hunde, die häufig beieinanderlagen.

Zwar wissen wir nicht, was in den Köpfen der Zelebranten vorging, aber mit Sicherheit handelte es sich nicht um bloße Abfallbeseitigung, sondern um komplexe Zeremonien, mit denen sie vielleicht den Göttern dankten, weil sie die Kornsaat frisch hielten und so ihr Überleben sicherten.

Opferbegräbnis eines Pferdes und Hundes in einem früheren Kornsilo in Danebury.

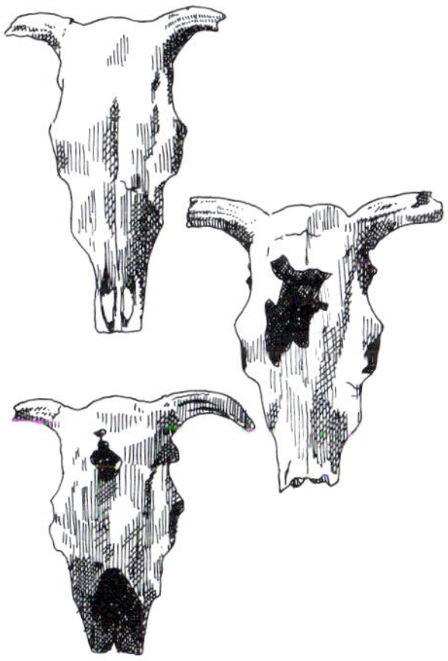

Schädel alter Opferochsen aus dem Eisenzeittempel in Gournay. Deutlich sichtbar die Spuren der rituellen Schwerthiebe auf die Schnauze.

»Auch hat man Wahrsager, denen man ebenfalls viel Ehre erweist. Sie sagen aus dem Vogelflug und aus der Opferschau die Zukunft voraus und haben das ganze Volk in ihrer Gewalt.«

Diodorus Siculus, *Historische Bibliothek*, 5,31

DEN KLASSISCHEN AUTOREN zufolge bestand eine der wichtigsten Aufgaben der Druiden im Weissagen der Zukunft und des Götterwillens sowie in der Feststellung guter oder böser Omen. Das geschah teils durch Beobachtung der Naturerscheinungen, teils durch Prüfung des Verhaltens von Tieren und Vögeln und teils durch Menschenopfer. Letztere gingen den griechisch-römischen Beobachtern besonders gegen den Strich. Das Studium des Vogelflugs (Augurentum) und die Untersuchung von Tierinnereien war ein den Druiden und mittelmeerischen Priestern gemeinsamer Ritus.

Die druidische Weissagung scheint eng mit politischer Propaganda verknüpft gewesen zu sein. Cicero schrieb, sein gallischer Druidenfreund Divitiacus habe ihm gesagt, er könne die Zukunft sowohl aus dem Vogelflug voraussagen als auch (vermutlich durch Zauber) erraten. In den *Historien* sagt Tacitus, zur Zeit Vespasians hätten die Druiden vorhergesagt, der Brand des Kapitols in Rom sei ein Omen für die Zerstörung des Reiches und die kommende Weltherrschaft der »Stämme jenseits der Alpen«. Tacitus tat dies als Mischung aus Aberglauben und Wunschdenken ab.

Der Ruf der Druiden als Seher hielt bis ins 2. und 3. Jahrhundert n. Chr. an. Im frühen 2. Jahrhundert schrieb Dio Chrysostomus in seiner *Oratio* über ihre Orakelkraft, und Hippolytus nannte sie im 3. Jahrhundert Propheten und Magier, die die Zukunft wie die Jünger des griechischen Philosophen Pythagoras anhand von Chiffren und Zahlen vorhersagten. Chronisten von Kaisern des 3. Jahrhunderts wie Alexander Severus oder Diokletian berichten von Druidinnen, die deren Schicksal weissagten.

Der Coligny-Kalender

Ihrem Wesen nach läßt sich praktisch kein Aspekt der materiellen Kultur – ein Monument

»Der Barde«, 1774, ein Ölgemälde von Thomas Jones, das Thomas Grays gleichnamiges Gedicht illustriert. Bevor er sich in den Conwy stürzt, wirft der letzte walisische Barde noch einen Abschiedsblick auf das besiegte Land und verflucht die englischen Eroberer und König Eduard I. Man könnte sich vorstellen, daß er die Niederlage aus dem Flug der Vögel über ihm vorausgesagt hat.

oder Artefakt – mit Weissagung assoziieren. Dennoch scheint der 1897 im französischen Coligny bei Bourg-en-Bresse gefundene Bronze-»Kalender« – die längste bislang entdeckte gallische Inschrift – die Voraussage günstiger und ungünstiger Zeiten zu belegen. Die große, aber nur als Fragment erhaltene Tafel dürfte einem Sanktuarium entstammen und wird auf das frühe 1. Jahrhundert n. Chr. datiert. Das Bronzeblech enthält in lateinischen Buchstaben eingeritzt 62 Monate eines Fünfjahreszeitraums des gallischen Kalenders. Die 2021 Zeilen lange Inschrift ist in 16 Spalten zu je vier Monaten unterteilt, ausgenommen Spalte 1 und 9, die je einen Einschiebemonat und zwei normale enthalten. Am Anfang jedes der zwölf Monate steht sein Name, danach entweder »MAT(U)« oder »ANM(ATU)«. Das heißt »gut« oder »schlecht«; die Gelehrten schließen daraus, daß die Druiden anhand solcher Kalender weissagten, welche Zeit für bestimmte Unternehmungen – Krieg, Aussaat, Ernte, Königshochzeiten und so weiter – günstig oder ungünstig war. Die Worte können aber auch »vollständig« oder »unvollständig« bedeuten und mithin besagen, ob ein Monat 30 oder 29 Tage hatte.

Wahrscheinlich war der Coligny-Kalender ein Hilfsmittel für die Druiden, das vielleicht dazu diente, auf Sternbeobachtungen beruhende Weissagungen festzuhalten. Interessanterweise rechnet der Kalender nach Nächten anstatt Tagen, was auf Cäsars Bemerkung verweisen mag: »Alle Gallier rühmen sich, von Vater Dis [Gott der Unterwelt] abzustammen, und sagen, das werde von den Druiden überliefert. Deswegen bestimmen sie jeden Zeitlauf nicht nach der Zahl der Tage, sondern der Nächte« (*Der Gallische Krieg*, 6,18).

Die Weissagung war auch in der frühirischen Geschichte und Mythologie von Bedeutung. Die damit verbundene Gelehrtenkaste waren insbesondere die »Filidh«, die – als das Druidentum infolge der Christianisierung zerfiel – deren Orakelfunktion übernahmen. Die prophetische Gabe in Irland war auch als »Himbas Forosnai«, als »Zweites Gesicht«, bekannt: Ein Verfasser namens Cormac aus dem 9. Jahrhundert beschreibt eine Praxis, bei der man rohes Schweine-, Hunde- oder Katzenfleisch kauen mußte, um prophetische Kräfte zu erhalten.

Die Zukunft voraussagen zu können verlieh den Druiden enormen Einfluß, der manchmal noch größer war als die Macht der weltlichen Herrscher, die sie berieten. Im Ulster-Zyklus nehmen die im Haushalt von Königin Medb von Connaught und König Conchobar von Ulster tätigen Druiden Einfluß auf die Entscheidungen ihrer Herrin oder ihres Herrn, vor allem in bezug auf den Krieg.

»Das Mittsommer-Opfer der Druiden«, 1759, Feder- und Bleistiftzeichnung von William Stukeley. Im »geflügelten Tempel« eines Hains opfert ein Druide zwei Vögel. Man glaubte, daß die Druiden dazu fähig seien, aus dem Vogelflug und den Innereien geopferter Tiere die Zukunft zu deuten.

Detail aus dem Coligny-Kalender. Die Abkürzungen MAT und ANM kennzeichnen günstige und ungünstige Tage. Wahrscheinlich benutzten die Druiden solche Kalender für rituelle Berechnungen.

GEWISSE PROPHETEN, DIE oft ausdrücklich mit den Druiden verbunden wurden, sind sowohl aus klassischen Werken wie auch aus Texten in der Volkssprache namentlich bekannt. Wir begegneten bereits dem Äduer-Edlen Divitiacus aus dem 1. Jahrhundert v. Chr., der Cicero zufolge die Zukunft aus dem Vogelflug weissagte. Dieses Augurentum war eine rituelle Tradition, die den römischen religiösen Praktikern ebenso bekannt war wie den zeitgenössischen gallischen Druiden.

In der frühirischen Literatur werden mehrere einflußreiche Druiden genannt. Der vielleicht bekannteste ist Cathbadh, der Druide von König Conchobar, von dem der Ulster-Zyklus berichtet. Cathbadh scheint etwa die Rolle gespielt zu haben, die Samuel als beständiger (alles in allem eher störender) Warner und Mahner bei König David innehatte. Von Cathbadh stammten viele wichtige Vorhersagen über die Geschicke von Ulster. Er vereinigte in sich die Rolle des Propheten, Königsberaters und Lehrers der Kriegskunst und wurde offenbar mit beträchtlicher Ehrfurcht behandelt, weil er mit den Kräften des Jenseits im Einverständnis stand.

Orakel und Tempel

In der klassischen Welt war Apollo der wichtigste Orakelgott und zugleich göttlicher Heiler. Eine keltische Version von ihm wurde in der Römerzeit in Gallien weithin verehrt, und seine Heiligtümer waren nicht nur Heilstätten, sondern wahrscheinlich auch Orakel.

Viele antike Tempel wurden, wie in Griechenland und Italien, um heilige Quellen erbaut, in deren Gemurmel man vielleicht die Götter reden hörte. Der Apollo und seiner heimischen Gemahlin Sirona in Hochscheid (Deutschland) geweihte Tempel wurde bei einer heiligen Quelle errichtet, und Gleiches galt für die ihm geweihten Heiligtümer in den Stammesgebieten der Äduer und der Lingonen in Burgund. Zu ihrer optischen Ausschmückung gehörten, ihrer unüberhörbaren »Stimme« wegen, Raben und Tauben: Sowohl in der mittelmeerischen als auch der keltischen Symbolik standen gerade Raben in enger Verbindung zu Orakeln. Ihre symbolische Bedeutung scheint vielschichtig gewesen zu sein; ihre Aasnahrung und ihr schwarzes Gefieder verwiesen offenkundig auf den Tod, aber auch heilende Wirkung wurde ihnen zugeschrieben, wie der Heiltempel in Mavilly (Frankreich) zeigt, wo auf einem Relief, das ein Augenheilungsritual zeigt, auch ein großer Rabe abgebildet ist.

Der Tempel in Beire-le-Châtel ist nur einer von mehreren Heilsanktuarien in Burgund, wo zahlreiche steinerne Vogelbilder als Votivgaben gestiftet wurden. In Bolards bildeten Modellaugenpaare aus Bronzeblech den Teil eines Heilungsrituals, bei dem die Gottheit angerufen wurde, sie solle die Votivmodelle gegen gesunde Organe tauschen; sie können jedoch auch für den Wunsch des Pilgers stehen, Klarsicht, Wissen oder Zukunftsvisionen zu erlangen. Der Apollo-Vindonnus-Tempel in Essarois war Apollo »vom klaren Licht« geweiht, dem wiederum Modellaugen gewidmet wurden.

Sofern in solchen Heiligtümern auch Orakel geübt wurden, spielten wahrscheinlich die Druiden oder andere Mitglieder des Klerus eine Rolle. Tatsächlich erwähnt der Dichter Ausonius namentlich den Priester Phoebicius, der einer Druidenfamilie angehörte und am Tempel des Heilgottes Belenus (eines einheimischen Gegenstücks zu Apollo) in Bordeaux fungierte.

Skulptur aus Moux, Burgund, Römerzeit. Die zwei rabenartigen Vögel auf der Schulter des früchtetragenden Gottes mit Hund kennzeichnen vielleicht seine Orakelfunktion.

(Gegenüber) »Die Sonne in ihrem Ost-Tor«, Aquarell von William Blake. In der klassischen wie keltischen Religion besaß der Sonnengott Apollo Orakel- und Heilkraft.

VI

DIE DRUIDINNEN

»Am Gestade stand schon die feindliche Schlachtreihe, eine dichte Folge bewaffneter Männer. Zwischendurch liefen Weiber umher, die nach Art der Furien in schwarzen Gewändern und mit aufgelösten Haaren Fackeln in den Händen trugen. Ringsherum stießen Druiden, die Hände zum Himmel erhoben, grausige Verwünschungen aus.«

Tacitus, *Annalen*, 14,30

SO BESCHREIBT TACITUS das Empfangskomitee, dem sich der römische General Suetonius Paulinus gegenübersah, als er 60 n. Chr. die Insel Anglesey erobern wollte. Waren die Frauen, von denen er spricht, Druidinnen, oder waren sie bloß »Cheerleaders«, die ihre religiösen Anführer unterstützen und anspornen wollten?

Den klassischen Autoren verdanken wir faszinierende Einblicke in eine keltische Welt, in der neben Priestern auch Priesterinnen mit den übernatürlichen Mächten verkehrten. Wir erfahren, daß – teils ausdrücklich als Druidinnen bezeichnete – Frauen religiösen Feiern vorstanden, komplexe Rituale vollzogen, ja sogar römischen Kaisern weissagten.

Das archäologische Material ist problematischer: Woher sollen wir wissen, ob die Frau, deren Leiche in einem Heiligtum begraben liegt, eine Priesterin war? Können wir auf das Geschlecht der Leute schließen, die einen entdeckten Kopfschmuck oder ein Zepter trugen? Auch Bilder von Frauen lassen sich nicht immer ohne weiteres eindeutig als religiöse Amtspersonen oder gar Druidinnen identifizieren. Immerhin deuten die archäologischen Funde darauf hin, daß im keltischen Europa (als Ausdruck der dunkleren Aspekte der Religion, die man vielleicht besser Aberglaube nennt) Hexerei betrieben wurde.

Die irischen Sagentexte in der Volkssprache sprechen unmittelbar von Druidinnen oder Seherinnen, die zum Teil auch Dichterinnen sind. Sowohl die frühirischen als auch die frühwalisischen Mythen erwähnen Hexen, die gelegentlich den jungen Helden auch das Kriegshandwerk beizubringen hatten.

Dieser Kultwagen aus Bronze zeigt eine rituelle Hirschjagd, die von einer kesseltragenden Göttin oder Priesterin angeführt wird. Aus einem Kriegergrab in Strettweg, Österreich, 7. Jahrhundert v. Chr.

Die Frau in der keltischen Gesellschaft

»*Beim Oberbefehle sehen sie nicht auf das Geschlecht.*«
Tacitus, *Agricola*, 16

»*[Es ist] bei den Britanniern nichts Neues, von ihren Frauen in die Schlacht geführt zu werden.*«
Tacitus, *Annalen*, 14,35

Grab einer hochstehenden Dame (Priesterin?) in Vix, Burgund, um 500 v. Chr. Sie war mit ihrem vierrädrigen Leichenwagen, Schmuck und Trinkgeräten, darunter einem Bronzegefäß aus Griechenland oder Italien, beigesetzt worden.

Das Bild der Priesterinnen im heidnischen keltischen Europa muß im Zusammenhang mit der allgemeinen sozialen Position der keltischen Frau gesehen werden. Daß Frauen in der Religion führend tätig waren, spiegelt nicht zwangsläufig auch ihren weltlichen Status wider: Im klassischen Athen des 5. Jahrhunderts v. Chr. besaßen Frauen noch nicht einmal das Bürgerrecht; ihr Beitrag zum öffentlichen Leben beschränkte sich fast ausschließlich auf die Religion.

Alle drei Beweisquellen – die Aussagen der klassischen Autoren, die Archäologie und die Volkssagen – lassen darauf schließen, daß gewisse keltische Frauen von hohem Rang mindestens ebensoviel Macht ausübten wie ihre männlichen Stammesgenossen. Sowohl die mittelmeerischen Dokumente als auch die archäologischen Funde lassen vermuten, daß es zwischen dem 5. Jahrhundert v. Chr. und dem 1. Jahrhundert n. Chr. in der heidnischen keltischen Welt äußerst mächtige und einflußreiche Frauen gab. Vielleicht waren es nur wenige, aber wichtig ist, daß die Gesellschaft sie überhaupt zuließ – in Griechenland und Rom war das nicht der Fall. Noch eindeutiger sind die Sagen. Als Beispiel für hohen weiblichen Rang im frühhistorischen Irland wird häufig Königin Medb von Connacht genannt, die im Ulster-Zyklus eine zentrale Rolle spielt. Sie wird als eigenständige Herrscherin mit eigenem Heer dargestellt, die viel bedeutender war als ihr Gemahl. Aber sie ist eine Sagenfigur, eher eine Göttin als eine Königin, und steht nicht als authentische historische Gestalt auf den frühirischen Königslisten.

Die hohen Damen von Vix und Reinheim

Zunächst kann man auf den Status einer frühgeschichtlichen Person anhand der in ihrem Grab gefundenen Gegenstände schließen. Dabei ist natürlich Vorsicht geboten, denn die wertvollen Objekte neben einer Frau könnten ja auch auf den Status ihres Mannes oder Vaters anstatt ihres eigenen verweisen. Dennoch scheinen einige Gräber im eisenzeitlichen Europa auf unabhängige Frauen hohen Ranges hinzudeuten, die durchaus selbst dynastische Herrscherinnen gewesen sein mögen.

Ende des 6. Jahrhunderts v. Chr. starb eine fünfunddreißigjährige Frau und wurde in Vix in Burgund am Fuße eines Hügels beigesetzt, auf dem die früheisenzeitliche Festung Mont Lassois stand. Ihre Grablegung war hochzeremoniell. Ihre sterblichen Überreste wurden auf einem großen, vierrädrigen Leichenwagen zum Grab gefahren, der dann zerlegt und mit der Leiche in eine Totenkammer aus Holz unter einem riesigen Erdhügel verbracht wurde. Der Dame von Vix wurden prachtvolle Gaben beigegeben, darunter Schmuck und Gefäße. Sie selbst trug einen dicken Goldreif, aber die übrige Grabausstattung wurde beherrscht von einem enormen Bronze-»Krater« (einem Weinmischgefäß) von 1,64 Metern Höhe. Das Außergewöhnliche an dem Kessel war, daß er aus Korinth oder Etrurien stammte und trotz seines Umfangs und Gewichts (vielleicht zerlegt) den langen und mühseligen Weg über die Alpen bis ins nördliche Burgund zurückgelegt hatte. Ein solches Gefäß spricht für einen sehr hohen Rang der Besitzerin, nicht nur der teuren Bronze und gekonnten Herstellung, sondern auch des exotischen Charakters wegen, der enge Beziehungen zur mittelmeerischen Welt vermuten läßt. Möglicherweise gelangte der Krater in den Besitz der Dame über einen Geschenkaustausch, mit dem die Herrscher Bündnisse und Patronageverträge besiegelten und den gegenseitigen Rang bekräftigten. Da nirgends in der Nähe ein ebenso reiches männliches Grab entdeckt wurde, darf man annehmen, daß die Dame von Vix eine eigenständige Herrscherin war. Möglicherweise war Mont Lassois ihr Regierungssitz.

Auch andere früheisenzeitliche Frauen wurden mit ausgesuchtem Ritual und reicher Grabausstattung beigesetzt, so im 4. Jahrhundert eine Dame bei Reinheim an der Blies. Exquisiter goldener Ringschmuck mit herrlichen gravierten und erhabenen Verzierungen begleitete sie ins Jenseits, darunter eine Halsspange und Armreife. Auf der Spange und einem Armreif sind Bilder einer Frau zu sehen, deren Hände nach Totenart auf dem Bauch gefaltet sind und über deren Kopf ein großer Raubvogel sitzt. Ikonographisch könnte sie eine Göttin darstellen, aber es kann auch die Dame selbst abgebildet sein und der Vogel ihre Vergöttlichung symbolisieren. Dann wäre die Prinzessin von Reinheim so einflußreich gewesen, daß sie persönlichen Schmuck in Auftrag geben konnte, oder so wichtig, daß ihre Leiche mit speziell hergestellter Ornamentik ausgestattet wurde.

Boudicca und Cartimandua

Die klassischen Autoren bestätigen, daß es in der keltischen Gesellschaft vor allem im späten vorrömischen Britannien hochrangige und mächtige Frauen gegeben hat. Mitte des 1. Jahrhunderts n. Chr. spielten zwei solche Frauen in der britannischen Politik eine zentrale Rolle, und beide hatten, wenngleich in sehr unterschiedlicher Weise, mit der römischen Regierung zu tun.

Sowohl Tacitus als auch Cassius Dio sprechen des längeren über die Ikenerin Boudicca. Sie war die Witwe des Klientenkönigs Prasutagus, der mit Kaiser Nero Kontakt aufgenommen hatte und als Gegenleistung dafür, daß er Frieden hielt und sein Gebiet als Pufferstaat hergab, sein Königreich behalten durfte. Als Prasutagus starb, übernahm Boudicca (nach römischer Ansicht unrechtmäßig) die Herrschaft. Als daraufhin die römischen Finanzbehörden die Schätze der Ikener beschlagnahmten und Boudicca und ihren zwei Töchtern übel mitspielten, versammelte die wütende Königin ein riesiges Heer britannischer

Die legendäre Irenkönigin Medb von Connacht. Diese kriegerische Herrscherin spielt in der Táin Bo Cuailnge *eine zentrale Rolle. Ihre Schutzgeister in Tiergestalt waren ein Vogel und eine Eidechse. Medb besaß magische Hexen- und Wahrsagerkräfte.*

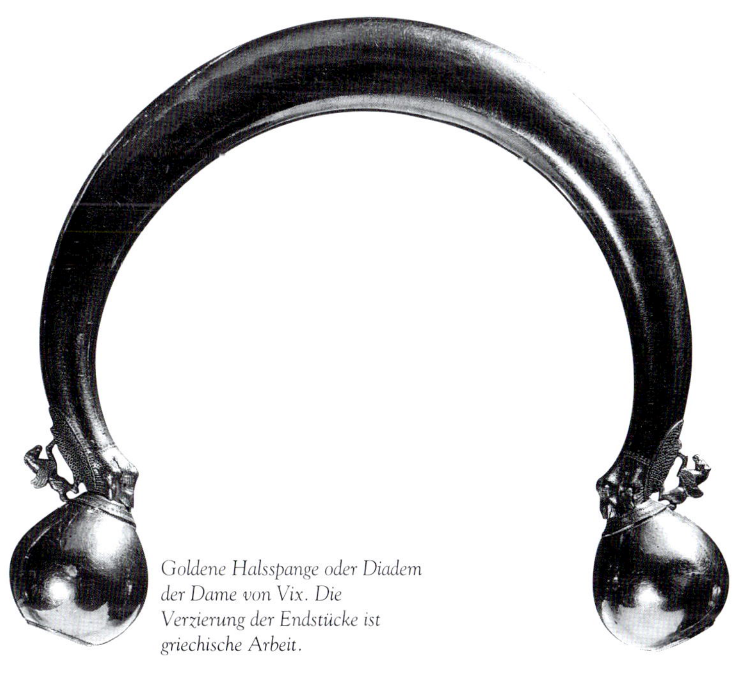

Goldene Halsspange oder Diadem der Dame von Vix. Die Verzierung der Endstücke ist griechische Arbeit.

Diese Eisenzeit-Münze aus der Bretagne, 1. Jahrhundert v. Chr., zeigt eine bewaffnete, nackte Reiterin. Ist sie eine Göttin, oder gab es bei den Kelten Amazonen?

Detail eines Goldarmbands der Adligen aus Weinheim (4. Jhdt. v. Chr.). Der Armreif und ein Goldhalsband aus dem gleichen Grab tragen das Bild einer Frau – vielleicht einer Göttin oder der Toten selbst.

Freiheitskämpfer. Den Ikenern schlossen sich die benachbarten Trinovanten an, die ihrerseits empört waren, weil man sie für eine Siedlung ehemaliger Legionäre von ihrem Land vertrieben hatte. Boudicca plünderte mit ihrem Heer die drei wichtigsten Römerstädte Londinium, Camulodunum und Verulamium (London, Colchester und St. Albans) und hätte Rom beinahe seine jüngste Provinz entrissen. Besonders aufgebracht waren die Römer, weil Boudicca eine Frau war. Am Ende überwältigten die disziplinierten Legionen jedoch den zusammengewürfelten Haufen; Boudicca wurde besiegt und soll Selbstmord verübt haben.

Cartimandua war die legitime Herrscherin über den riesigen nordbritannischen Bund der Briganten. Tacitus sagt, sie habe etwa zwölf Jahre regiert und ihren Rang – interessanterweise – ihrer Geburt verdankt, womit er eine dynastische Thronfolge impliziert. Cartimandua war wie Prasutagus eine Klientenherrscherin, und als ihr Mann Venutius, dem sie den Laufpaß gegeben hatte, ihre Herrschaft anfocht, rief sie die römischen Streitkräfte zu Hilfe. Im Gegensatz zu Boudicca war Cartimandua keine auf Unabhängigkeit pochende Heldin, sondern ein Quisling, eine Kollaborateurin: Als der Freiheitskämpfer Caratacus vor den Römern bei ihr Asyl suchte, verriet sie ihn. Ihr Handeln beweist aber, daß britannische Frauen im 1. Jahrhundert n. Chr. die oberste Gewalt ausüben, ihr eigenes Heer anführen und Land besitzen sowie unerwünschte Ehemänner loswerden konnten. Diesmal stellten die Römer um der Opportunität und des Friedens in der Provinz willen ihre Abneigung gegen mächtige Frauen hintan.

Bronzefigurine einer Kriegergöttin mit gansgeschmücktem Helm aus Dinéault, Bretagne, 1. Jahrhundert v. Chr. Die Gans war ein keltisches Kriegssymbol.

Kimbern-Priesterin nach Strabons Beschreibung beim Opfern eines Kriegsgefangenen.

»[Ihrem Heerzug folgten] Priesterinnen; grauhaarige, weißgekleidete, feinleinene aufgeheftete Obergewänder und einen ehernen Leibgurt tragende baarfüßige Frauen. Diese gingen mit gezücktem Schwerte den Gefangenen durchs Heerlager entgegen, bekränzten sie, und führten sie zu einem ehernen [. . .] Opferkessel. Hier hatten sie einen Auftritt, welchen [Eine] bestieg, und über den Kessel gelehnt jedem emporgehobenen Gefangenen die Gurgel zerschnitt. [. . .] Andere schnitten den Leib auf, und beschaueten die Eingeweide, Sieg den Ihrigen verkündend.«

Strabon, *Erdbeschreibung*, 7,2,3

Die (hier angesprochenen) teutonischen Kimbrer waren zwar keine Kelten im strengen Sinne, hatten mit ihnen aber religiöse Gebräuche wie Kopfjägerei, Menschenopfer und den Gebrauch heiliger Kessel gemein. Sowohl Cäsar als auch Strabon und Tacitus sprechen von germanischen Priesterinnen, denen hauptsächlich die – oft mit Krieg verbundene – Weissagung oblag.

Orakel für den Kaiser

Die spätrömischen *Scriptores Historiae Augustae* enthalten faszinierende, wenngleich fragwürdige Hinweise auf Druidinnen. Die *Historia Augusta* besteht aus den Viten mehrerer spätrömischer Kaiser und soll im späten 4. Jahrhundert n. Chr. von mehreren Autoren verfaßt worden sein; ihre historische Verläßlichkeit wird angezweifelt – vielleicht handelt es sich um reine Fiktion.

Einer der Autoren war Vopiscus von Syrakus (Sizilien). Er erzählt von Begegnungen zweier Kaiser – Diokletian und Aurelian – mit Druidinnen im späten 3. Jahrhundert. Über Diokletians Begegnung erfuhr Vopiscus offenbar von seinem Großvater; sie soll stattgefunden haben, als Diokletian noch als Soldat diente. Als er in einer Taverne seine Rechnung bezahlte, kam die Druidin zu ihm und schalt ihn ob seines Geizes. Im Scherz erwiderte er, wenn er erst Kaiser sei, werde er sich freigebiger zeigen. Daraufhin schalt sie ihn ob seines Leichtsinns, sagte ihm aber (zutreffend, wie sich herausstellte) weis, wenn er erst »den Eber« (lat.: »aper«) erschlagen habe, werde er tatsächlich den Kaiserpurpur überstreifen. Diese enigmatische Äußerung war ein Wortspiel: Diokletian mußte zuerst den Prätorianerpräfekten töten, und der hieß Aper.

Ein weiterer Autor der *Historia Augusta* war Aelius Lampridius, der von der Prophezeiung einer Druidin berichtet, welche die Zukunft von Kaiser Alexander Severus (3. Jahrhundert) betraf. »Als er sich auf dem Vormarsch befand, rief ein Druidenweib in keltischer Sprache: ›Zieh hin, hoffe nicht auf Sieg und trau deinen Soldaten nicht!‹« Der Kaiser wurde tatsächlich von seinen Truppen ermordet – vielleicht verstand er kein Keltisch!

». . . eines Tages habe Aurelian die gallischen Druidenweiber befragt, weil er wissen wollte, ob die Krone seinen Nachkommen verbleiben werde; da habe er die Antwort erhalten, es werde im Staat keinen stolzeren Namen geben als denjenigen der Nachkommen des Claudius.«

Scriptores Historiae Augustae: Aurelianus, 43,4

Münzporträt von Kaiser Diokletian. Als Soldat soll ihm eine gallische Druidin die Kaiserwürde prophezeit haben.

Die Prophetin Veleda

»Vor Veleda selbst zu erscheinen und sie anzureden, wurde ihnen nicht erlaubt. Man verwehrte ihren Anblick, um größere Ehrfurcht vor ihr einzuflößen. Sie hauste auf einem hohen Turm; einer ihrer Verwandten, der zu diesem Dienst ausersehen war, überbrachte die Fragen und Antworten als wäre er Mittelsperson gegenüber einer Gottheit« (Tacitus, *Historien*, 4,65).

Tacitus spricht davon, daß nach Meinung einiger germanischer Stämme Frauen besondere prophetische Kräfte besaßen. Als mächtigste davon genoß Veleda nahezu göttlichen Status und war Unterhändlerin ihres Stammes. Julius Cäsar sagt, bei manchen germanischen Gemeinschaften hätten die alten Frauen durch Wahrsagerei über Krieg und Frieden entschieden (sowie an Mebds Hof die Druiden, als die Zeichen ungünstig sind, die Königin von der Schlacht abhalten)

(Rechts) Steinstatuette einer Göttin aus einem Brunnen in Caerwent, Südwales.

»Die drei Hexen« von Johann Heinrich Füßli (1741 – 1825) nach Shakespeares Macbeth. Sie ähneln sehr den drei Schlachtenhexen – den Morrigán oder Badhbh – der irischen Mythologie.

ZAUBEREI UND HEXENKUNST bilden in vielen Gesellschaften eine Art Unterströmung der offiziellen Glaubenspraxis. In Europa wähnte man die Hexen bis in die Neuzeit hinein mit den Mächten der Finsternis im Bund, und ähnliches galt wahrscheinlich auch für die keltische Welt. Traditionell verband man die Hexerei fast immer mit Frauen; die neoheidnischen Hexen von heute können allerdings beiderlei Geschlechts sein und haben nicht zwangsläufig mit Schwarzer Magie zu tun. Es gibt Hinweise, daß am Rande der keltischen Heidenreligion auch Hexen und Magierinnen tätig waren. Sowohl die Archäologie als auch die frühesten Sagen deuten auf die Existenz derartiger Frauen hin. Sie waren keine Priesterinnen im herkömmlichen Sinne, beschäftigten sich aber quasi auf Amateurbasis mit dem Übernatürlichen und besaßen angeblich geistige Kräfte, mit denen sie Menschen und Ereignisse magisch beeinflussen konnten.

Die kieferlosen Alten Britanniens

Archäologisch lassen sich Hexen nicht leicht identifizieren, doch die Behandlung einiger älterer britannischer Frauenleichen aus spätrömischer Zeit läßt auf sie schließen. Im römisch-britannischen Friedhof von Lankhills, Winchester, aus dem 4. Jahrhundert n. Chr. wurden mehrere Leichen alter Frauen gefunden; man hatte sie enthauptet und den Kopf neben die Beine gelegt. Für dieses rituelle Verhalten gibt es auch an anderer Stelle in England Entsprechungen, aber bei Kimmeridge in Dorset fand im späten 3. Jahrhundert n. Chr. ein sehr spezieller Ritus statt: Ältere Frauen wurden enthauptet und begraben, nachdem man ihnen den Unterkiefer entfernt und den Kopf neben die Füße gelegt hatte; neben jeder Leiche lag ein Spinnwirtel.

Die bloße Enthauptung vor oder nach dem Tod deutet noch nicht auf eine Hexe hin; auch sonst wurden Männer-, Frauen- und Kinderleichen manchmal so behandelt. Daß der Kopf neben Füße oder Knie gelegt wurde, geschah vielleicht nur, um dem/der Toten den Weg in die Unterwelt zu weisen und den Übergang vom Diesseits ins Jenseits zu erleichtern.

Bedeutsamer ist die Entfernung des Unterkiefers. Sie sollte die Opfer am Reden hindern; vielleicht hatten diese Frauen Verwünschungen ausgesprochen, und man befürchtete, sie könnten das sogar nach dem Tode tun, wenn man nichts dagegen unternahm. Auch die Wirtel könnten etwas aussagen: In der klassischen wie keltischen Religion wurde das Spinnen mit Schicksal gleichgestellt. Den römischen Parzen und einigen gallischen Muttergöttinnen schrieb man die Fähigkeit zu, nicht nur das Geschick gewöhnlicher Menschen vorherzusagen, sondern auch Leben beenden zu können, indem sie den Faden zerschnitten. Die Spinnwirtel bei den Frauen von Dorset könnten bedeuten, daß man auch ihnen solche Kräfte zugetraut hatte.

Peredur eilt dem Burgwächter gegen eine der neun Hexen von Gloucester zu Hilfe (aus der mittelalterlichen walisischen Peredur-Sage).

Die Larzac-Inschrift

Flüche, Verwünschungen und Bitten an die Götter, jemanden zu strafen, wurden häufig auf Blei- oder Zinntäfelchen geschrieben und in Tempeln oder Quellen deponiert. Blei scheint man zum einen gewählt zu haben, weil es billig und leicht zu beschriften war, zum andern, weil das schwere, dunkle Metall höllische und böse Mächte symbolisierte. Derartige Fluchtäfelchen nannte man (nach dem lateinischen Wort für »fixieren«) »defixiones«; Zauberformeln sollten sicherstellen, daß der Fluch am Bösewicht haftenblieb und nicht auf den Fluchenden zurückfiel.

1983 wurde in einem Grab bei Larzac (Südfrankreich) ein Bleitäfelchen aus der Späteisenzeit entdeckt. Strenggenommen ist es kein Fluch, diente aber einem ähnlichen Zauberzweck. Es war in zwei Stücke zerbrochen und lag auf einem Tongefäß mit den Überresten einer Frau. Auf den vier Seiten stand ursprünglich auf gallisch (wenn auch mit lateinischen Buchstaben) geschriebener fortlaufender Text. Mit 160 Wörtern ist er eine der längsten bislang gefundenen gallischen Inschriften.

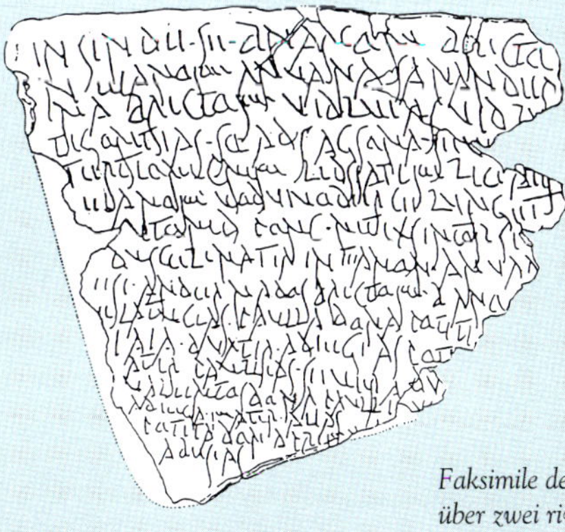

Faksimile der Larzac-Inschrift über zwei rivalisierende Hexengruppen im vorrömischen Gallien.

Sie erzählt von zwei rivalisierenden Zauberinnengruppen (»mit Magie Begabte« nennt sie der Text). Die eine Gruppe habe der andern durch Magie schaden wollen; diese habe den bösen Zauber durch weise Frauen neutralisieren lassen. Damit tun wir einen faszinierenden Blick in eine Welt dunkelsten Aberglaubens mit in Gilden organisierten Hexen, die sich, vielleicht aus Konkurrenzgründen, auch gegenseitig zu verzaubern trachteten. Im vorliegenden Fall bedachten die Autorinnen ihre bösen Schwestern nicht bloß mit einem Gegenzauber, sondern riefen weitere Frauen, vielleicht Seherinnen, zu Hilfe. Ihre Abwehr verstärkten sie, indem sie das ihnen geschehene Unrecht auf Blei festhielten. War etwa die Tote die Hauptübeltäterin, die nun den eigenen Ränken erlegen war?

Die irischen Schlachtenfurien Morrigán oder Badhbh, die im Ulster-Zyklus in Einer- oder Dreierform auftauchen und sich von Hexen in Raben verwandeln. Hier fleddern sie Leichen auf dem Schlachtfeld.

Walisische und irische Hexen

Eine der frühesten Sagen von Wales ist das *Peredur*. Es ist Teil der elf Erzählungen des *Mabinogion*, einer mittelalterlichen Textsammlung, deren Mythologie einer sehr viel früheren heidnischen Keltenüberlieferung entstammen könnte.

Eine Episode des *Peredur* erzählt, wie der Titelheld den neun Hexen von Gloucestershire begegnet, die das Land verheert haben. Peredur kommt hinzu, als eine der Hexen den Burgwächter angreift, und schlägt einer auf den Kopf. Sofort nennt sie ihn beim Namen und fährt fort, ihre Begegnung und die Verletzung durch ihn seien vorbestimmt. Er müsse jetzt eine Zeitlang bei ihr bleiben und sie werde ihn die Kriegskunst lehren. Später begegnet Peredur den Zauberinnen wieder, und als er erfährt, daß sie Angehörige seiner Familie getötet und verstümmelt haben, fordern er, Artus und andere Helden sie zum Kampf heraus; die Hexen weissagen (zutreffend), Peredur werde sie vernichten.

Die Rolle dieser Hexen und ihr Verhältnis zu Peredur sind seltsam und mehrdeutig; im wesentlichen sind sie destruktiv, aber gleichzeitig müssen sie Peredur genau jene Fertigkeiten lehren, die sie das Leben kosten werden, und sie weissagen ihr eigenes Verderben. Die neun Frauen benutzen ihre magischen Kräfte für böse Zwecke, können aber von (wenngleich mit übernatürlicher Kraft ausgestatteten) Menschen besiegt werden und unterliegen einem Schicksal jenseits ihrer Gewalt.

Auch irische Sagen erwähnen gelegentlich Hexen. Kernstück des Ulster-Zyklus ist die *Táin Bó Cuailnge* (»Der Rinderraub von Cooley«), die vom Streit zwischen Ulster und Connacht – offenbar um den Besitz des großen braunen Stiers von Ulster – berichtet. Die Hauptakteure sind Königin Medb von Connacht und der junge Ulster-Held Cú Chulainn. In der *Táin* heißt es über Cú Chulainns Tod, wegen seines übermenschlichen Status habe ihn nur Zauber vernichten können. Dazu verwandelt Medb die sechs postumen Kinder des Cailitín durch magische Verstümmelung in Hexen und Zauberer; jedes wird eines Arms, eines Beins und eines Auges beraubt. Dann schickt Medb sie fort, um die Hexenkunst zu erlernen; als sie zurückkehren, sind sie mit Speeren bewaffnet, die der Gott Vulcan angefertigt hat und deren jeder einen König töten soll. Cú Chulainn stirbt von ihrer Hand.

Wie die Hexen Peredurs sind auch die irischen von Natur aus böse, werden aber von Medb eigens als Werkzeuge ihrer persönlichen Absichten geschaffen. Die Verstümmelung ist insoweit vielsagend, als die irischen Schlachtfurien – Morrigán und Badbh – den Sterblichen manchmal in dieser verstümmelten Gestalt erschienen.

Königin Medb ließ Cailitíns sechs Kinder verstümmeln, um sie in Hexen und Hexer zu verwandeln, die den Tod des Ulster-Helden Cú Chulainn verursachen sollten.

DRUIDINNEN WERDEN IN den mittelalterlichen irischen Sagen nicht oft erwähnt, kommen aber gelegentlich vor. Der Fen-Prosazyklus kreist um den großen Kriegsherrn Finn, der eindeutig übernatürliche Züge trägt. Vom jungen Finn heißt es, er sei von einer Druidin und einer »weisen Frau« (das bezeichnet meist eine Seherin) erzogen worden. Die zwei Frauen waren dem Jungen als Pflegemütter von seiner natürlichen Mutter Muirna gegeben worden, zu deren Dienerschaft sie gehörten. Auf Muirnas Bitte zogen sie Finn aus Sorge um seine Sicherheit im geheimen auf, denn ein Usurpator hatte sich an die Spitze der Fianna (einer königlichen Elitetruppe) gesetzt und Finns Vater getötet. Die Druidin und die weise Frau lehren Finn das Kriegshandwerk, das Jagen und das Fischen (die Überlebenskünste), bewachen und beraten ihn aber auch und warnen ihn vor Gefahren. Daß es sich um zwei Frauen handelte, ist insofern interessant, als normalerweise die Druiden- und Prophetenfunktion zusammenfielen. Die von Cäsar und anderen Klassikern erwähnten Druiden und die meisten irischen Druiden übten als zentrale religiöse Aufgabe die Weissagung. Auch die offenbar dienende Stellung der beiden Frauen im Haushalt der Muirna mutet seltsam an, denn traditionell genossen Druiden hohe Achtung. Eine denkbare Erklärung lautet, Finns Familie habe einen so hohen – quasi göttlichen – Rang

Die irische Prophetin Fedelma warnte Königin Medb vor dem Heldenmut ihres jugendlichen Widersachers Cú Chulainn. Fedelmas gesprenkeltes Kleid und die Mehrfachpupillen zeigen ihre Herkunft aus der Geisterwelt.

eingenommen, daß auch die Dienerinnen einen relativ gehobenen Status besaßen. Oder die Anomalie ist so zu erklären, daß die zwei heiligen Frauen ihre Identität absichtlich geheimhielten, um Finns Sicherheit zu gewährleisten.

Andere irische Sagenepisoden betreffen heilige Frauen, die Druidinnen gewesen sein mögen oder auch nicht. Die Oberpriesterin von Königin Medb namens Erne gehört ihrem Hofstaat in Cruachain an. Sie und ihre Helferinnen werden in einem See ertränkt, nachdem zuvor ein Ungeheuer namens Olcai sie terrorisiert hat; sie gab Loch Erne den Namen. Eine Legende über das Kloster der heiligen Brigid in Kildare betrifft eine heidnische Gruppe heiliger Frauen, die das sakrale Feuer im dortigen vorchristlichen Heiligtum unterhielten. Die heilige Brigid selbst ist aus einer heidnischen Göttin hervorgegangen und hat in beiden Gestalten mit Feuer zu tun.

Irische Kriegerinnen und Seherinnen

In der frühirischen Sage sind Krieg und Weissagung eng miteinander verknüpft. Die Kriegsgöttinnen Morrigán, Macha und Badbh besitzen alle die Kraft, die Zukunft vorauszusagen, vor allem den Ausgang von Schlachten und das Schicksal einzelner Kriegshelden. Dies gilt auch für heidnische heilige Frauen, die zwar nicht als Göttinnen dargestellt werden, aber doch übernatürliche Kräfte besitzen. In der *Táin* kommen zwei solche Frauen vor: die Prophetin und Dichterin Fedelma und die Seherin Scáthach, die zugleich Krieger ausbildet.

Scáthach von Ulster, ein Wesen aus dem Jenseits, war Prophetin und lehrte zugleich junge Helden wie Cú Chulainn die Kriegskunst.

Fedelma wird als »Frau aus dem Feenland«, dem Jenseits, bezeichnet. Sie begibt sich an den Hof von Connacht-Königin Medb und warnt sie mehrfach vor der Bedrohung ihres Besitzes durch Cú Chulainn. Fedelma erscheint Medb zuerst als schönes Mädchen, das bewaffnet einen Streitwagen fährt. Sie ist herrlich angetan mit einer roten, bestickten Tunika, Sandalen mit Goldspangen und einem gesprenkelten Mantel – Sprenkelung versinnbildlichte in der irischen und walisischen Mythentradition stets das Jenseits. Fedelma teilt Medb mit, sie habe in dem der Scáthach gehörenden übernatürlichen Land Alba Poesie und Prophetie erlernt. Medbs Frage, ob sie die »Himbas Forosnai« (Gabe der Weissagung) besitze, bejaht sie. Auf die Bitte, das Geschick des Heeres von Connacht vorauszusagen, antwortet Fedelma mit einem langen, schaurigen prophetischen Unheilsgedicht, in dem sie von Medbs Heer mehrfach sagt: »Ich sehe es gerötet, ich sehe es rot.« Cú Chulainns entscheidende Rolle sagt sie mit folgenden Worten voraus:

»Ich seh eine Schlacht: ein schöner Mann
Viel Blut um seinen Gürtel
Heldischen Schein um die Stirn
Die Brauen voller Siege ...«
Aus der *Táin*

Scáthach von Ulster lehrt vor allem die jungen Ulster-Mannen das Waffenhandwerk und führt eine Kriegerakademie. Ihr Name bedeutet »das Schattenhafte« und verweist auf eine Verbindung zur Geisterwelt. Cú Chulainn läßt sich von ihr ausbilden und erhält seinen gefürchteten, dornengespickten Speer »Gae Bulga« (dessen Wunden stets tödlich sind) von ihr als Geschenk. Scáthach ist wie Fedelma Kriegsprophetin und sagt den großen Streit zwischen Cú Chulainn und Medb voraus, der mit seinem Tod endet.

Finns Pflegemütter, Fedelma und Scáthach haben allesamt mit Krieg und Weissagung zu tun; alle vier warnen vor Gefahren und Untergang und stehen mit übernatürlichen Kräften in Verbindung. Nur eine der Mentorinnen des Finn wird als Druidin bezeichnet, aber die Aufgabe beider ähnelt doch sehr der druidischen. Cathbadh, der Druide von König Conchobar, hatte mit Krieg, Prophezeiung und Warnung zu tun, und auch die von den klassischen Autoren erwähnten Druiden sagten, oft in Verbindung mit Schlachten, die Zukunft voraus.

ZU DEN MÄCHTIGSTEN religiösen Amtswaltern der klassischen Welt gehörten die vestalischen Jungfrauen, die das heilige Feuer der römischen Göttin Vesta zu unterhalten hatten. Sie blieben dreißig Jahre im Amt, und Unkeuschheit wurde mit Begraben bei lebendigem Leibe bestraft. Auch die Kelten hatten ihre jungfräulichen heiligen Frauen. Der Wert der Jungfräulichkeit bei Priesterinnen mochte daher rühren, daß im Kontakt mit den Göttern Reinheit erwünscht war, vielleicht aber auch daher, daß Jungfrauen als besonders mächtiges Symbol der Fruchtbarkeit und Fortzeugung galten: Ihre sexuelle Energie war intakt, nicht auf Sterbliche verschwendet, sondern den Göttern vorbehalten.

Die Jungfraueninseln des Mela

Der römische Schriftsteller Pomponius Mela aus dem frühen 1. Jahrhundert n. Chr. berichtet von den heiligen Bewohnerinnen der Insel Sena, einer aus einer Gruppe namens Cassiteriden, die nach seiner geographischen Beschreibung wohl die Scilly Isles an der Südwestspitze Englands waren. Auf Sena, so sagt er, habe es ein gallisches Orakel mit neun jungfräulichen Priesterinnen gegeben, die die Zukunft vorhersagen, alle Krankheiten heilen und den Elementen gebieten konnten.

Die Zahl Neun ist insofern interessant, als Drei und ein Mehrfaches davon bei den Kelten als heilige Zahl galt. In der Ikonographie der heidnischen Kelten Europas wurden viele Gottheiten mit drei Köpfen oder als Dreiheit abgebildet, und in den Sagen von Irland und Wales gehörten Drei, Neun und Siebenundzwanzig zu den Zahlen, die eine besondere Bedeutung besaßen.

Die jungfräulichen Kesselhüterinnen des walisischen Jenseits

Melas neun Priesterinnen, gehörten ins 1. Jahrhundert v. Chr. Aber das frühwalisische Mythengedicht *Preiddu Annwfn* (»Die Schätze von Annwn«) bietet eine aufschlußreiche Parallele. Das Gedicht hat in einem Manuskript des 13. Jahrhunderts überlebt und erzählt von der Reise des Artus nach Annwn, wo er dem König der Jenseitswelt (Annwn) den regenerierenden Zauberkessel rauben will. Solche Kessel spielen in der Tradition von Wales und Irland eine hervorragende Rolle; sie kochten sich endlos wieder auffüllende Speisen und konnten Tote zum Leben erwecken. Der Kessel von Annwn war höchst eigensinnig und legte eine Launenhaftigkeit an den Tag, wie sie vielen keltischen Sagenwesen eignet. Unterhalten wurde er von neun Jungfrauen, die ihn mit ihrer bloßen Atemwärme zum Sieden brachten. Des weiteren besaß der Kessel die Eigenart, niemals Nahrung für einen Feigling zu kochen.

Bronzefigurine einer Priesterin mit bedecktem Haupt aus South Shields, Nordengland. Sie hält eine Opferschale und ein rundes Objekt, vielleicht eine Frucht oder ein Brot.

Luftaufnahme der beiden Scillyinseln Bryher und Tresco. Eine davon könnten die von Pomponius Mela im 1. Jahrhundert n. Chr. erwähnten jungfräulichen Priesterinnen bewohnt haben.

Holzfigurine einer Göttin oder Priesterin mit Halsreif und umhülltem Haupt; vielleicht ein Hinweis auf ihre Teilnahme an einem Opferritual. Aus der Heilquellenstätte von Chamalières, Frankreich, 1. Jahrhundert n. Chr.

Die neun Jungfrauen in dieser Sage und Melas neun heilige Jungfrauen auf der Insel mögen reine Koinzidenz sein, aber die Jungfräulichkeit und die Zahl Neun verweisen auf eine Verbindung, und die Heiligkeit einer Dreierzahl und die Bedeutung der Keuschheit in beiden Erzählungen sind vielleicht Ausfluß einer uralten gemeinsamen Tradition.

Darstellungen von Druidinnen

Archäologisch gibt es nicht viele Darstellungen keltischer Priesterinnen, und die wenigen lassen sich keineswegs eindeutig als Druidinnen identifizieren. Ein möglicher Fall ist die Dame von Chamalières (Zentralfrankreich). Dort befand sich eine im 1. Jahrhundert v. Chr. erstmals von Pilgern besuchte Heilstätte. In dem von Wasser umschlossenen Ort haben sich Tausende hölzerne Votivgaben erhalten, meist Modelle heilbedürftiger menschlicher Körperteile. Darunter war auch ein Eichenbildnis einer Dame mit Halsreif und Schleier. Die römischen Priester zogen sich traditionell beim Opfern aus Ehrfurcht vor dem Gott das Gewand übers Haupt. Vielleicht stellt das Bildnis von Chamalières die Tempelpriesterin dar.

Ein früheres Bildnis, das durchaus eine Priesterin darstellen mag, befindet sich auf dem bronzenen Modell eines Kultwagens (7. Jahrhundert v. Chr.) im Häuptlingsgrab von Strettweg in Österreich. Auf der beräderten Plattform stehen Menschen- und Tierstatuetten, darunter zwei Hirsche, Reiter und Fußsoldaten. Sie alle überragt in der Mitte eine Frau, die einen großen Kessel über ihr Haupt hält. Falls die Figur keine Priesterin, sondern eine Göttin ist, sollte hier vielleicht der Transport einer Statue dargestellt werden; die Verstrebungen des Wagens legen das jedenfalls nahe.

Seitenflügel eines Altars der rheinischen Muttergöttinnen, von einem Tempel bei Bonn. Er zeigt eine junge Frau, vielleicht eine Kultpriesterin, mit Blumengirlande und einem Teller voll Obst als Opfergabe.

Die Mänaden von der Loire

Strabon (1. Jhdt. v. Chr.) liefert uns den – auf Poseidonios basierenden – Bericht über eine Jahreszeremonie mit keltischen Priesterinnen, bei dem es uns eiskalt überläuft. Wie Melas heilige Jungfrauen bewohnten diese, Samnitae genannt, eine Insel nahe der Loiremündung. Inseln galten im irischen Mythos oft als Gefilde der Seligen, vielleicht, weil die Festlandferne sie als Tore zum Jenseits erscheinen ließ. Nach Strabon ließen die Priesterinnen keine Männer auf die Insel, begaben sich aber, wenn sie Lust hatten, zum Sex aufs Festland – eine keltische Variante zum Thema heilige Jungfräulichkeit. Strabon nennt den hier verehrten Gott Dionysus, doch der gallische Gott dürfte einen lokalen Namen gehabt haben, wenn auch sein Kult dem des griechischen Weingottes ähnelte. Wenn der Geist über sie kam, übten die Loire-Frauen einen seltsamen Kult, der in der Aufopferung einer der Ihren gipfelte:

»Es ist Gebrauch, jährlich einmal den Tempel abzudecken, und desselben Tages vor Sonnenuntergang wieder zu bedecken, wozu Jede ein Ladung herbeiträgt; welcher aber die Ladung entfällt, die wird von den anderen zerrissen. Diese tragen unter Jubelruf die Stücke um den Tempel, nicht eher nachlassend, als die Wuth nachlässt; immer aber geschiht es, dass irgend eine sich findet, welche dieses Schicksal leiden muss«
(Strabon, *Erdbeschreibung*, 4,4,6).

Das Verhalten der Strabon-Weiber ähnelt sehr dem der dionysischen Mänaden (oben), deren brutale Riten Euripides in den Bakchen so anschaulich schildert. Das Strabon-Zitat ist wichtig wegen der direkten Verknüpfung von Priesterinnen und Sakralbauten und wegen des sehr speziellen Ritus der Neubedachung des Tempels binnen eines Tages (als dürfe er über Nacht nicht für die Geister offen sein). Am bedeutsamsten ist der Hinweis auf das Menschenopfer, das – da das geopferte Wesen dem Gott heilig war – besonders wirksam sein mochte.

(Unten) Die jährliche Neubedachungszeremonie, bei der die Priesterinnen in Trance eine der Ihren opferten, um das renovierte Heiligtum neu zu weihen.

VII

HEILIGE STÄTTEN UND IHRE PRIESTER

»Niemals berührt seit langen Zeiten, erhob sich ein Wäldchen. / Dunkelheit bot es im Umkreis durch eng verflochtene Kronen, / kühlenden Schatten auch, den die Strahlen der Sonne verschonten. [. . .] Auch dunkle / Quellen ergießen sich reichlich [. . .]. [Es] scheut selbst der Priester den Zugang. [. . .] Diesen heiligen Hain ließ Cäsar mit Axthieben fällen.«

Lukan, *Der Bürgerkrieg*, 3,399–426

LUKANS KOMMENTAR ÜBER einen heiligen Hain, auf den Cäsars Heer Mitte des 1. Jahrhunderts v. Chr. bei Marseille stieß und den es zerstörte, beweist, daß die Kelten ihre Gottesdienste häufig an geweihten Naturorten wie Eichenhainen, Flüssen, Furten, Quellen und dergleichen abhielten, die als von Geistern bewohnt galten. Das gallische Wort »nemeton« für »heiliger Ort« (irisch: »nemed«) bezeichnet manchmal, aber nicht immer, einen Hain. Es findet sich auch in den Namen von Gottheiten, so etwa Nemetona und Arnemetia.

Heilige Naturorte hinterließen selbstverständlich kaum archäologische Spuren, weshalb wir von ihnen nur durch die Berichte der Klassiker wissen. Diese gaben wieder, was sie selbst oder andere Augenzeugen gesehen hatten, wobei sich freilich auch das eine oder andere Barbarenklischee eingeschlichen haben mag. Wollten Autoren aus dem »zivilisierten« Griechenland oder Rom ihre keltischen Nachbarn als primitiv schildern, so brauchten sie lediglich den Gegensatz zwischen den gewaltigen Säulen und Giebeln der klassischen Tempel und dem flüchtigen und kunstlosen Wesen der heiligen Orte letzterer zu betonen. Zudem wurden die im 1. Jahrhundert vor und nach Christus zitierten heiligen Haine vielleicht nur in der spätkeltischen Eisenzeit benutzt, während andere Kelten andere Arten von heiligen Orten aufgesucht haben können.

Die griechisch-römischen Autoren erwähnen nur selten religiöse keltische Bauten. Die Archäologie legt aber – teilweise unter substantielleren Strukturen aus römischer Zeit – immer mehr eisenzeitliche Heiligtümer frei.

Dieser »Flickenbaum« in Doonwell, Irland, ist immer noch in Gebrauch. Besucher hängen an ihn persönliche Dinge – Taschentücher, Schals und Kleiderfetzen –, um in den Genuß der spirituellen Kräfte des Baumes und der Quelle daneben zu gelangen.

»Zu einer bestimmten Zeit des Jahres tagen die Druiden an einem geweihten Ort im Gebiet der Carnuten, das man für das Zentrum ganz Galliens hält.«

Cäsar, *Der Gallische Krieg*, 6,13

»Flickenbaum« vor Paphos, Zypern. Die Ortsbewohner hängen immer noch Kleidungsfetzen u. ä. in den Baum, dem sie Heilkräfte zuschreiben. Flickenbäume gibt es seit langem weit und breit, vom alten Irland bis zur Türkei von heute.

Gehörnter Bronzehelm, aus der Themse nahe der Waterloo-Brücke in London. Votivgabe aus dem 1. Jahrhundert v. Chr.

»Sollte man Glauben schenken der uralten Götterverehrung, / scheuten die Vögel sich dort auf den Zweigen niederzulassen, / scheute das Wild sich zu lagern. Kein Sturmwind peitschte die Stätte, / niemals traf sie, aus düsteren Wolken zuckend, ein Blitzstrahl: / Bäume, deren Laubkleid kein Windhauch durchraschelt, erwecken / einen ganz eigentümlichen heiligen Schauer. [...] Schon gingen Gerüchte, daß oftmals / unter dem Beben der Erde gewölbte Grotten erdröhnten, / Eichen von selbst sich niederbeugten und wieder erhöben, / Flammen erglänzten, ohne daß Bäume verbrannten, und schließlich / grausige Drachen die Stämme umwänden. [...] [Es] scheut selbst der Priester den Zugang.«

Lukan, *Der Bürgerkrieg*, 3,407–427

LUKANS BERICHT ÜBER einen gallischen Hain erinnert überdeutlich an Vergils Beschreibung des Hades im 7. Buch seiner *Äneis*. Mehrere klassische Beobachter berichten von heiligen Hainen, nicht nur in Gallien, sondern auch in Britannien (so Tacitus auf Anglesey) und sogar Kleinasien. Nach Strabon haben sich die drei galatischen Stämme in einem Hain bei Drunemeton (»heiliger Eichenhain« oder »heiliger Ort der Eichen«) wiedervereinigt und bedeutende Machtfragen besprochen.

Nun kann der Archäologe zwar kaum antike Haine identifizieren, aber es gibt Hinweise, daß die Eisenzeitkelten diese Naturorte manchmal in Holz nachgebaut haben. Das mag auch dem großen Rundbau mit seinem »Wald« von Balken in Navan Fort (Irland, Anfang des 1. Jahrhunderts v. Chr.) zugrunde gelegen haben. Epigraphisch verweist vielleicht eine römisch-gallische Inschrift aus den französischen Pyrenäen auf einen heiligen Hain, denn sie ist dem »Gott der Sechs Bäume« geweiht.

Auch anderes deutet darauf hin, daß bestimmte Baumarten als heilig galten. In den Pyrenäen waren Altäre dem Fagus (»Rotbuche«) geweiht; der gallische Name des Lemoviken-Stamms bedeutet »Ulmenvolk«, und die Eburonen nannten sich nach der Eibe. Plinius stellt zwischen der Eiche und den Druiden einen ausdrücklichen Zusammenhang her. Einzelne Riesenbalken in britannischen Tempeln wie Hayling Island in Hampshire und Ivy Chimneys in Essex lassen vermuten, daß ein Baum oder Baumersatz dort ursprünglich den Kultmittelpunkt bildete. Dasselbe Phänomen fand sich auf dem Festland, zum Beispiel in Libenice (Böhmen).

Manche Kultobjekte hingen mit heiligen Bäumen zusammen. In einem Heiligtum in St-Maur

LOWBURY HILL: EIN KÜNSTLICHER HAIN?

Lowbury Hill (Oxfordshire) gilt seit langem als Stätte eines römisch-britischen Tempels. Auf der Hügelspitze befinden sich diverse Erdbauten, darunter eine rechteckige Einfriedung und ein Tumulus. Zunächst (1913/14) wurden die Böschung und das Innere freigelegt. Bei neueren Grabungen, die auch eine geophysikalische Bestandsaufnahme einschlossen, stieß man auf eine Reihe flacher, unregelmäßiger Mulden im Kreideboden, die mit dunkler, lehmiger Erde gefüllt waren und als Baumlöcher interpretiert wurden. Sie scheinen Teil der ursprünglichen Abgrenzung des heiligen Bezirks gewesen zu sein und deuten darauf hin, daß hier bewußt Bäume angepflanzt wurden – möglicherweise im 1. Jahrhundert n. Chr. Daraus läßt sich schließen, daß die erste Einfriedung im 2. Jahrhundert n. Chr. durch eine Außenmauer ersetzt wurde; innen stand vermutlich nur ein schlichter Tempelbau, der Speere (darunter einen absichtlich verbogenen), Münzen und andere Spuren sakraler Nutzung enthielt. In der ersten Phase könnte jedoch ein künstlicher heiliger Hain angelegt worden sein. Auch die Grabstätte einer Frau, deren Gesicht verstümmelt war, kann relevant sein, doch steht nicht fest, in welche Phase die Leiche gehört.

Ausgrabung in Lowbury Hill mit den Gruben, in die vielleicht Bäume für einen künstlichen Hain gepflanzt waren.

Llyn Fawr

Um 600 v. Chr. war der Natursee bei Llyn Fawr in Südwales Ort religiöser Handlungen, bei denen auch wertvolle Metallobjekte im Wasser versenkt wurden. 1911 und 1912 wurden im Moor unter anderem zwei Bronzekessel örtlicher Fabrikation gefunden, die schon »Antiquitäten« waren, als man sie opferte. Beim vollständigeren der beiden hielten 500 Ziernieten fünf Lagen Bronzeblech zusammen. Im selben Hort fand sich zudem exotisches Hallstatt-Material, darunter Teile eines der ältesten Eisenschwerter Englands. Im übrigen stammen viele Funde von Llyn Fawr der Art nach nicht aus Wales. Entweder genoß der See so hohes Ansehen, daß Leute aus großer Entfernung anreisten, um dort zu opfern, oder die exotischen Metallobjekte waren erbeutet und den Göttern als Dank für einen erfolgreichen Raubzug dargebracht worden.

(Rechts) Schauspielschüler stellen ein Ritual am heiligen See bei Llyn Fawr nach und werfen wie um 600 v. Chr. Eisen- und Bronzeobjekte ins Wasser.

an der Oise wurden Blätter aus Bronze hergestellt; in Manching (Bayern) fand man in einer Grube des 3. Jahrhunderts v. Chr. einen vergoldeten Bronzebaum; aus einer Siedlung in Villeneuve-St-Germain (Frankreich) stammen Eisenblätter mit Aufhängeringen.

In den heidnischen Sagen des frühhistorischen Irland, vor allem den *Dinnschenchas* (»Geschichte der Orte«), stehen heilige Bäume in enger Verbindung zum geweihten Königtum und zu den Inaugurationsriten bei der Wahl eines neuen Königs. Auch wurden Bäume wegen ihrer Langlebigkeit verehrt, die Weisheit, Stabilität und Souveränität verhieß. Das altirische Wort für den heiligen Baum heißt »bile«. Besonders verehrt wurden Eichen, Eiben und Eschen; desgleichen der Haselnußstrauch, der in einer besonderen Beziehung zu Druiden und Sehern stand. In Irland verband man ihn mit dem Erwerb von Weisheit: Finn, der Held des Fen-Zyklus, wird wissend durch den Kontakt mit dem kochenden Fleisch des »Salms der Weisheit«, der seinerseits seine Kräfte durch den Verzehr der Früchte von neun heiligen Haselsträuchern gewonnen hat, die unter dem Meer neben einem Brunnen wachsen. Ein ritueller Schacht oder Brunnen in Ashill in Norfolk lieferte Hinweise auf die Haselnußverehrung: Vollständige Töpfe waren in Schichten aufgestaut und in Haselblätter und -nüsse verpackt. Auf S. 73 war schon von dem bleiernen »Fluchtäfelchen« die Rede, das in einem Fluß bei Brandon in Suffolk gefunden wurde und ebenfalls Haselsträucher erwähnt.

Seen, Teiche und Quellen

»Die zu Tolossa [Toulouse] gefundenen Schätze betrugen [...] etwa funfzehntausend Talente; zum Theil waren sie verwahrt in Tempelgemächern, zum Theil in heiligen Teichen. [...] ... wesshalb die Schätze sich häuften, welche Viele weiheten, und Niemand anzurühren wagte.«
Strabon, *Erdbeschreibung*, 4,1,13

Die allgemeine Verbindung von ritueller Praxis und Wasser wurde schon im 4. Kapitel behandelt. Strabons Hinweis auf das Versenken von Schätzen in heiligen Seen wird von vielen archäologischen Befunden gestützt. Typisch dafür ist La Tène am Neusiedler See in der Schweiz, das einem Großteil der materiellen keltischen Eisenzeitkultur den Namen gab und Ort solcher ritueller Praxis gewesen sein dürfte. 1857 senkte sich dort der Wasserspiegel beträchtlich und gab Holzbrücken und -stege sowie über 3000 Metallobjekte des keltischen Adels frei, die wahrscheinlich als Opfergaben in den See geworfen worden waren. Der größte Teil davon stammt aus dem 3. bis 1. Jahrhundert v. Chr.

Gregor von Tours, der von 573 bis 594 dort Bischof war, spricht in *In Gloria Confessorum* von einem jährlichen Dreitagefest am See Gévaudan in Südgallien, in den die Bauern als Gaben an die Götter Opfertiere, Nahrung, Getränke und Kleider warfen. Diese Praxis, Votivobjekte in Seen und Teichen zu versenken, scheint also die Christianisierung der Kelten noch lange Zeit überdauert zu haben.

Kultbaum aus Manching (3./2. Jhdt. v. Chr.). An einem Holzstamm hängen vergoldete Bronzeblätter. Das Objekt wurde vielleicht bei Prozessionen vorangetragen oder schmückte einen Tempel.

DIE EISENZEITLICHEN RITUALBAUTEN besaßen – im Gegensatz zu den griechischen und römischen Tempeln und christlichen Kirchen – keine standardisierte oder formalisierte religiöse Architektur, so daß sich ein Schrein gewöhnlich nur schwer von einem Haus oder einer Scheune unterscheiden läßt. Zudem sind Kultbilder in dieser Zeit selten; also scheidet auch dieses Kriterium weitgehend aus. Dennoch sind an einigen Orten beträchtliche Spuren ritueller Handlungen erhalten geblieben. Den Gournay-Tempel mit seinen reichen Votivgaben an Tieren und Waffen haben wir schon erwähnt. Aber auch andere Stätten lassen sich anhand der Anzeichen für kultische Aktivitäten als Tempel ausmachen.

Manchmal lag ein Heiligtum fernab jeder menschlichen Ansiedlung, manchmal mittendrin. In beiden Fällen dürften Priester die religiösen Zeremonien geleitet haben (sie mußten nicht unbedingt auch dort wohnen). Wobei man gerne spekulieren darf, ob es sich um reine Ortspriester handelte, die ohne Beaufsichtigung durch eine Gesamtautorität für bestimmte Tempel oder Kulte zuständig waren, oder ob es einen zentral organisierten Klerus gab. War Priester sein ein Teilzeit- oder Ganztagsjob? Waren sie wie heute an mehreren »Kirchen« tätig? Wir sind auf Vermutungen angewiesen; vielleicht gab es mehrere Arten von Klerus.

Das Hügelheiligtum in Závist in Böhmen.

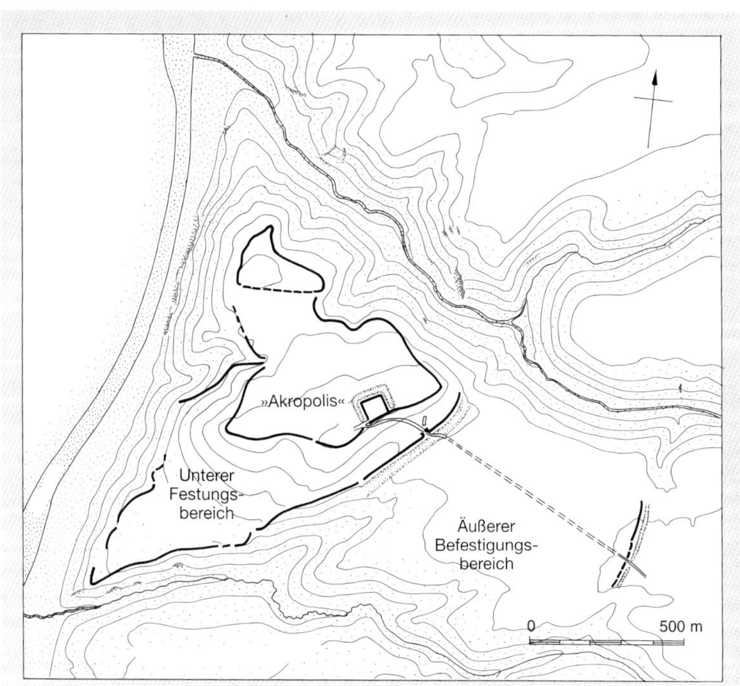

Závist und Liptovska Mara

Im böhmischen Závist wurde im 6. Jahrhundert v. Chr. auf einer Felsenklippe 200 Meter über dem Moldautal eine Hügelfestung mit Tempel errichtet. Dieser stand am höchsten Punkt auf einer »Akropolis«. Vielleicht bildete dieses »nemeton« den Kern der Siedlung, die an der zum heiligen Ort führenden Straße eine Bronzewerkstatt aufwies, wo Pilger Opfergaben erwerben konnten. Das Heiligtum wurde mehrfach umgebaut; am auffallendsten sind die breiten Trockenmauern, die entweder große Freialtäre waren oder als Fundament für Holzbauten dienten. Der Haupttempel war sehr groß (ca. 160 m^2); daneben stand ein dreieckiger Freialtar. In der Nähe befand sich eine Vertiefung, die man für einen Opfergraben hält. Die Akropolis wurde im 4. Jahrhundert v. Chr. aufgegeben; vermutlich war sie in einem Krieg zerstört worden.

Das im selben Gebiet liegende Liptovska Mara bestand aus einem »oppidum« mit einem schönen Kultsäulengang ähnlich dem im südgallischen Roquepertuse (S. 52), aber aus Holz. Damit verbunden war eine große Grube, die Tonwaren, Korn, Schmuck, Eisenarbeiten, geschnitzte Hölzer und Menschen- und Tierreste enthielt.

Beide Tempel standen in großen, stadtähnlichen Siedlungen, die vielleicht von einem Häuptling oder Oligarchen regiert wurden. Kultstätten an solcher Stelle lassen auf eine zentralisierte, politisch kontrollierte Religion schließen, die zweifellos eine Priesterkaste besaß.

Harlow

Die Kultstätte in Harlow (Südostengland) ist ein Beispiel für die vor allem in Britannien und Irland verbreitete Praxis der Eisenzeit, Tempel dort zu errichten, wo Riten schon seit langem geübt wurden. In der Bronzezeit begrub man die Toten auf der Hügelspitze; in der vorrömischen Späteisenzeit wurde dann ein Heiligtum erbaut: Ein fast ringförmiger Graben markiert vermutlich den Standort eines runden Holztempels. Als in Rom die Flavier herrschten (60–69 n. Chr.), wurde unmittelbar über dem vorherigen Kultbau und einem Eisenzeit-Hort von Goldmünzen ein rechteckiger Tempel errichtet. Dieser besaß einen Innenbau mit umlaufendem Säulengang und einen Freialtar vor dem Eingang; das Ganze stand in einem Hof, den eine Mauer mit monumentalem

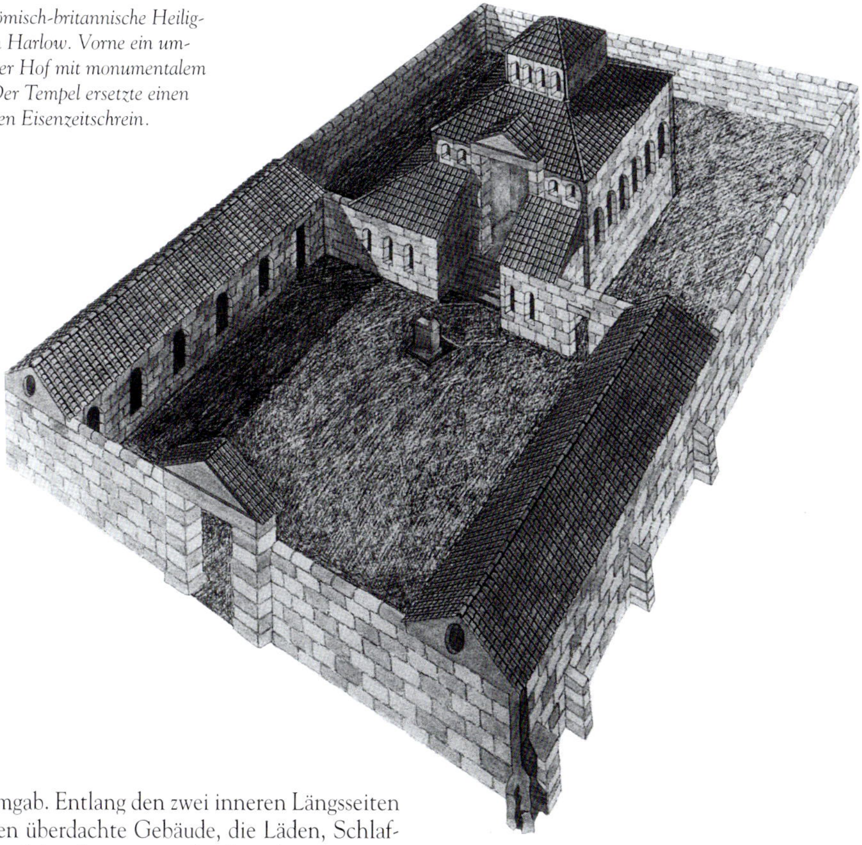

Das römisch-britannische Heiligtum in Harlow. Vorne ein umfriedeter Hof mit monumentalem Tor. Der Tempel ersetzte einen früheren Eisenzeitschrein.

Tor umgab. Entlang den zwei inneren Längsseiten standen überdachte Gebäude, die Läden, Schlafräume, Schatzkammern oder Lagerhäuser gewesen sein könnten.

Hinsichtlich der geopferten Tiere und Festmähler weisen die Tempel aus der Eisen- und der römischen Zeit in Harlow Ähnlichkeiten auf: Die Tiere wurden hier entweder noch jung (6 bis 9 Monate alt) oder gerade ausgewachsen (ca. 18 Monate alt) geschlachtet und verzehrt. Man weiß zwar nicht, wem genau das Heiligtum in Harlow geweiht war, aber es dürfte sich um einen Kriegsgott gehandelt haben; eine abgenutzte Schnitzerei und ein großer Steinkopf mit Helm stellen Krieger dar, und vier Modelle von Eisendolchen (davon eines in einer Bronzescheide) lassen sich als Votivgaben für eine Kriegergottheit deuten.

Der in Harlow verehrte Gott wurde verschwenderisch mit Münzen beschenkt. Einige stammen aus vorrömischer Zeit; neuerdings wird vermutet, sie könnten in römischer Zeit von Pilgern geopfert worden sein, die sich bewußt und symbolisch archaische Münzen ausgesucht hatten, vielleicht, weil die Stätte schon seit langem als heilig galt. Die Archäologen fanden viele Münzen in Häufchen; vielleicht hatten sie in Netzen oder Körben an der Decke gehangen und waren beim Einsturz des Gebäudes zusammen heruntergefallen.

Ribemont-sur-Ancre

Im Jahr 1982 entdeckten Archäologen in der Nähe eines großen gallisch-römischen Tempels bei Ribemont-sur-Ancre in Frankreich eine ungewöhnliche Struktur, die fast ausschließlich aus 2000 menschlichen Arm- und Beinknochen errichtet war. Ihr Inneres hatte offenbar zur Aufnahme der Überreste von Feuerbestattungen gedient. Ringsum lagen dicht verstreut, ähnlich wie im nur 50 Kilometer entfernten Gournay, späteisenzeitliche Waffen. Das »Beinhaus« stand in der Ecke eines umfriedeten Bezirks und grenzte an einen breiten Wassergraben mit Böschung. Entlang des Grabens fanden sich weitere Waffen und Knochen, darunter die kopf-, arm- und beinlosen Skelette von über zweihundert Menschen. Obschon diese Funde rund zweihundert Jahre jünger sind als das Beinhaus, könnten doch beide auf einen Begräbnisritus zurückgehen, bei dem die Knochen der Toten als Opfergaben gesammelt wurden. Am Ort des eisenzeitlichen Heiligtums war später ein großer römisch-keltischer religiöser Bezirk mit Tempel, Bädern, einem Theater und ähnlichem errichtet worden.

Steinfries mit Pferdeköpfen aus dem vorrömischen Hügelheiligtum der Eisenzeit in Roquepertuse, Südfrankreich.

DIE HEILIGE QUELLE IN BATH

DIE HEILIGE STÄTTE am Avon in Südwestengland, von den Römern »Aquae Sulis« (die Wasser der Sul) und heute Bath genannt, wurde wegen der heißen Quellen verehrt, aus denen am Tag weit über eine Million Liter 46° C heißes Wasser sprudeln. In welchem Umfang die Stätte vor Ankunft der Römer in der Gegend genutzt wurde, ist unbekannt, aber wahrscheinlich besuchten schon die Kelten der Eisenzeit die Quelle und bauten einen Damm über den Sumpfboden, wobei sie der Göttin Sul achtzehn vorrömische Münzen als Votivgaben hinterließen. Das heiße Wasser besitzt tatsächlich heilende Kraft, vor allem gegen Gicht und Arthritis. Schon bald nach Ankunft der Römer, vielleicht nur zwanzig Jahre nach der Invasion des Claudius von 43 n. Chr., machten sich römische Fachleute daran, die einfache Naturquelle zu einem großen religiösen Komplex mit einem Tempel in klassischem Stil, einem großen Außenaltar, mehreren Bädern und diversen Nebengebäuden auszubauen. Die Hauptquelle wurde eingefaßt, und das so entstandene Becken

(Unten) Mondförmiger Anhänger aus vergoldetem Silber, gefunden in Bath. Möglicherweise gehörte er zu den liturgischen Regalien eines Priesters.

(Oben) Vergoldeter Bronzekopf der Göttin Sulis Minerva, Herrin des Thermalheiligtums in Bath. Der Kopf war in der Antike einer Statue abgehackt worden, und auch das Gesicht weist Spuren absichtlicher Beschädigungen auf.

(Rechts) Zinnmaske aus dem Abflußkanal der Bäder des Sulis-Minerva-Heiligtums in Bath. Sie könnte eine Göttin oder Priesterin darstellen, aber auch eine Votivgabe sein. Die Nagellöcher am Rand lassen vermuten, daß sie an einer Tür oder Wand befestigt war.

(Rechts) So mögen die heilige Quelle und der Teich in Bath im 3. Jahrhundert n. Chr. ausgesehen haben (Rekonstruktion).

JOHN RONAYNE

Eine Auswahl bleierner Fluchtäfelchen (»defixiones«) aus dem heiligen Teich in Bath, in den Pilger sie warfen, um bei Sul Rache für erlittenes Unrecht zu erbitten.

Grabstein des Sul-Priesters Calpurnius Receptus, der 75jährig in Bath starb; errichtet von seiner Frau, der Freigelassenen (Exsklavin) Calpurnia Trifosa.

entwickelte sich zum Mittelpunkt einer intensiven rituellen Aktivität. Aus dem Wasser wurden über 12 000 Münzen, persönliche Dinge und Schmuckstücke geborgen, dazu – Ausdruck einer düsteren Seite des Sulis-Kults – 130 Fluchtäfelchen: kleine Blei- oder Zinnblättchen, deren Texte die Rache der Göttin für geschehenes Unrecht herabbeschworen. Die meisten Pilger suchten hier jedoch Heilung von körperlichen oder seelischen Gebrechen. Sie tranken vom heiligen Wasser – dem Sinnbild der Göttin – und badeten darin, weihten ihr Altäre, beteten zu ihr und stifteten ihr Dankesgaben.

Einen so wichtigen religiösen Bezirk kann man sich kaum ohne Berufspriester vorstellen. Einen Sul-Priester kennen wir sogar: Calpurnius Receptus; er wurde 75 Jahre alt, und auf dem Grabstein, den ihm seine Witwe Calpurnia Trifosa (eine Freigelassene) errichtete, steht sein Leben verzeichnet. Eine andere Inschrift ist einem gewissen Memor gewidmet, einem römischen Haruspex (wörtlich: »Eingeweidebeschauer«), der wie die Druiden aus der Leber und dem Gedärm von Opfertieren die Zukunft zu deuten hatte. Die Fluchtäfelchen werfen eine Frage auf: Wurden sie von Berufsschreibern verfaßt, die wußten, welche Worte man benutzen mußte, oder von Tempelpriestern? Die Flüche sind höchst formelhaft: Die magische Anrufung mußte absolut korrekt sein. Weitere Funde in Bath deuten auf die Anwesenheit von Priestern hin, so ein Teil eines Kopfschmucks (?) und ein vermutlich zu einem Zepter gehöriger, mondförmiger Anhänger. Im Sul-Tempel wurde die Mondgöttin Luna verehrt, und der Mond galt traditionell als Fruchtbarkeitszeichen. Die im Abzugskanal der Bäder gefundene lebensgroße Zinnmaske zeigt einen Männerkopf mit Borstenfrisur nach Art der von den klassischen Autoren beschriebenen Haartracht der Kelten sowie schematisierten keltischen Zügen. Die Nagellöcher an den Enden des Zinnblechs deuten darauf hin, daß die Maske einst an einem Brett oder Holzpfosten hing. Das Gesicht könnte einen Pilger, eine Gottheit oder auch einen Sul-Priester darstellen.

Die aus der Quelle geborgenen Zinngefäße weisen Spuren starker Abnutzung auf, die erst nach dem Beschriften entstanden sind; das könnte bedeuten, daß sie von der Priesterschaft noch lange Zeit benutzt und erst dann als Opfergaben für die Göttin ins Wasser geworfen wurden.

DRUIDEN ALS SOLCHE tauchen in Tempelinschriften nie auf. Auf Altären römischer und keltischer Gottheiten erscheint oft das lateinische Wort »flamen« (»Priester«). Ein in der Hadrian-Zeit errichteter Altar zu Ehren des römisch-keltischen Gottes Mars Mullo in Rennes (Frankreich) erwähnt einen »flamen perpetuus« (Priester auf Lebenszeit). Ein gewisser Priscus war »flamen« im großen Lenus-Mars-Heiligtum in Trier. Ein auf gallisch »gutuater« genannter Kultbeamter hatte religiöse Feiern zu organisieren; zwei Weihe-Inschriften für den Lokalgott Anvallus in Autun (Burgund) tragen an der Basis das Wort »gutuater«, das man als »Herr der Stimme« interpretiert hat und vielleicht auf die Rednergabe der Druiden verweist. Im (von Cäsars Adlatus Hirtius verfaßten) Achten Buch von *Der Gallische Krieg* ist von einem Karnuten namens Gutuatrus die Rede: Er war Freiheitskämpfer, hatte 52 v. Chr. an einem Massaker römischer Bürger in Cenabum teilgenommen, und der Name läßt vermuten, daß er gleichzeitig Priester war.

Ein bedeutender Fund stammt aus einem Tempel in Argentomagus (Frankreich) im Biturigengebiet. In ein Tongefäß waren die gallischen Wörter »Vercobretos readdeas« eingeritzt. Es war zur Zeit von Kaiser Tiberius in einem Graben im Kultbezirk versenkt worden. Die Inschrift bedeutet, daß der »Vergobret« (oberste Magistrat) des Stammes der Votivfeier vorstand. Cäsar erwähnt weitere solche Magistrate, darunter den Äduer Liscus, der Macht über Leben und Tod seiner Landsleute ausübte. Nach Cäsar, Diodor, Strabon und anderen scheint der Vergobret allerlei Funktionen mit den Druiden gemeinsam gehabt zu haben.

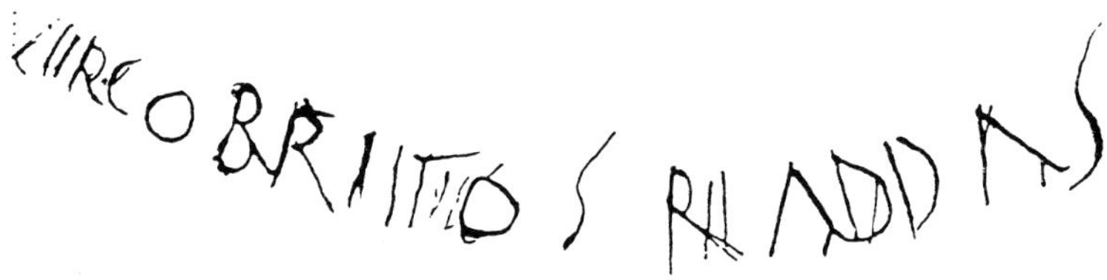

Diese Inschrift auf einem Tongefäß aus Argentomagus (Frankreich; 1. Jhdt. n. Chr.) erwähnt einen »Vergobreten«, einen gallischen Würdenträger, der an Riten im Tempel mitgewirkt haben mag.

Gelegentlich tauchen auch andere Titel gallischer Priester auf. Am Tempel der Keltengöttin Sirona in Wiesbaden war ein »curator« tätig. Auf mehreren Schreinen, so am Lenus-Mars-Tempel in Trier, ist von einem »antistes« die Rede. Britannische Priesternamen sind auf Inschriften in Lydney und Bath genannt. Alle diese »Vergobreten«, »Kuratoren«, »antistes« und »gutuater« könnten Druiden gewesen sein, werden aber weder in der Literatur noch epigraphisch so genannt.

Trotz geringer handfester Beweise für ein Tätigwerden keltischer Priester in Heiligtümern dürfen wir auf ihre Existenz schließen, vor allem, wenn wie in Gournay und Ribemont komplexe Opferriten belegt scheinen. Regalien in britischen Tempeln – der Kopfschmuck in Wanborough in Surrey und Cavenham in Suffolk oder die Zepter in Brigstock, Northamptonshire, und Muntham Court, Sussex, implizieren ebenfalls eine organisierte Priesterschaft.

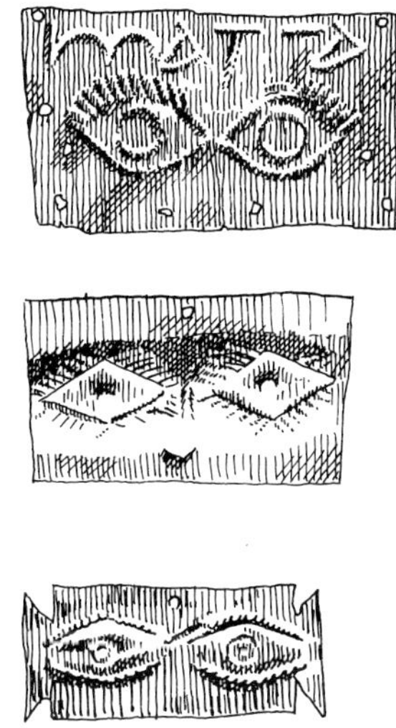

(Oben) Drei Silbertäfelchen mit Augenpaaren aus der Heilstätte der Sequana in »Fontes Sequanae« bei Dijon. In Gallien und Britannien opferten Pilger in der Hoffnung, daß die Heilgötter die erkrankten Organe kurieren würden, Modelle von Augen und anderen Körperteilen.

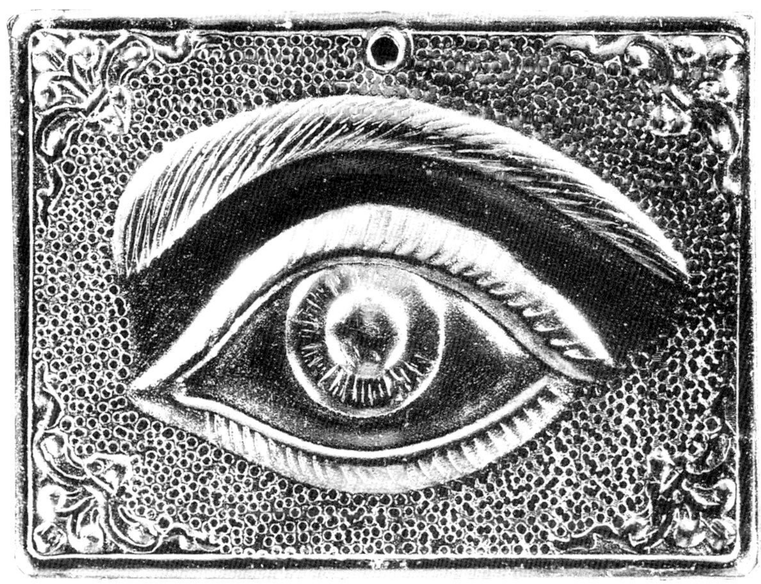

(Links) Diese neuzeitliche Augenplakette aus Aluminium hängt in einer Kirche auf der Insel Patmos. Der griechisch-orthodoxen und römisch-katholischen Tradition entsprechend, werden bis heute Modelle von Augen, Gliedmaßen, Herzen und inneren Organen geopfert – heute allerdings der Jungfrau Maria.

Desgleichen lassen sich die An- oder Nebenbauten einiger Tempelbezirke wie etwa in Harlow als Priesterwohnungen deuten, gewissermaßen als heidnische keltische »Pfarrhäuser« neben dem Heiligtum, in dem die Priester tätig waren.

(Rechts) Verstellbares Bronzediadem aus Cavenham, England, das zusammen mit anderem Kopfschmuck gefunden wurde. Die Objekte ähneln anderen Funden wie etwa in Hockwold. Solchen Kopfschmuck zierten einst Götterbilder, und wir dürfen annehmen, daß er von Priestern bei religiösen Zeremonien getragen wurde.

(Oben) Bronzene Filigranarbeit aus der heiligen Quelle in Bath; wahrscheinlich Teil eines priesterlichen Kopfschmucks.

Priester als Ärzte

Höchstwahrscheinlich waren die Priester in großen Heilstätten gleichzeitig Ärzte. In den Bädern in Bath wurde ein Stempel für Augensalbe gefunden; der auf ihm genannte Titus Janianus war vielleicht Augenarzt und unterhielt hier eine richtige Klinik.

An gallischen Heilstätten wie »Fontes Sequanae« praktizierten Ärzte (zugleich Kultbeamte?) eine Art Erfahrungsmedizin. Den Beweis liefern wiederum Metallstempel für Augenbalsam. Viele hier entdeckte Holz-, Stein- und Metallmodelle betonen interessanterweise die Augenprobleme der Sequana-Pilger. Die Holzmodelle aus dem Sequana-Schrein bezeugen die vielfältigen Wehwehchen der Pilger so beredt, daß man davon ausgehen darf, neben geistlicher habe auch ärztliche Hilfe bereitgestanden. Man fühlt sich an die christlichen Mönche und Nonnen im Mittelalter erinnert, die sich rührend um die Kranken kümmerten.

Empirische Heilungen dürften den Ruf der Gottheiten bestärkt haben, und die Grenze zwischen göttlicher und ärztlicher Heilung war wohl immer unscharf, vielleicht mit Absicht. Auch bewußte Täuschung wird im Spiel gewesen sein: Kranken Pilgern, die in den heiligen Schlafräumen den Besuch des heilenden Geistes erwarteten, konnten Tempeldiener in der Gestalt eines Gottes erscheinen. Dennoch kann die »Vision« psychologisch gewirkt haben, vor allem bei Neurosen, Depressionen oder eingebildeten Krankheiten.

Holzbildnis eines Pilgers mit Klumpfuß im Kapuzenmantel aus dem Heiligtum der Göttin Sequana bei Dijon. In der Umgebung der heiligen Quelle wurden über zweihundert derartige Eichenmodelle gefunden; vielleicht standen sie ursprünglich um den Teich.

(Rechts) Bronzestatuette der Heilgöttin Sequana; das Boot mit Entenkopf weist sie als Wassergottheit aus. Aus »Fontes Sequanae« bei Dijon.

Heutige Ansicht des heiligen Teichs der Sequana in »Fontes Sequanae«.

(Unten) So sieht ein Maler die religiösen Handlungen am Teich der Sequana bei Dijon: Kranke Pilger weihen der Göttin Holzbilder von sich und ihrer Krankheit und stellen sie ums Wasser herum auf.

Steinskulptur eines Heilgottes mit Rabe; ein Pilger hinter ihm hat die Hände über den Augen und deutet damit vielleicht Blindheit oder eine Augenerkrankung an. Aus einer auf Augenkrankheiten spezialisierten Heilstätte in Mavilly, Burgund.

Eine der neun Bronze-Pinzetten aus der Heilstätte in Nettleton Shrub, England. In römischer Zeit war der Tempel Apollo Cunomaglus geweiht. Die Pinzetten könnten auf die Anwesenheit von Ärzten (die vielleicht zugleich Priester waren) hindeuten.

IN DER RÖMERZEIT wurden in Britannien und Gallien mehrere bedeutende Heilstätten gegründet. Mindestens teilweise liegt ihr Ursprung in vorrömischer Zeit, aber sie wurden erst während der Romanisierung Westeuropas monumental mit Gebäuden und Ausstattung versehen und zogen allmählich auch ortsfremde Pilger an. Wie heute etwa Lourdes hatten diese Heilungskultstätten eindeutig auch einen kommerziellen Aspekt. Entlang den heiligen Bauten wie Tempeln, Bädern und Schlafräumen dürften sich Läden, Verkaufsstände und Märkte gedrängelt haben. Den Mittelpunkt aller keltischen Heilstätten bildete aber die heilige Quelle als Mittel der Heilung und Personifizierung der Gottheit.

Die stärker ausgebauten römisch-keltischen Heiltempel hatten mit denen der klassischen Welt vieles gemein; viele Heilkulte beruhten insoweit auf Gegenseitigkeit, als die kranken Pilger dem Heilgott im Tempel Modelldarstellungen ihrer selbst oder bestimmter heilungsbedürftiger Körperteile in der Hoffnung anboten, er werde das kranke Glied oder Organ durch ein gesundes ersetzen. Die an Orten wie »Fontes Sequanae« und Bolards in Burgund entdeckten Votivmodelle von Armen, Beinen, Augen und Brüsten ähneln geradezu gespenstisch denen, die heute in katholischen oder griechisch-orthodoxen Kirchen hängen.

Chamalières und Lydney

Die Schreine von Source-des-Roches-de-Chamalières in Zentralfrankreich und Lydney am Severn im englischen Gloucestershire bilden die Endpole des Ausprägungsspektrums der Heilkultstätten der keltischen Welt. Chamalières galt als heilig, weil dort zwei wohltuende Mineralquellen sprudelten. Die Archäologen fanden keine Tempelbauten; der Schrein scheint lediglich aus einem von einer Mauer umgebenen heiligen Teich bestanden zu haben, in dem die Quelle sprudelte. Die hier eingeworfenen oder geopferten Münzen lassen vermuten, daß er nur rund hundert Jahre zwischen dem 1. Jahrhundert vor und nach Christus lang aktiv benutzt wurde. Was Chamalières auszeichnet, sind die 2000 Holzplastiken von Pilgern und ihren Gebrechen, die bei den Quellen im Schlamm gefunden wurden und ursprünglich neben dem Teich gestanden haben können.

Der große Tempelbezirk in Lydney aus dem 3. Jahrhundert n. Chr. hingegen besaß eine ausgesuchte und wohlhabende Klientel, die ihrer Wertschätzung der Heilkraft des Gottes mit der Errichtung eines imposanten Tempels im klassischen Stil, eines Gästehauses, einer Reihe von Bädern und eines langen Gebäudes Ausdruck verliehen, von dem man annimmt, daß kranke Pilger dort schlafen und visionär die göttliche Gegenwart erfahren konnten. Die Stätte über dem großen Severn dürfte bewußt ausgewählt worden sein, weil sie einen klaren Blick auf die massive »Severn Bore« bietet (eine Flutwelle, die unter bestimmten Bedingungen nahe Gloucester entsteht); daß sie innerhalb einer früheren Eisenzeitfestung liegt, muß ebenfalls eine Rolle gespielt haben. Welche Gottheit in Chamalières verehrt wurde, ist unbekannt.

In Lydney weisen Inschriften darauf hin, daß der Schrein dem britannischen Gott Nodens geweiht war. Auf seine heilende Kraft ist aus einem Arm- und Handmodell zu schließen, das Zeichen von Krankheit erkennen läßt, desgleichen aus den gefundenen Okulistenstempeln, mit denen Ärzte ihre Augensalbe zu kennzeichnen pflegten. Die eigenartigsten Opfergaben sind jedoch die neun Modellhunde, von denen einer ein menschliches Antlitz trägt: Der Hund galt in der ganzen klassischen und keltischen Welt als Heilungssymbol, weil er seine eigenen Wunden durch Lecken heilt. Abbildungen von Pilgern mit Hunden finden sich in vielen gallischen Quellenheiligtümern, und im großen Tempel des griechischen Heilgottes Asklepios in Epidaurus (Peloponnes) wurden heilige Hunde gehalten.

Die Kultstätte von Lydney war mächtig und reich und zog eine wohlhabende Kundschaft an. Am interessantesten in unserem Zusammenhang ist der eindeutige Beweis, daß es mindestens einen Tempelpriester gab. Im 4. Jahrhundert n. Chr. stiftete ein gewisser Titus Flavius Senilis dem Nodens-Tempel einen mit einer Wasserszene verzierten Mosaikboden. Bezahlt wurde er von den Tempelpilgern; die Inschrift benennt auch den Beruf des Senilis: »Vorsteher der religiösen Riten«. Vielleicht trug er auch das vor Ort gefundene Bronzediadem, auf dem der Sonnengott auf einem Wagen abgebildet ist.

Dem Nodens geweihter Mosaikboden im Tempel von Lydney, England (Römerzeit). Stifter war Titus Flavius Senilis, ein Kultbeamter, dessen Name noch teilweise zu lesen ist.

(Oben) Holzgeschnitzter Kopf eines blinden Pilgers aus der Heilstätte der Göttin Sequana bei Dijon, 1. Jahrhundert v. Chr.

Bronzefigurine eines Jagdhundes; neun solche Hundebilder hatten Pilger in Lydney dem Nodens geweiht. Hunde waren in der klassischen und keltischen Religion ein Sinnbild der Heilung.

DIE EINFRIEDUNG HEILIGER STÄTTEN

Die große Eisenzeit-Hügelfestung von Dun Aengus in der Grafschaft Galway, Irland. Die Befestigungen können der Verteidigung gedient, aber auch einen religiösen Bezirk eingegrenzt haben.

IM ZUSAMMENHANG MIT Weihestätten interessiert uns besonders die rituelle Einfriedung, womit nicht bloß der umschlossene heilige Raum, sondern auch die Grabeneinfassung selbst gemeint ist. Das Heiligtum von Gournay-sur-Aronde (Oise-Region) war geradlinig umschlossen von einem Graben und Wall, die im 4. Jahrhundert v. Chr. gebaut und später mit einer Holzpalisade verschönert wurden. Der Schrein ist wegen des auf intensive rituelle Aktivitäten hindeutenden Beweismaterials von besonderem Interesse. Man hat dort über 2000 rituell zerbrochene Waffen ausgegraben, dazu vieles, was darauf hindeutet, daß unter komplizierten Zeremonien Tiere (und möglicherweise auch Menschen) geopfert wurden. Zwischen dem Schrein und den umgebenden Siedlungen muß eine enge Beziehung bestanden haben; daß von vielen Tieren nur ganz bestimmte Knochen gefunden wurden, läßt vermuten, daß Tieropfer oft in einiger Entfernung vom Heiligtum vollzogen wurden. Besonders wichtig war der Einfassungsgraben, denn dort wurden die Waffen und Knochen sorgfältig endgelagert. Der überdachte Holzbau in Gournay wurde erst Ende des 3. Jahrhunderts v. Chr. errichtet, und der Grenzgraben blieb offenbar bis 30 n. Chr. Kernpunkt der religiösen Aktivität. Die Stätte wurde zur Zeit der römischen Eroberung geschlossen, blieb aber heilig: Im 4. Jahrhundert n. Chr. wurde dort ein römisch-keltisches Tempelchen erbaut.

Gournay war keineswegs einmalig; auch die Gräben anderer heiliger Stätten im Oise-Gebiet enthielten ähnliche Depots. Im ganzen Eisenzeit-Europa wurden Weihestätten mit Einfassungsgräben und -wällen umgeben, die das Sakrale vom Profanen trennten, vielleicht aber auch selber heilig waren. Grenzen und Schwellen sind in vielen religiösen Traditionen von Bedeutung, so auch im Alten Testament und in den frühkeltischen Volkssagen. Das mag sogar der Grund sein, warum in den keltischen Sagen und in den Aussagen der Klassiker heilige Inseln an den Küsten Galliens und Britanniens eine so herausragende Rolle spielen und ihre Bedeutung bis in die frühchristliche Zeit behielten. Viele Eisenzeit-Tempel der späten vorrömischen Zeit standen auf Grenzen. Harlow zum Beispiel befand sich auf der Grenze zwischen den Katuvellaunern und Trovanten. Gournay stand zwar auf Bellovaker-Gebiet, aber ganz nahe der Grenze zu drei weiteren Stämmen – den Ambianern, Viromanduern und Suessionen.

Ihre Bedeutung bezogen Grenzen vielleicht daraus, daß sie zwei Welten zugleich trennten und vereinten – die Erde und das Übernatürliche. So wie Priester als Mittler zwischen Geistern und Menschen galten, mochten physische Grenzen den Kontakt mit göttlichen Mächten erleichtern helfen. Möglicherweise nahmen Priester sogar eine der gelehrten Schicht im mittelalterlichen Irland vergleichbare Grenzstellung ein. Auch der rituelle Wert von Mooren, Seen und Flüssen in der Eisenzeit mag mit Grenzräumen und vielleicht Übergängen von einer Welt zur andern zusammenhängen.

Brunnen und Schächte

Die vielversprechendsten Beweise für vorrömische rituelle Schächte lieferte Festlandeuropa. Die oft als Heiligtümer erachteten sogenannten »Viereckschanzen« enthalten oder überlagern manchmal tiefe Schächte. Einige Viereckschanzen mögen rituellen Zwecken gedient haben, aber das ist nicht eindeutig nachweisbar, und die ursprüngliche Interpretation der Anlage klassischen Typs in Holzhausen (Bayern) ist ernsthaft umstritten; angeblich soll es dort einen Schacht mit Spuren von Menschenopfern auf dem Grund gegeben haben. Aber die Viereckschanze von Fellbach-Schmiden bei Stuttgart besaß tatsächlich einen Brunnen, der zwar auch als solcher gedient haben muß, aber Holzfigurinen einschließlich eines schön geschnitzten Hirsches enthielt, die eindeutig religiösen Zwecken dienten; anhand der Jahresringe wurde festgestellt, daß die benutzte Eiche im Jahre 123 v. Chr. – also einiges vor der Römerzeit – gefällt worden war.

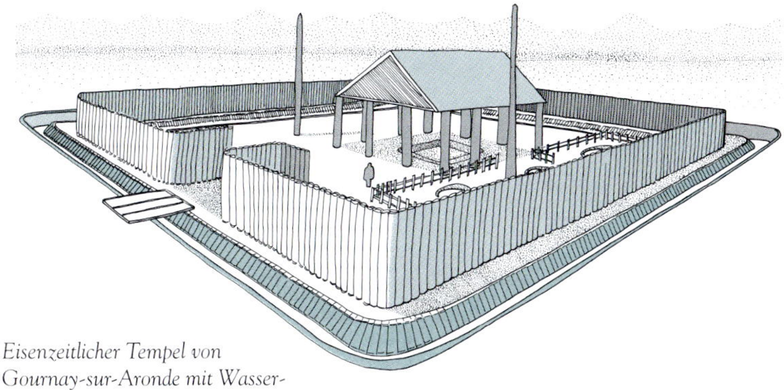

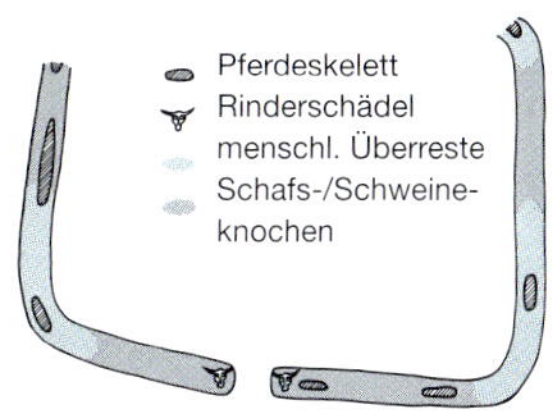

Eisenzeitlicher Tempel von Gournay-sur-Aronde mit Wassergraben, Palisade, Gruben und überdachtem Mittelbau, in dem die Hauptgrube lag, wo man die Kadaver geopferter Rinder verwesen ließ, bevor ihre Knochen im Wassergraben versenkt wurden. Das Diagramm des Grabens zeigt die Lage von Rinderschädeln (beidseits des Eingangs), Pferde-, Schafs- und Schweineknochen sowie menschlichen Überresten.

Die La-Tène-Anlage von Bliesbrück (Deutschland) enthielt über hundert tiefe Schächte, die mit Votivgaben gefüllt und entweder mit Baumstümpfen oder lebenden Bäumen umgeben waren (was an den auf S. 108 erwähnten künstlichen Hain von Lowbury Hill gemahnt).

In England datieren die meisten »rituellen« Schächte oder Brunnen aus der Römerzeit, mögen aber durchaus mit einheimischen Kulten zusammenhängen. Viele waren mit Schreinen verbunden. Das Rundheiligtum von Muntham Court in Sussex aus dem 1. Jahrhundert n. Chr. stand gegenüber einem 60 Meter tiefen Brunnen, der zahlreiche Skelette enthielt. Neben dem Tempel von Jordan Hill, Weymouth, befand sich ein Brunnen mit sehr seltsamem Inhalt, darunter sechzehn Paar Ziegel, zwischen denen jeweils ein Krähenskelett lag.

Die Idee, tief in die Erde gesenkte Schächte als Kultbrennpunkte zu benutzen, ist nicht auf das gemäßigte Eisenzeit-Europa beschränkt. Auch die klassische Welt kannte ihre (römischen) »mundi« und (griechischen) »bothroi« als Verbindung zur Geisterwelt. Da es für die Kelten in der Landschaft von übernatürlichen Kräften nur so wimmelte, könnte man sich denken, daß chthonische Geister unter der Erde gnädig gestimmt werden mußten, damit die oben lebenden Menschen schadlos blieben. Die britischen Hunde- und Krähenbeisetzungen könnten darauf hindeuten, daß beide im keltischen Mythos Symbole der Unterwelt darstellten.

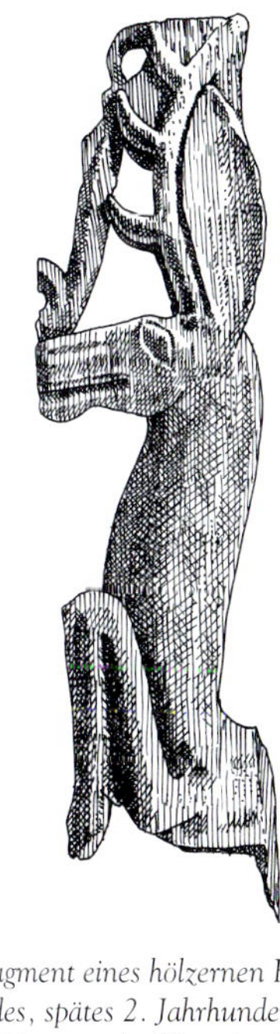

Fragment eines hölzernen Hirschbildes, spätes 2. Jahrhundert v. Chr., aus der Viereckschanze von Fellbach-Schmiden bei Stuttgart. Der Hirsch gehörte ursprünglich zu einer größeren Skulptur, auf der ein Mensch das Tier opfert.

VIII

Die Druiden in irischen Sagen

»Sodann sandte Medb die Druiden und Satiriker und rüden Barden zu Fer Diad, auf daß sie ihm drei Satiren vorhielten, ihn mit drei Schmähreden anwürfen und ihm die drei Pusteln Schande, Makel und Ehrlosigkeit ins Gesicht trieben, so daß er vor Ablauf von neun Tagen stürbe, wenn er nicht gleich erliege.«

Aus der *Táin Bó Cuailnge*

In Irland sind Druiden vor allem in zwei Arten der Frühliteratur nachgewiesen. Die eine besteht aus Texten in irischer Volkssprache wie etwa dem Ulster-, dem Mythologischen und dem Fen-Zyklus. Die andere sind die *Vitae* früher irischer Heiliger wie Patrick und Brigid. Beide wurden zwischen dem 7. und 12. Jahrhundert n. Chr. in christlichen Klöstern niedergeschrieben oder verfaßt. Das heidnische Druidensystem in den Sagentexten gleicht im wesentlichen dem von klassischen Autoren wie Cäsar beschriebenen. Viele Gelehrte sind der Meinung, diese Quellen enthielten wahre Berichte über vorchristliche Glaubensideen und -handlungen, obwohl Irland zur Zeit ihrer Niederschrift schon durch und durch christlich war. Andere warten mit dem (für mich wenig überzeugenden) Gegenargument auf, die mittelalterliche Klosterliteratur sei keine verläßliche Darstellung des vorchristlichen Druidentums, sondern weitgehend erfunden.

Wie oft in solchen Fällen liegt die Wahrheit irgendwo in der Mitte. Die Mythen müssen als sehr anachronistisch angesehen werden, doch können in ihnen durchaus Spuren des vorchristlichen Heidentums nachhallen, die in der mündlichen Überlieferung noch lebendig waren und nun niedergeschrieben wurden.

Luftaufnahme des Königssitzes Tara, Irland. Dort befinden sich die mittelalterlichen »Dinnschenchas« als heilige Stätte der rituellen Amtseinführung der Hochkönige von Irland. Tara hat seit den ersten Anfängen im Neolithikum beständig eine rituelle Rolle gespielt.

Die gebildete Klasse

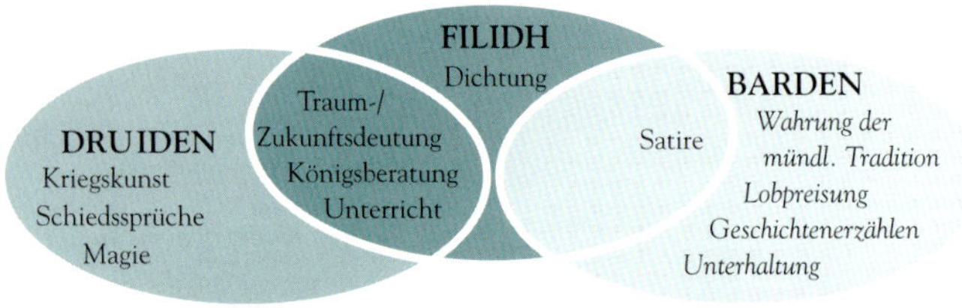

Etwa im 7. Jahrhundert n. Chr. hatten die Filidh in Irland viele Druidenfunktionen übernommen. Darüber hinaus erfüllten sie im Mittelalter auch viele frühere Aufgaben der Barden.

»Bei allen Kelten gibts überall drei Stände vorzüglich geehrter Männer, die Barden, die Weissager und die Dryiden.«
Strabon, *Erdbeschreibung*, 4,4,4

Bronzeschale aus Keshcarrigan, Irland (Eisenzeit). Das im Shannon gefundene Gefäß mit vogelkopfförmigem Griff war sehr wertvoll und diente vielleicht zeremoniellen Zwecken.

Den irischen Quellen zufolge bestand die gebildete Schicht aus drei Untergruppen – Druiden, Barden und Seher (»Druí«, »Baird« und »Filidh«) – mit unterschiedlichen, aber manchmal ineinander übergehenden Aufgaben. Diese Dreiteilung entspricht exakt jener, die Klassiker wie Strabon beschrieben.

Druiden, Barden und Filidh in der irischen Gesellschaft

In Irland scheinen den drei Gruppen gewisse Aufgaben und Handlungen gemeinsam oblegen zu haben. So waren die Barden vor allem Sänger, Lobesdichter und Satiriker, aber die beiden letzteren Aufgaben fielen auch den Filidh zu. Desgleichen nahmen die Druiden gewisse Pflichten gemeinsam mit den Filidh wahr, insbesondere Weissagung und Lehre. Beide benötigten für die volle Beherrschung ihrer Kunst ein jahrelanges Training. Die Ausbildung der Druiden dauerte Cäsar zufolge zwanzig, die der Filidh nach den Inselquellen zwölf Jahre.

Den stärksten politischen Einfluß übten wohl die Druiden aus. Auf sie hörten die Herrschenden, und wegen ihrer prophetischen Gabe wurde vor jeder wichtigen Unternehmung ihr Rat eingeholt. Sie waren die Mittler zwischen König und Geisterwelt. Desgleichen übten sie Macht durch »gessa« aus – göttliche Befehle oder Verbote, mit denen sie die Herrscher in Schach hielten.

Als im christlichen Irland das alte heidnische System an Boden verlor, scheint auch der Einfluß der Druiden allmählich verschwunden zu sein. Die Filidh indes blieben stark und übernahmen viele vormals druidische Aufgaben, vor allem die Weissagung. Ihre politische Macht zerfiel endgültig erst mit der Machtübernahme in Irland durch die Briten im 17. Jahrhundert.

Die Macht des Wortes

Ein in der irischen Literatur stets wiederkehrendes Thema ist die Macht des Wortes – ob in Lobgesang, Satire oder Weissagung. Den Stimmen und Äußerungen der Barden und Filidh wohnte magische Kraft inne, und die mittelalterlichen Dichter Irlands sahen sich als Nachfahren der Druiden und Poeten der frühen Sagen. Zu ihnen zählte Amairgin, den der Mythologische Zyklus zu den Gälen oder Kelten rechnet, die in der letzten vieler mythischer Invasionen Irland kolonisierten, nachdem sie die göttlichen Tuatha Dé Danann abgesetzt hatten.

Amairgan bedeutet »Wunderbarer Mund«. Beim Betreten des Landes soll er das Gedicht »Anrufung Irlands« gesungen haben. Darin rühmte er die Weisheit, mit der die Kelten die früheren Bewohner besiegt hätten.

Worte konnten aber auch verwunden. Oft wird beschrieben, welche physische Verstümmelungen die Giftzunge des Satirikers anrichten konnte, dessen Bannstrahl in vielem ebenso wirksam war wie im Mittelalter der Kirchenbann. Nachstehend ein Auszug aus einem Gedicht des führenden Poeten Irlands (15. Jhdt.), der sich entrüstet, weil jemand seine Felder verbrannt hatte:

»Noch eh' meiner Wut Wogen deine Wangen entflammt, warne ich dich vor mir, und litte ich selbst darob Schaden [...]«

»Möcht' auch dein hübsches Gesicht als Folge deiner Untat verkohlen, so ist's doch nicht recht, menschliches Antlitz um des schrecklich auf den Feldern lohenden Korns willen zu röten ...«

(Oben) Die Macht der Satire: Ein irischer Barde sprüht seinem Opfer satirische Poesie ins Gesicht.

In der irischen Sagenliteratur erscheinen die Druiden religiös wie politisch ungemein machtvoll und einflußreich. Die Beschreibung ihres Tuns und Lassens deutet auf eine enge Verbindung zu den Königen hin, und die Druiden scheinen genauso wichtig wie diese gewesen zu sein, wenn nicht wichtiger. Wieder und wieder erfahren wir, wie die beratenden Druiden ihren König vor bestimmten Aktionen warnen und unmäßiges Verhalten tadeln. Sie waren die Mittler zwischen Gott und der irdischen Macht, und da sie die Zukunft vorhersagen konnten, brauchten die Könige für ihr politisches Vorgehen den Rat der Druiden.

Bei näherer Betrachtung stellen wir eine geradezu unheimliche Ähnlichkeit dieser irischen Druiden mit den warnenden Propheten des Alten Testaments fest, vor allem mit Samuel und Nathan, über die Gott (nicht immer erfolgreich) das Vorgehen Sauls und Davids zu lenken suchte. Samuel wie Nathan bedienten sich der Zukunftsdeutung, um den göttlichen Willen zu ergründen. Die negative, etwas düstere Haltung dieser Propheten zu ihren Königen erinnert an irische Druiden wie Cathbadh von Ulster.

Finn und die Druiden: Gut und Böse

Held des Fen-Zyklus (12. Jahrhundert) ist Finn, Führer der Fianna, einer Kriegerbande, die als königliche Garde fungierte. Die Geschichten über ihn passen in unseren Zusammenhang, weil in ihnen sowohl wohltätige als auch böse Druiden vorkommen.

Finn wird als Säugling von seiner Mutter Muirna zwei Sklavinnen – einer Druidin und einer weisen Frau – anvertraut, die ihn als ihren Pflegesohn aufziehen. Sie hüten und beraten ihn und bringen ihm die Kriegskunst bei.

In einer Episode über seine wachsenden übernatürlichen Kräfte begibt sich der junge Held zum Barden Finnegas, um die Kunst der Poesie zu erlernen, und durch ihn erlangt er die Gabe der Weissagung und der Klugheit. Bei ihrer ersten Begegnung hat Finnegas gerade den »Salm der Weisheit« gefangen, nach dem er sieben Jahre lang in einem Teich gefischt hat. Finnegas läßt Finn den Salm kochen, und dabei verbrennt sich der Junge am heißen Fisch den Daumen. Er lutscht daran und saugt so das ganze Wissen des Lachses in sich hinein. Obwohl Finnegas nicht als Druide, sondern als Barde dargestellt wird, sind ihm doch viele üblicherweise mit dem Druidentum verbundene Merkmale eigen.

Die Tabus des Königs Conaire

»Denn er [Conaire] übernahm die Herrschaft von seinem Vater, und Ninión der Druide sagte, dies seien seine Gebote:
1. Er soll nie die neunte Nacht außerhalb Taras verbringen.
2. Es soll in seinem Reich keine Räuberei stattfinden.
3. Er soll kein Plündern zulassen.
4. Er soll nicht zum Streit zweier Knechte von Túathmaugain hinlaufen.
5. Er soll in keinem Haus übernachten, dessen Feuer nach Sonnenuntergang nach außen strahlt.
Aus Togail Bruiden Da Derga

(Oben) Der Druide Mog Ruith trug ein Vogelkleid und benutzte ein Stierfell zur Zukunftsdeutung.

Die Mythensage Togail Bruiden Da Derga (Die Zerstörung von Da Dergas Halle) wurde hauptsächlich im 11. Jahrhundert zusammengestellt und basiert auf zwei früheren Versionen aus dem 9. Jahrhundert. Die Ge- oder Verbote (irisch: »geis/gessa«) waren den irischen Königen oder Helden auferlegte »Tabus«. Ihrer Art nach erinnern sie sehr an die Zehn Gebote. Das »geis« gehörte zur Konvention der Erzähler und nahm das fast unausweichliche Brechen des Tabus mit der Katastrophe als Folge vorweg. Es hing jedoch auch mit Zukunfts- und Schicksalsdeutung und der Wahrung der heiligen Ordnung zusammen. Die Taten des Königs waren eng mit dem Geschick Irlands verknüpft; tat er Böses, litt Irland. Conaire verstieß gegen mehrere »gessa« und kam darum um.

Eine Version legt die Gebote für Conaire einem gewissen Nemglan in den Mund – einem »Vogelmann«, vielleicht, weil Vögeln (vor allem Raben) prophetische Kräfte zugeschrieben wurden oder eine schamanenhafte Verwandlung stattgefunden hatte. Eine andere irische Sage – Die Belagerung von Druim Damghaire – verbindet ebenfalls Druiden mit Vögeln. Der Druide Mog Ruith, der nach Belieben Stürme auslösen konnte, trug ein geflecktes Vogelkleid und verwendete bei seinen Zauberriten ein Stierfell.

Eine zentrale Geschichte über Finn handelt von einer finsteren Gestalt, die »Schwarzer Druide« genannt wird. Eines Tages begegnet Finn auf der Jagd einer jungen Frau in Rehgestalt; ihr Name ist Sava. Der Druide hat sie durch bösen Zauber verwandelt, weil sie ihm die kalte Schulter gezeigt hat. Finn vermag – wenigstens zeitweilig – den Zauber zu lösen und heiratet sie. Sava schenkt ihm einen Sohn namens Oisin (»Kleiner Hirsch«), der engen Umgang mit Hirschen pflegt und sich möglicherweise selbst in einen verwandeln kann. Finn findet den Jungen verlassen in

Bronzefigurine einer Hirschkuh (3. Jhdt. v. Chr.) aus Rákos Csongrád, Ungarn. Sava, die Frau des Irenhelden Finn, wurde von einem Druiden in ein Reh verwandelt.

Finn und der Salm der Weisheit, den der Barde Finnegas kochte und dessen Fleischgeschmack dem Knaben unendliche Weisheit bescherte. Finn wurde von einer Druidin und einer Seherin aufgezogen.

der Wildnis, nachdem sich der unerwünschte Freier dessen Mutter zurückgeholt hat.

Partholón und die Eindringlinge in Irland

In den irischen Sagen ist von der Weisheit und der prophetischen Gabe der Druiden oft die Rede. Das *Book of Invasions*, ein Bericht über mehrere sagenhafte Kolonisierungen Irlands, erzählt von Partholón, dem Anführer des ersten Einfalls nach der großen Flut. Er wird von seiner Familie und seinem ganzen Anhang begleitet, zu dem auch drei Druiden gehören, deren bloße Namen Fiss (Klugheit), Tath (Wissen) und Fochmarc (Neugier) sie als Gelehrte ausweisen.

Eine weitere Invasorengruppe, die göttlichen Tuatha Dé Danann (Volk der Göttin Danu), hängt eng mit druidischer Magie zusammen. Es wird berichtet, sie seien in dunklen Wolken nach Irland gereist, um sich vor den dämonischen Fomorern zu verbergen, die das Land besetzt hielten. Als die nächsten und letzten Eindringlinge, die Gälen, ankommen, beschwören die Druiden der Tuatha Dé Danann Stürme herauf, um sie zurückzuschlagen, aber vergebens – die Magie der Eindringlinge ist stärker.

Die Gälen (Kelten) brachten ihre eigenen Druiden mit nach Irland, und zwischen ihnen und den schon anwesenden kam es zu Spannungen. Der Sage nach entzündete einer der Neuankömmlinge, ein Druide namens Mide, das erste Druidenfeuer in Irlan bei Uisneach in der Grafschaft Mead. Das Feuer lohte sieben Jahre lang, und alle anderen Feuer Irlands wurden an ihm entzündet. Mide und seine Nachfolger wollten von jedem Haushalt ein Schwein und einen Sack Mais haben. Als die einheimischen Druiden protestierten, schnitt ihnen Mide die Zungen heraus und verbrannte sie. Vermutlich paßte die Strafe zu dem Verbrechen, denn die ganze Macht der Druiden lag in der Rede. Da sie fortan weder lehren, warnen, beraten, überreden noch die Zukunft vorhersagen konnten, waren Mides druidische Opfer so gut wie tot.

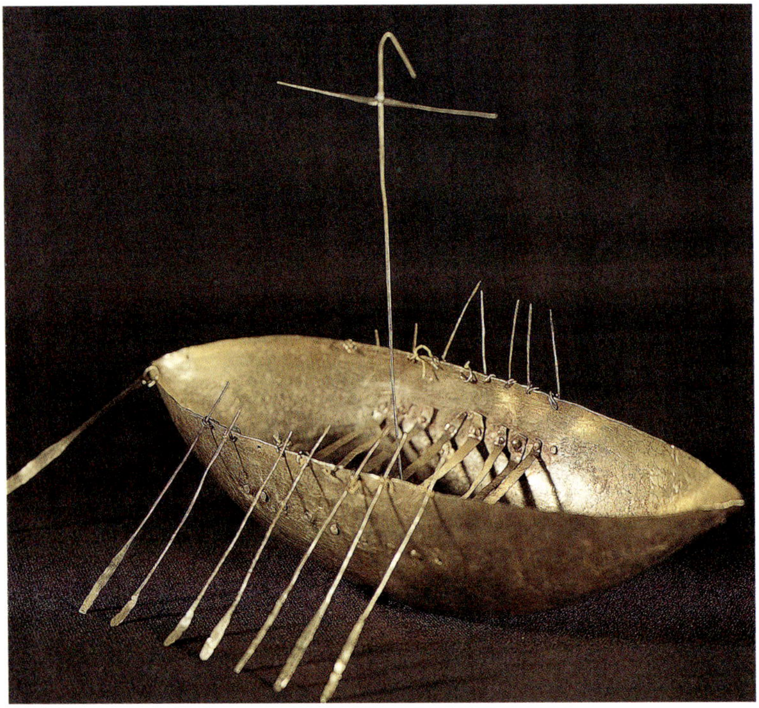

Goldenes Bootsmodell samt Bänken, Rudern und Mast; aus einem Goldhort in Broighter, Irland, Ende des 1. Jahrhunderts v. Chr. Nach altirischem Mythos sollen die ersten Kelten von Spanien nach Irland gesegelt sein.

GESTALTWANDLER

In einer Episode der Táin über den Konflikt zwischen Ulster und Connacht wird ausdrücklich gesagt, die irischen Druiden hätten ihre Gestalt beliebig wechseln können:

»Dann kamen die sanftmündigen Harfenspieler von Cáin Blinn aus dem roten Wasserfall Es Ruaid, um den Gastgeber zu verzaubern. Doch man hielt einige für Spione von Ulster und jagte ihnen nach, bis sie als Rehe in die Steine von Liac Mór entflohen, denn sie waren kenntnisreiche Druiden« (aus der Táin).

(Rechts) »Grania befragt den Druiden«, aus The Pursuit of Diarmid *von Andrew Lang; handkolorierte Illustration von Henry Justice Ford (um 1902). Nach irischer Sage war Grania (oder Grainne) mit dem alternden Finn verlobt und verliebte sich am Vorabend der Hochzeit in Diarmid. Die beiden flohen vor Finns Zorn und riefen den Liebesgott Oenghus zu Hilfe, der den nachjagenden Finn austrickste, indem er Diarmids Gestalt annahm. Am Ende verzeiht Finn dem Liebespaar zwar, sinnt aber weiter auf Rache und führt schließlich den Tod des Rivalen herbei, indem er ihn zur Jagd auf einen verwunschenen Eber einlädt, dessen giftige Borsten Diarmid dann tödlich verwunden.*

Cathbadh von Ulster

»Der Junge Conchobar wurde von Cathbadh erzogen und galt als Cathbadhs Sohn.«
Aus der *Táin*

Im Zentrum des frühmittelalterlichen Ulster-Zyklus steht die *Táin Bó Cuailnge* (»Der Rinderraub von Cooley«). Eine der Hauptgestalten ist der Druide Cathbadh, ein Mann von gewaltigem Einfluß, Hofdruide und Vater oder Pflegevater des Königs Conchobar von Ulster. Cathbadhs Wesen ist schillernd. Bevor er Hofdruide wurde, hat er eine vagabundierende Kriegerbande (Finna) angeführt. Eine weitere *Táin*-Episode, in der er sich mit der Bewaffnung junger Helden beschäftigt, zeigt sein anhaltendes Interesse an der Kriegskunst.

Cú Chulainn. Diese 1916 von Oliver Shepherd geschaffene Bronzeskulptur im Dubliner Hauptpostamt zeigt den Tod des Ulster-Helden. Als Cú Chulainn das Ende nahen spürte, band er sich an einen Baum, damit ihn seine Feinde nicht fallen sahen; auf seiner Schulter sitzt die Raben-Todesgöttin Badhbh oder Morrigán.

Cathbadh ist nicht nur Conchobars Berater, sondern wirkt auch als Lehrer. In der *Táin* heißt es, er habe in einer Schule bei der Königsfestung Emain Macha junge Adlige in Druidenkünsten wie der Deutung von Omen und Vorzeichen unterrichtet.

Cú Chulainns Verhängnis

»Cathbadh der Druide wohnte bei seinem Sohn Conchobar mac Nessa. Einhundert Lernbegierige lernten Druidenkünste bei ihm – immer lehrte er diese Anzahl Schüler. Einmal fragte ihn einer, wofür dieser Tag günstig sei. Cathbadh sagte, der Name eines Kriegers, der sich an diesem Tag erstmals rüste, werde in Irland auf immer für mächtige Taten stehen, und Erzählungen über ihn hielten sich ewig. Aber Cathbadh fügt unheilverkündend hinzu: ›Wer sich heute zum ersten Mal wappnet, wird Ruhm und Größe erreichen. Doch sein Leben wird kurz sein.‹
Dies hört auch Cú Chulainn, damals noch ein Knabe, der jedoch Ulsters größter Held werden sollte. Als er die Worte des Druiden hört, verlangt er sofort Waffen von König Conchobar.
›Wonach verlangt dich, Knabe?‹ sagte Conchobar.
›Waffen‹, erwiderte dieser.
›Wer riet dir dazu?‹ sagte Conchobar.
›Cathbadh der Druide‹, sagte der Kleine.
›Der würde dich nicht täuschen‹, sagte Conchobar.«
Aus der *Táin*

Nachdem Cú Chulainn alle Waffen zerbrochen hat, die man ihm gibt, akzeptiert er schließlich des Königs eigene Ausrüstung.

Cú Chulainn erfüllt Cathbadhs Prophezeiung. Er erlangt übermenschliche Kraft, Tapferkeit und Schönheit und erringt viele Siege über die Feinde Ulsters. Doch er stirbt an den Ränken und dem Zauber von Medb, der Kriegerkönigin von Connacht und Cú Chulainns bitterster Feindin. Vergeblich versuchen Cathbadh und die anderen Königsdruiden Cú Chulainns Verhängnis abzuwehren, denn Medbs Kräfte sind stärker. Sie nimmt Cailitíns Kinder in ihren Dienst und unterrichtet sie in der Hexenkunst, um den Helden in den Tod zu locken. Die Hexen und Zauberer beschwören Illusionen erbitterter Schlachten herauf, in die sich Cú Chulainn einmischen will. Die Druiden und Ulster-Mannen versuchen, den verführerischen Schlachtenlärm mit Geheul zu übertönen; dennoch erliegt Cú Chulainn der Täuschung.

Das Ende des Helden trägt klare Züge druidischen Zaubers: Als die Feinde nahen, trifft er auf drei Druiden, deren jeder sich einen von Cú Chulainns drei Speeren erbittet. Einem Druiden etwas abzuschlagen brachte Unglück, und ohnehin drohen sie, ihn und Ulster mit Schmähungen zu entehren. Zweimal schleudert Cú Chulainn einen Speer und tötet damit jedesmal einen der Druiden. Den dritten Speer aber fängt der Krieger Lugaid auf, wirft ihn zurück zu Cú Chulainn und bringt ihn dabei um.

Deirdre und Conchobar

Die Erzählung »Deirdre aller Kümmernis« erscheint in einem Text aus dem 9. Jahrhundert und ging später als Vorspann zum Táin in den Ulster-Zyklus ein. In ihr wird Cathbadh als so machtvoll geschildert, daß er Deirdres Identität und Zukunft noch vor ihrer Geburt vorhersagen konnte.

Bei einer Versammlung, bei der der Hofdichter Fedlimid, Conchobar, Cathbadh und andere Edle zugegen sind, trägt Fedlimids schwangere Frau die Speisen und den Wein auf. Wie die Männer nun reden, tut das Ungeborene plötzlich einen lauten Schrei. Erschreckt bittet die Frau den Druiden, ihr das Geschehnis zu erklären:

»Sie wandte sich zerstreut an den Seher Cathbadh: ›Schöner Cathbadh, höre, Prinz, Reiner, edle Krone, in druidischer Magie erfahren . . .‹«

Cathbadh legt die Hand auf ihren Leib und prophezeit, das Kind werde ein Mädchen namens Deirdre und so schön sein, daß sie Verderben über Ulster bringen werde:

»Dann wurde die Tochter geboren und Cathbadh sagte: ›Viel Schaden, Deirdriu, wird deinem hohen Ruhm und schönen Antlitz folgen: Ulsters Qualen in deiner Zeit, spröde Tochter des Fedlimid . . .‹«

Der Druide behält recht. Trotz der Forderung seiner Edlen, das Kind zu töten, läßt es der König insgeheim aufziehen und gelobt, die liebreizende Maid zu ehelichen, sobald sie großjährig ist. Doch Deirdre hat anderes im Sinn: Sie verliebt sich in einen hübschen Jungen namens Naoise und flieht mit ihm nach Schottland. Conchobar sendet ihnen sein Pardon, doch das ist ein heimtückischer Trick, und als die Liebenden nach Emain Macha heimkehren, läßt er sie umbringen. Entrüstet ob dieser ehrlosen Tat desertieren drei gewaltige Ulster-Krieger – Cormac, Ferghus und Conall Cernach – ins feindliche Connacht. Im darauf folgenden langen und erbitterten Kampf der beiden Provinzen erleiden Connacht und das durch die Fahnenflucht seiner Helden sehr geschwächte Ulster so große Verluste, daß sie beinahe ausgelöscht werden.

(Oben links) Der Druide Cathbadh sagt voraus, das ungeborene Kind Fedlimids werde Unheil über die Mannen von Ulster bringen.

(Links) »Deirdre aller Kümmernis«, Zeichnung von John Duncan (1866–1945), um 1900. Die junge Deirdre beweint ihren Geliebten Naoise und seine zwei Brüder.

»›Es erscheint mir als Wunder‹, sagte Bres zu seinen Druiden, ›daß die Sonne heute im Westen, an allen anderen Tagen aber im Osten aufgeht.‹ ›Für uns wäre es besser, wenn sich dem so verhielte‹, erwiderten die Druiden. ›Was anders kann es also sein?‹ fragte Bres. ›Es strahlt das Gesicht des Lugh vom Langen Arm‹, sagten sie.«

Aus *Das Schicksal der Kinder Tuirenns*

DIESE PASSAGE STAMMT aus dem Bericht über eine mythische Schlacht zwischen der göttlichen Rasse Irlands, den Tuatha Dé Danann, und den ansässigen Dämonen, den Fomorern. Bres ist König der Fomorer, und seine Druiden warnen ihn, sich Lugh, dem neuen Vorkämpfer der Tuatha Dé Danann, zu nähern, denn dieser werde ihn besiegen und die Autorität der Götter durchsetzen.

Die Verbindung von Königtum und Geisterwelt durchzieht die Inselsagen wie ein roter Faden, wobei die Druiden als Mittler tätig sind. Bei der Auswahl eines neuen Königs mußte göttlicher Rat erbeten werden, und die Deutung der Omen durch die Druiden gab den Ausschlag.

Die geheiligte Übertragung der Königswürde

War ein möglicher Bewerber für die Königswürde ausgesucht, hatte er eine Reihe von Prüfungen und Gottesurteilen zu bestehen. Er mußte den Königsmantel überstreifen, der bei mangelnder

Goldener Halsreif aus einem Goldhort des 1. Jahrhunderts v. Chr. aus Broighter, Irland. Halsreife symbolisierten wahrscheinlich hohen, vielleicht sogar königlichen Rang.

DAS STIER-SCHLAFEN

Ein prophetisches Ritual namens »Tarbhfhess« (»Stier-Schlafen« oder »Stier-Mahl«) kommt mehrfach in Sagen vor. Dabei wurde ein Stier geopfert, und ein Mann mußte das gekochte Fleisch essen und die Brühe trinken. Hatte er sich satt gegessen, legte er sich unter den Gesängen von vier Druiden schlafen, und der nächste rechtmäßige König von Tara erschien ihm im Traum. Nach dem Erwachen erzählte er den Druiden den Traum. Offenbar konnten sie feststellen, ob der Träumer die Wahrheit sprach.

Das »Tarbhfhess« kommt auch in der Sage von Da Dergas Halle vor. Wie in anderen Schilderungen dieses Rituals wird auch hier das Imperfekt benutzt, um anzudeuten, daß es die Zeremonie schon vor der Erzählung gab.

Das »Tarbhfhess« ist nicht nur wegen der Heiligkeit des Königtums, sondern auch wegen des Stiers selbst von Interesse. Vieh galt im frühen Irland als Zeichen von Reichtum und Rang; die Táin dreht sich um zwei übernatürliche Stiere, den Donn (»braunen« Stier) von Ulster und den Findbennach (»weißhörnigen« Stier) von Connacht.

Stieropfer sind im keltischen Europa häufig belegt. So wurden beispielsweise im französischen Gournay in einem sehr komplizierten Ritual ältere Stiere und Ochsen geschlachtet; man ließ sie verwesen und legte dann die Knochen in den Einfriedungsgraben.

»Tarbhfhess« oder »Stier-Schlafen«: Die irische Sage kennt ein Ritual mit vier Druiden, bei dem mit Hilfe eines geopferten Stiers der rechtmäßige neue König vorhergesagt wurde.

Der Fál-Stein von Tara, eine Säule, die angeblich aufschrie, wenn sie der rechtmäßige nächste König berührte.

Eignung zu groß war. Der königliche Streitwagen warf Unwürdige ab, und zwei große Steine mit nur einem schmalen Spalt dazwischen öffneten sich, um den Wagen des legitimen Königs durchzulassen. Der Stein von Fál schließlich, der als einer der vier Zaubertalismane der Tuatha Dé Danann nach Tara gebracht worden war, kreischte gellend, wenn ihn der richtige Anwärter berührte. Der Hochkönig Conn von den Hundert Schlachten trat auf den Stein, der daraufhin mehrmals aufheulte. Diese Schreie wurden von den Druiden als Symbol der Zahl seiner Nachkommen ausgelegt, die Irland als Könige regieren würden.

Die irische Königswürde war in einer weitgespannten Familie, der vier Generationen umfassenden »derbhfhine«, erblich. Da die Königswürde heilig war, umgaben umfangreiche Riten die Einführung eines neuen Herrschers. Neugewählte Könige wohnten dem »Feis Temhra« (dem Festmahl von Tara) bei, das die neue Herrschaft besiegelte.

Die Göttin der Souveränität

Die Einführung des Königs hieß manchmal »banais ríghi«, Hochzeitsmahl der Königswürde, weil diese eine heilige Gabe war und die rituelle Vermählung von König und Königreich voraussetzte. Diese Vereinigung von Herrscher und Land galt als symbolische Hochzeit eines sterblichen Königs mit der Göttin der Souveränität, die Irland selbst verkörperte. So stark war das Band, daß das Verhalten des Königs unmittelbar auf den Wohlstand des Landes zurückwirkte. War er gerecht und großzügig, erblühte sein Reich, war er aber gemein oder unehrenhaft, ging es mit Irland bergab.

Deutlich zeigt sich diese Verbindung in der Sage vom geizigen König Bres im *Book of Invasions*. Cairpré, Barde oder Druide der Tuatha Dé Danann, schleudert eine Zaubersatire gegen ihn – die erste je in Irland gehörte. Ihre Worte sind so

Die Legende von der weissen Stute

Giraldus Cambrensis beschrieb 1185 in seiner Topographia Hibernica *ein Inaugurationsritual, das die Vereinigung des Ulster-Königs mit der Hoheitsgöttin symbolisierte. Der Bericht ist besonders interessant, weil hier die Göttin als Pferd erscheint. Der König spielte den Part eines Hengstes und tat so, als wohne er einer weißen Stute bei. Diese wurde dann geschlachtet und das Fleisch in einem Kessel gekocht. Der zukünftige König setzte sich in das Gefäß und aß und trank sich an Fleisch und Brühe satt.*

Die Symbolik ist komplex, doch scheint die Stute zu versinnbildlichen, wie sich Irland mit dem König rituell vermählt. Die Darstellung Irlands als Stute ist aufschlußreich, denn die irische Hoheitsgöttin Macha hatte eine enge Verbindung zu Pferden. Eine der populärsten heidnischen Keltengöttinnen der Römerzeit war die Pferdegöttin Epona, die man mit Fruchtbarkeit und Wohlstand verband.

(Oben) Tonscherbe mit weißem Roß; (unten) Steinrelief der keltischen Pferdegöttin Epona.

Steinrelief einer Göttin mit Speer und Eimer aus Lemington, England, der Königin-Göttin »Dea Rügina« geweiht, welche die im irischen Mythos so wichtige Hoheitsgöttin sein könnte.

(Oben) Inneres des Megalithengrabs von Newgrange, Irland (etwa 3100 v. Chr.). Neolithische Gräber gingen in spätere irische Sagen als »sídhe« – Jenseitswohnungen der Götter – ein.

»Kein Fleisch auf dem Teller,
Keine Milch der Kühe;
Keine Herberge Zuspätkommenden;
Kein Geld den Minnesängern:
Möge Bres erfreuen, was er anderen gibt!«

Aus dem *Book of Invasions*

Lugh und die Druiden

Als der übernatürliche junge Held Lugh in Nuadus Königssitz Tara ankommt, stellt er sich ans Tor und redet in der Hoffnung, zum Hofe der Tuatha Dé Danann zugelassen zu werden, von seinen vielen Heldentaten. Interessant ist Lughs Behauptung:

»›Ich bin Hexer‹, sagte Lugh. ›Wollen wir keinen. Wir haben zahllose Hexer und Druiden.‹«

Aus dem *Book of Invasions*

Später akzeptieren die Tuatha Dé Danann Lugh als Vorkämpfer gegen die dämonischen Fomorer (die Ureinwohner Irlands). Als sie diese besiegt und ihren König Bres gefangengenommen haben, fleht der Herrscher um sein Leben:

»›Welch' Lösegeld zahlst du?‹ fragte Lugh. ›Ich garantiere, daß die Kühe Irlands immer Milch geben‹, versprach Bres. Doch erst beriet Lugh sich mit den Druiden. ›Was bringt's‹, sagten diese, ›wenn Bres nicht auch das Leben der Kühe verlängert?‹«

(Rechts) Bronzekopf einer Himmelsgottheit; aus einem in Norfolk gefundenen Bronzehort. Lugh bedeutet Gott des Lichts.

mächtig, daß auf dem Gesicht des Königs rote Pusteln ausbrechen. Da aber eine der Regeln des Königtums lautete, der Herrscher dürfe nicht verunstaltet sein, wird Bres abgesetzt.

Die Druiden und die Könige

Die obige Geschichte von Cathbadh bezeugt, wie eng Könige und Druiden in den irischen Sagen zusammenhingen. Der Hofdruide war der politische und religiöse Ratgeber des Königs und stets zugegen, um aus Omen und magischen Ereignissen den göttlichen Willen zu deuten. Die Macht der Druiden war gewaltig; in einer Erzählung heißt es, König Conchobar habe bei amtlichen Anlässen erst reden dürfen, wenn ihn zuvor einer seiner drei Druiden angesprochen habe. Vielleicht haben die Mönche hier etwas übertrieben, aber die Geschichte dürfte auf die wichtige Rolle der Druiden verweisen. Häufig befragte der König

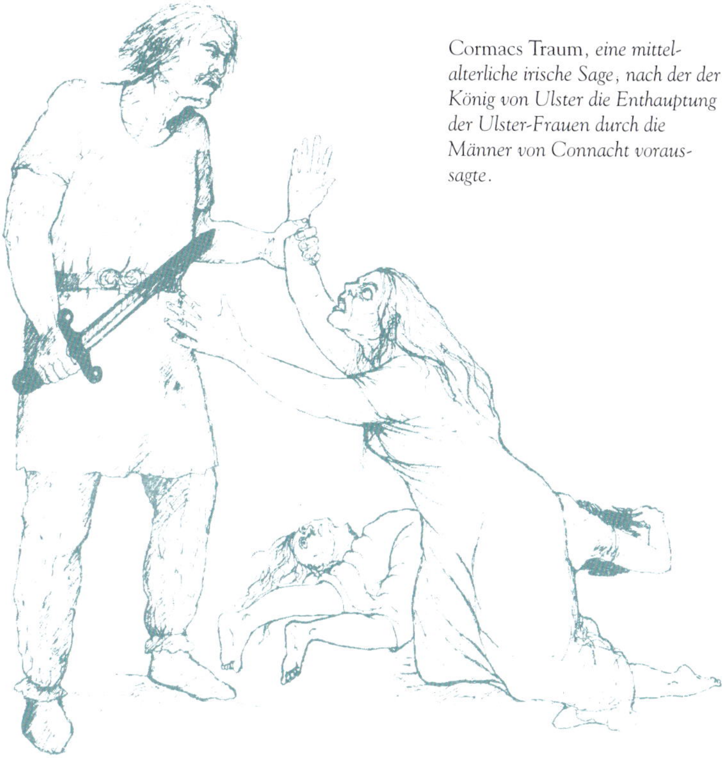

Cormacs Traum, *eine mittelalterliche irische Sage, nach der der König von Ulster die Enthauptung der Ulster-Frauen durch die Männer von Connacht voraussagte.*

seinen Druiden, wie ein bestimmter Traum zu verstehen sei, wie das Geschick des Herrschers aussehe oder wer seinen Thron erben werde.

In *Cormacs Traum* sieht König Cormac von Ulster in einem schrecklichen Traum, wie seine Frau die Ehe bricht und die Männer von Connacht die Frauen von Ulster köpfen. Beim Erwachen läßt er seinen Druiden Melchend den Traum deuten. Dieser bestätigt, daß die Voraussage eintreffen werde.

Als Cormac (die Erzählung heißt *Bruiden Da Choca*) die Königswürde von Ulster angeboten wird und er sie annimmt, erfährt er von dem Druiden Cathbadh, welche »gessa« ihm aufgetragen seien. Wie schon König Conaire (S. 125) bricht auch er die göttlichen Weisungen und stirbt vorzeitig.

Eine Erzählung, die bis ins 5. Jahrhundert n. Chr. zurückdatiert, enthält den Ursprungsmythos der Dynastie von König Niall. In einer Episode befragt Nialls Neffe Dáithi, König von Irland, während des Samhain-Festes die Druiden nach seiner Zukunft. Der Oberdruide Dogra bringt ihn nach Rath Achaill (Grafschaft Slingo), wo die Druidenaltäre stehen. Bei Sonnenaufgang betritt er den Raum, in dem Dáithi schläft, und verkündet seinen Spruch: Dáithi solle nach Tara zurückkehren, eine Versammlung der Provinzkönige einberufen und sich zu einer Expedition nach Schottland, England und Frankreich rüsten. Den interessantesten Teil bildet Dogras rätselhafte Feststellung, er habe »die Wolken der Männer von Erinn« befragt. Er könnte also mit den Tuatha Dé Danann geredet haben, die nach der Verjagung durch die Kelten in der Geisterwelt wohnten; einem Bericht über den Einfall der Tuatha Dé Danann in Irland zufolge reisten diese in Wolken.

In der Erzählung *Cóir Anmann* wird König Dáire von Irland geweissagt, ein Sohn namens Lugaid werde sein Nachfolger sein. Daraufhin gibt Dáire allen fünf seiner Söhne diesen Namen. Dann bittet er seinen Druiden, vorherzusagen, welcher der nächste König sein werde, und der Druide erwidert, in die Versammlung werde ein Rehkitz kommen, und jener, der es fange, werde Dáires Nachfolger.

OGHAM UND DAS DRUIDENTUM

Etwa im 3. Jahrhundert n. Chr. wurde in Irland ein einzigartiges, »Ogham« genanntes Schriftsystem entwickelt, das offenbar im 8. Jahrhundert wieder aus der Mode kam. Aufgemalte oder eingeritzte Striche, die eine senkrechte Linie durchkreuzten oder in unterschiedlichen Winkeln schnitten, stellten zwanzig verschiedene Buchstaben dar. Das Ogham-Alphabet basierte auf Konsonanten- und Vokalgruppen und war von der lateinischen Schrift inspiriert. Steine mit Ogham-Inschriften wurden in ganz Irland gefunden, besonders dicht gruppiert im Süden; es gab aber auch welche in Wales, Devon und Cornwall und in Teilen Schottlands. Viele davon sind Grabsteine.

In irischen Sagen ist von Ogham-Inschriften auf Holz die Rede, manchmal in Verbindung mit Druiden. In der Sage von der sterblichen Maid Etáin und ihrem göttlichen Liebhaber Midhir entführt dieser sie vom Hofe ihres Mannes, König Eochaid, und das Paar entkommt in Gestalt zweier Schwäne. Von Etáins Versteck in Midhirs unterirdischem Palast Brí Leith erfährt der König durch Magie: Ein Druide namens Dalan befragte Ogham-Buchstaben auf Stäben aus Eibenholz, und sie geben ihm Antwort.

Druidentum und Christentum

»Dies ist die Strafe für einen Druiden oder dem Bösen huldigenden Grausamen oder Satiriker oder Beischläfer oder Häretiker oder Ehebrecher, nämlich sieben Jahre bei Wasser und Brot.«

Aus einem irischen Bußbuch des 7. Jahrhunderts

In der Behandlung der Druiden vollzieht sich zwischen der Sagenliteratur, die angeblich das vorchristliche Irland beschreibt, und den offen christlichen Texten, die die Bekehrung der Iren durch St. Patrick und andere Heilige schildern, eine subtile Wendung. Dabei wurden beide von denselben irischen Mönchen verfaßt, und wahrscheinlich war das unterschiedliche Druidenbild gewollt. Legten Druiden wie Cathbadh in den Sagen beträchtliche »gravitas« und »dignitas« an den Tag, so sind die Druiden, denen Patrick begegnet, verschlagen und tückisch und grenzen manchmal ans Lächerliche.

Viele in frühchristlicher irischer Zeit spielende Erzählungen beschreiben, wie Könige, die sich an den Einfluß der Druiden klammern, wegen ihres hartnäckigen Heidentums stürzen. Manchmal kommt es im Zusammenhang mit druidischen Weissagungen und unwirksamem Druidenzauber zum direkten Zusammenprall zwischen Christentum und Heidentum. Die mönchischen Verfasser waren eindeutig weder ökumenisch noch dem Heiden- und Druidentum gegenüber tolerant. Angriffsziel der frühchristlichen Missionare in Irland waren weniger die Könige als vielmehr die Druiden. In irischen Kirchenrechtsbüchern des frühen 8. Jahrhunderts heißt es, zur Gerechtigkeit des Königs gehöre, daß er dem Aberglauben von Druiden, Hexen und Auguren widersage.

Manchmal werden die Druiden auch als Propheten des neuen Glaubens dargestellt. Eine Geschichte (die *Aided Conchobar*) erzählt, wie König

Der Kampf des heiligen Berach

Das Leben des heiligen Berach (7. Jhdt.) beschreibt seinen langen und erbitterten Kampf mit einem mächtigen Druiden, der einem christlichen Kleriker weder nachgeben noch sein Land ausliefern will. So lautet der Fluch des Heiligen: »Dein Vater Satan wurde des himmlischen Erbes beraubt [. . .] und fuhr zur Hölle. So bist auch du des Besitzes dieses gottgeweihten Landes nicht würdig.«

Der Druide bittet junge Krieger um Hilfe, aber sie sind kampfunfähig geworden. Auf dieses Gotteszeichen hin bekehrt sich der König und erfleht Berachs Vergebung. Doch selbst weitere Wunder können die Druiden, »voll des Verrats und der Bosheit«, nicht erweichen.

Dieser phantasievolle Stich zeigt einen Zusammenstoß von Druiden und Christen.

»Eine bekehrte britannische Familie gewährt einem christlichen Missionar Zuflucht vor den Druiden.« Gemälde (1850) von William Holman Hunt (1827–1910). Der Missionar versteckt sich mit der Familie; im Hintergrund vollziehen Druiden in einem Steinkreis heidnische Zeremonien und verfolgen andere Christen über einen Acker.

Conchobar von einer »Hirnkugel« verletzt wurde (bei diesem in den Inselsagen erwähnten Zauberbrauch wurde ein Feind geköpft, das Gehirn entnommen, mit Kalk vermischt und getrocknet; daraus wurde eine Trophäe oder gefürchtete Waffe). Als Conchobar verwundet wird, sagt ihm sein Arzt, er werde genesen, wenn die Kugel im Kopf bleibe, aber er dürfe keinesfalls in Erregung geraten. Dann erklärt ihm sein Druide, Christi Kreuzigung habe ein großes Erdbeben verursacht. Als Conchobar von dieser Herausforderung der heidnischen Ordnung hört, packt ihn große Wut, und er stirbt an Schlagfluß.

Druiden und Heilige

Die Lebenschronik zweier berühmter frühchristlicher Heiliger unterstreicht zwei gegensätzliche Aspekte des Verhältnisses von Druidentum und Christentum. In zwei *Vitae* der heiligen Brigid wirkt ein Druide an der Erziehung der heiligen Frau mit und wird gegenüber dem neuen Glauben als demütig geschildert. In zwei *Vitae* des heiligen Patrick hingegen herrscht totale Feindschaft zwischen ihm und den Druiden des Königs von Irland.

Brigid: Pflegekind eines Druiden

Der erste Lebensbericht über Brigid ist die lateinische *Vita Brigitae* des Cogitosus aus dem 7. Jahrhundert. Die erste in Irisch verfaßte Version heißt *Bethu Brigte* und stellt sie als Zeitgenossin Patricks dar, der Mitte des 5. Jahrhunderts Irland bekehrt haben soll, während anderes Material darauf hindeutet, sie habe vom späten 5. bis ins frühe 6. Jahrhundert gelebt.

Als erste Verbindung zwischen Brigid und den Druiden haben wir druidische Voraussagen über die Geburt eines wunderbaren und heldischen Mädchens. Ein Edler aus Leinster namens Dubthach wohnte seiner Sklavin Broicseth bei, und

BRIGID UND DIE DRUIDEN-NAHRUNG
»Ich bin unrein, und diese Maid voll des Heiligen Geistes nimmt meine Nahrung nicht an.«

Voll unter Beweis stellte Brigid ihre christliche Heiligkeit mit der Verweigerung der im Druidenhaushalt zubereiteten Nahrung. Der Druide erkannte, daß sein vom Heidentum verseuchtes Essen das Kind krank machte, und ließ daher die fromme Jungfrau Christiana (die Symbolik ist überdeutlich) eine ausgesuchte weiße Kuh melken, um Brigid reine Nahrung zu verschaffen.

Holzfigur aus Irland, frühes 1. Jahrtausend v. Chr. – ein heidnisches Produkt über tausend Jahre vor der heiligen Brigid.

sie wird schwanger. Eines Tages fahren Dubthach und Broicseth am Haus eines Druiden vorbei. Als er die Räder vorbeirollen hört, kommt der Druide heraus und sagt zu Dubthach: »Gib gut acht auf die Frau, denn sie hat Wunderbares empfangen« und fährt fort: »Die Saat deiner Frau wird der Saat deiner Sklavin bis zum Ende der Zeit dienen« und Broicseth werde »eine strahlende Tochter gebären, die in der Welt leuchten wird wie die Sonne am Himmelszelt«.

Die ungeborene Heilige umgeben weitere druidische Vorzeichen. Zwei britische Christenbischöfe, Mel und Melchu, kommen zu Dubthachs Ehefrau und sagen weis, die Nachkommen von Broicseths Kind würden den ihrigen Gutes tun. Dennoch verlangt sie von Dubthach, Broicseth zu verkaufen und wegzuschicken. Widerstrebend willigt er ein.

Broicseth wird von einem Druiden gekauft. Als er sie abends nach Hause bringt, kommt ein heiliger christlicher Mann zu Besuch. Er betet die ganze Nacht und sieht dort, wo Broicseth schläft, wiederholt eine Feuerkugel. Am Morgen erzählt er seine Vision dem Druiden. Das ist nur das erste von vielen Feuer-Vorzeichen um Brigid. Die Voraussagen gehen weiter. Als Broicseth gebären soll, lädt der Druide den König und die Königin zum Abendessen ein. Auch die Königin steht kurz vor der Niederkunft, und die königlichen Diener bitten den Druiden, die günstigste Zeit für die Geburt zu weissagen. Dieser sagt: »Wenn das Kind beim Sonnenaufgang kommt, wird es auf Erden nicht seinesgleichen haben.« Die Königin gebärt zu früh, aber Broicseth bekommt ihre Tochter beim Anbruch des Tages.

Nach der Geburt gehen die Zeichen und Wunder weiter. Brigids druidischem Pflegevater erscheinen im Traum zwei weißgekleidete Priester, die sie taufen und salben. Einer sagt: »Du sollst diese Jungfrau Brigid nennen.« Auch weitere Ereignisse erinnern Brigids Hüter an seine heiligen Pflichten. Feuer ist ein besonders wichtiges Omen; wiederholt sieht der Druide das Kind von Feuer bedroht, ohne Schaden zu nehmen. Einmal sieht er, wie Flammen aus einem Band um den Kopf züngeln, die aber verschwinden, als er und die Mutter herbeieilen, sie zu löschen. Ein andermal betrachtet der Druide wie gewohnt des Nachts die Sterne; da sieht er aus der Hütte, in der Kind und Mutter schlafen, eine Feuersäule aufsteigen. Wieder tut das Feuer Brigid nichts zuleide.

Die Brigid-Erzählung soll deutlich die Überlegenheit des Christentums über das Heidentum zeigen. Doch der Pflegevater ist stets gütig, und nichts deutet auf einen Konflikt zwischen alter und neuer Religion hin. Statt dessen wird die dienende Demut des Druiden betont. Ganz anders verhält es sich dagegen in den *Vitae* des heiligen Patrick.

Patrick und die Druiden: ein hartes Gegeneinander

»Kommen wird er kahlen Hauptes
Mit am Kopf gebogenem Stocke
Aus dem Haus mit einem Loch im Kopfe
Und der Gottlosigkeit zürnen;
Von seinem Tische
Vor seinem Hause.
Die Seinigen werden allesamt antworten
›So sei's, so sei's!‹«

Aus Muirchús *Leben des Heiligen Patrick*

So lautet die Vorhersage von Patricks Kommen durch die zwei Druiden Lochru und Lucat Mael am Hofe des Königs Loegaire von Irland. Sie weissagten, eine fremde Lebensart mit einer Doktrin der Mühsal werde aus der Ferne kommen, die alte Ordnung beseitigen, die Menschen anziehen und die alten Götter vernichten.

Patrick bekehrte angeblich 432 n. Chr. Irland zum römisch-katholischen Glauben. Zwei *Vitae* aus dem 7. Jahrhundert – die von Tírechán, Bischof von Tirawley, und die des Muirchú Mocciu Machtheni – beschreiben den Konflikt mit den heidnischen Druiden, den er heraufbeschwor. Im Brennpunkt steht Patricks Erscheinen am Hof Loegaires und der Versuch der Hofdruiden, die Bekehrung des Königs zu verhindern. Loegaire ist

stark von seinen Druiden abhängig, denen er auch die Erziehung seiner Töchter anvertraut hat. Ein Druide namens Matha bringt Loegaire als erster gegen Patrick auf, indem er prophezeit, dieser werde ihm die Lebenden und die Toten rauben. Bei der ersten Begegnung Patricks mit Loegaire beschimpft der Druide Lochru den Heiligen und dessen Religion, und Patrick kontert damit, daß er (erfolgreich) um Lochrus Tod betet.

Den Höhepunkt erreicht der Machtkampf bei einem großen heidnischen Festmahl in Tara, als der Druide Lucat Mael Patricks Wein zu vergiften sucht. Der Heilige holt den Gifttropfen aus der Schale. Dann fordert Lucat den Patrick zu einem Wettstreit der Wunder heraus. Er läßt Schnee auf die Ebene von Tara fallen, den Patrick schmilzt. Daraufhin schlägt Loegaire ein Gottesurteil vor. Lucat wird es mulmig, und er versucht zu kneifen. Aber es hilft ihm nichts. Eine Hütte mit zwei Räumen wird errichtet; den einen betritt der Druide, der Patricks Mantel trägt, den andern Patricks Page Benignus im Mantel des Druiden. Die Hütte wird angezündet. Lucat verbrennt, aber Patricks Mantel bleibt heil; Benignus bleibt unversehrt, aber das Kleid des Druiden verbrennt. Einige Gelehrte sehen eine Parallele zwischen diesem Ereignis und einigen Episoden des Alten Testaments. Das im Buch Daniel beschriebene Nebukadnezar-Fest könnte für Tara Pate gestanden haben, und das Feuerwunder gleicht dem Kampf zwischen Elias und den Baal-Propheten im Buch der Könige.

(Rechts) Glasfenster mit St. Patrick aus Ballylynan, Irland (19. Jhdt.). Im Gegensatz zu Brigid waren Patricks Begegnungen mit Druiden weit weniger herzlich. Als er (angeblich 432) Irland zum Christentum zu bekehren begann, schlug ihm die Feindschaft der königlichen Druiden entgegen, die ihren Einfluß auf die Könige zu verlieren fürchteten. Patrick bestand alle Kraftproben gegen die Heiden und wurde Irlands Schutzpatron.

(Links) Glasfenster mit St. Brigid aus Ballylylan, Irland (19. Jhdt.). Brigid wurde angeblich von einem Druiden aufgezogen; schon ihre Empfängnis und Geburt umgaben druidische Weissagungen. Dennoch respektierte ihr heidnischer Pflegevater ihren christlichen Glauben. Sie wurde Irlands bedeutendste Heilige und gründete Ende des 5., Anfang des 6. Jahrhunderts ihr Kloster in Kildare.

Feuer, Druiden und der Slane-Hügel

Feuer spielt nicht nur in der Geschichte der heiligen Brigid eine Rolle, sondern auch in einer Episode von Muirchús Leben des Heiligen Patrick. Patrick entzündete auf dem – den Heiden heiligen – Hügel von Slane das Osterfeuer und verletzte so unmittelbar die Druidensitte, wonach kein Feuer gemacht werden durfte, ehe es in Tara entzündet war. Als Logaires Druiden das Feuer sahen, überkam sie eine böse Vorahnung:

»Wird dieses Feuer, das wir sehen und das vor dem in deinem Haus entzündet wurde, nicht noch in derselben Nacht gelöscht, wird es ewig brennen, [...] und der es entfachte, [...] wird noch diese Nacht uns alle überwältigen. [...] Und alle Reiche werden ihm zufallen.«

IX

Die Auferstehung der Druiden

»Sei silbern auch die Locke, die aus der Schläfe tritt
Ist aufrecht doch sein Gang und ehern fest sein Schritt [. . .]
Anmutig fließt, erhöhend die Gestalt
Der Bart, der ihm auf seine Schultern wallt
Sein Kleid so weiß, gewebt aus groben Bahnen
Edelsten Sinns Gepräge läßt erahnen.«

Aus John Ogilvies Gedicht *The Fane of the Druids*, 1787

Dr. John Ogilvie war ein Pfarrer aus Aberdeenshire, der sich für die Altertumskunde interessierte. Wie viele seiner Zeitgenossen brachte er die Druiden fälschlich mit megalithischen Monumenten in Verbindung. Seine oben auszugsweise zitierte Beschreibung eines Erzdruiden ist typisch für die Romantisierung der Druiden in damaliger Zeit.

Ogilvies Porträt ist eine Mischung aus Zitaten klassischer Autoren und dem Idealismus des 18. Jahrhunderts. Er stellt uns einen ehrwürdigen Weisen, einen edlen Wilden unbefleckten Denkens in blendendweißen Gewändern und mit wallendem Bart vor.

Zwischen dem 16. und 19. Jahrhundert herrschte – in England wie auf dem Kontinent – lebhaftes Interesse für alles Historische. Die vorgeschichtliche Vergangenheit, Kelten und Druiden, waren Thema vieler Debatten und Vermutungen. Altertumskenner woben um die beiläufigen Bemerkungen der klassischen Literatur allerlei Phantastereien über Merkmale und Aufgaben der Druiden. Im Extremfall wurden ihnen alle erdenklichen Tugenden und zudem die meisten uralten Monumente zugesprochen. In Ermangelung einer wissenschaftlich fundierten Chronologie komprimierten die Forscher die materiellen Überreste der alten Bewohner Europas und preßten alles nachweislich Vorrömische in denselben Kulturhorizont. Damit wurden Stonehenge, die Kelten und die Druiden ebenso unentwirrbar wie falsch in einen Topf geworfen – und darin stecken sie für manchen noch heute.

Italienischer Kupferstich aus dem 19. Jahrhundert mit drei romantisierten Druiden nach der im 18. und 19. Jahrhundert üblichen Vorstellung.

»Stellen wir uns das Land zur Zeit der alten Britannier vor, [...] dunkler bedrückender Wald, die Bewohner fast so wild wie die Tiere, deren Fell ihre einzige Kleidung war. [...] Ihre Religion beschreibt Cäsar. Ihre Priester waren Druiden. Einige Tempel maße ich mir an, wiederhergestellt zu haben – Avebury, Stonehenge usw. [...] Sie waren, denke ich, um ein oder zwei Grade weniger wild als die Indianer. [...] Die Römer unterwarfen und zivilisierten sie.«

John Aubrey, Einleitung zu *Essay Towards the Description of the North Division of Wilshire*, 1649

Abgesehen davon, dass die Druiden in Sagen auftauchen, vor allem den irischen, scheint im Mittelalter gerade in England wenig ernsthaftes Interesse an ihnen bestanden zu haben. Doch zu Beginn der Renaissance hatte die Wiederentdeckung und Verbreitung der klassischen Literatur eine neue Beschäftigung mit der vorgeschichtlichen Vergangenheit und mit den Druiden zur Folge, die in diesen alten Dokumenten vorkamen.

Porträt der Titelgestalt aus J. Brittons Memoirs of John Aubrey, *1845. Der Altertumsforscher Aubrey (17. Jhdt.) verband als erster die Druiden mit Stonehenge. Sein berühmtestes Werk,* Monumenta Britannica, *beendete er um 1670.*

Den Altertumsforschern des 16. Jahrhunderts blieb die wissenschaftliche Perspektive versperrt, denn ihnen fehlten die Mittel, Altertümer auch zu datieren. Die von den griechisch-römischen Autoren erwähnte keltische und druidische Vergangenheit wurde darum in den Rahmen der Bibel gepreßt. Im 17. Jahrhundert berechneten Kleriker wie ihr berühmtester, Erzbischof James Ussher von Armagh, das genaue Alter der Welt anhand der Zahl der Geschlechtsregister im Alten Testament; demnach waren die Welt und ihre Bewohner 4004 v. Chr. entstanden. Das Geschichtsbild des 16. Jahrhunderts setzt sich zusammen aus Adam und Eva, Noah, der Sintflut und der Wiederbevölkerung der Erde durch Noahs Söhne Ham, Sem und Japhet. Alle Europäer galten als Nachkommen Japhets.

Auf dem Festland kam zum Interesse am Druidentum noch der Nationalstolz hinzu. Für die Franzosen waren die Druiden Sinnbild ihrer glorreichen gallischen Vorzeit; 1532 schrieb Jean Le Fève *Les Fleurs et Antiquitiez des Gaules, où il est traité des anciens Philosophes Gaulois appellez Druides* (Blüte und Altertümer Frankreichs, oder von denen altgallischen Philosophen namens Druiden). Ähnliche Gefühle nährten auch die Deutschen (paradoxerweise, denn Cäsar hatte ausdrücklich festgestellt, daß es in Germanien gar keine Druiden gab). Esaias Pufendorf schrieb 1650 eine *Dissertatio de Druidibus*. Allen kontinentalen Lobeserhebungen zum Trotze war ihre Darstellung darin – wie schon in der Antike – zwiespältig; sie waren gleichermaßen Wilde, die Menschen opferten, und hochmögende Philosophen.

Wie die Klassiker waren auch diese Altertumsforscher in ein pro- und antidruidisches Lager gespalten. In seinem 1622 veröffentlichten Gedicht *Polyalbion* nennt Michael Drayton die Druiden »heilige Barden« und grübelnde Denker und sagt, Drachen zögen sie durch die Lüfte. Jon Fletchers *Bonduca* (Boudicca) von 1618 beschrieb sie als patriotische Freiheitskämpfer gegen die römische Tyrannei. Der Dichter Andrew Marvell identifizierte sich selbst mit ihnen und nannte sich »einen großen Prälaten des Hains«. Aylett Sammes hingegen unterstrich in seinem *Britannica Antiqua Illustrata* von 1676 die Barbarei der druidischen Menschenopfer mit Illustrationen.

Der Altertumsforscher Aubrey (1626–1697)

Der einflußreichste britische Altertumsforscher im 17. Jahrhundert war vielleicht John Aubrey.

Am berühmtesten sind heute seine 1680 begonnenen *Brief Lives*. Dieses Buch besteht aus glänzenden Vignetten seiner Zeitgenossen, die oft rund um Horoskope herum geschrieben sind und damit sein großes astrologisches Interesse bezeugen. Veröffentlicht wurde *Brief Lives* im wesentlichen erst 1813.

Aubrey stellte als erster eine Verbindung der Druiden mit Stonehenge her und begründete damit einen bis heute anhaltenden Trend. Zwar idealisierte oder romantisierte er die Druiden nicht, aber mangels einer weit in die Vorgeschichte reichenden Perspektive kam er zu dem Schluß, da Stonehenge und Avebury nicht römisch seien, müßten sie vorrömisch und unweigerlich druidisch sein, denn es handele sich um Tempel. Damit stand er keineswegs allein, und seine Nachfolger im 18. Jahrhundert machten seine Ansichten über das Band zwischen Druiden und Megalithen weithin bekannt.

Aubrey fertigte eine systematische archäologische Beschreibung von Stonehenge und Avebury an. Unter dem Titel *Templa Druidum* schrieb er eine lange Abhandlung über Megalithen, benannte sie später aber in *Monumenta Britannica* um (wobei der erste Abschnitt weiterhin *Templa Druidum* hieß). Das um 1670 fertiggestellte Werk blieb bis in unsere achtziger Jahre unveröffentlicht. Aubrey wußte, daß seine Verbindung von Stonehenge und anderen Monumenten mit den Druiden rein spekulativ war und er »in diesem Aufsatz weiter gehe als sonstwer«.

Dennoch findet sich die Druiden-Verbohrtheit späterer Autoren, vor allem William Stukeleys, auch schon bei Aubrey. Als man ihm einmal einen römischen *strigil* zeigte (in Wirklichkeit ein banaler Alltagsgegenstand, mit dem man sich im Bad Schweiß und Schmutz von der Haut schabte), rief er aus: »Seht die goldene Sichel, mit der die Druiden den Mistelzweig schnitten.«

»Der ehrenwerte John Aubrey [. . .] besaß als einziger Mensch, den ich je kennenlernte, die rechte Vorstellung von den Druidentempeln . . .«

Aus einem Brief John Tolands an Viscount Molesworth

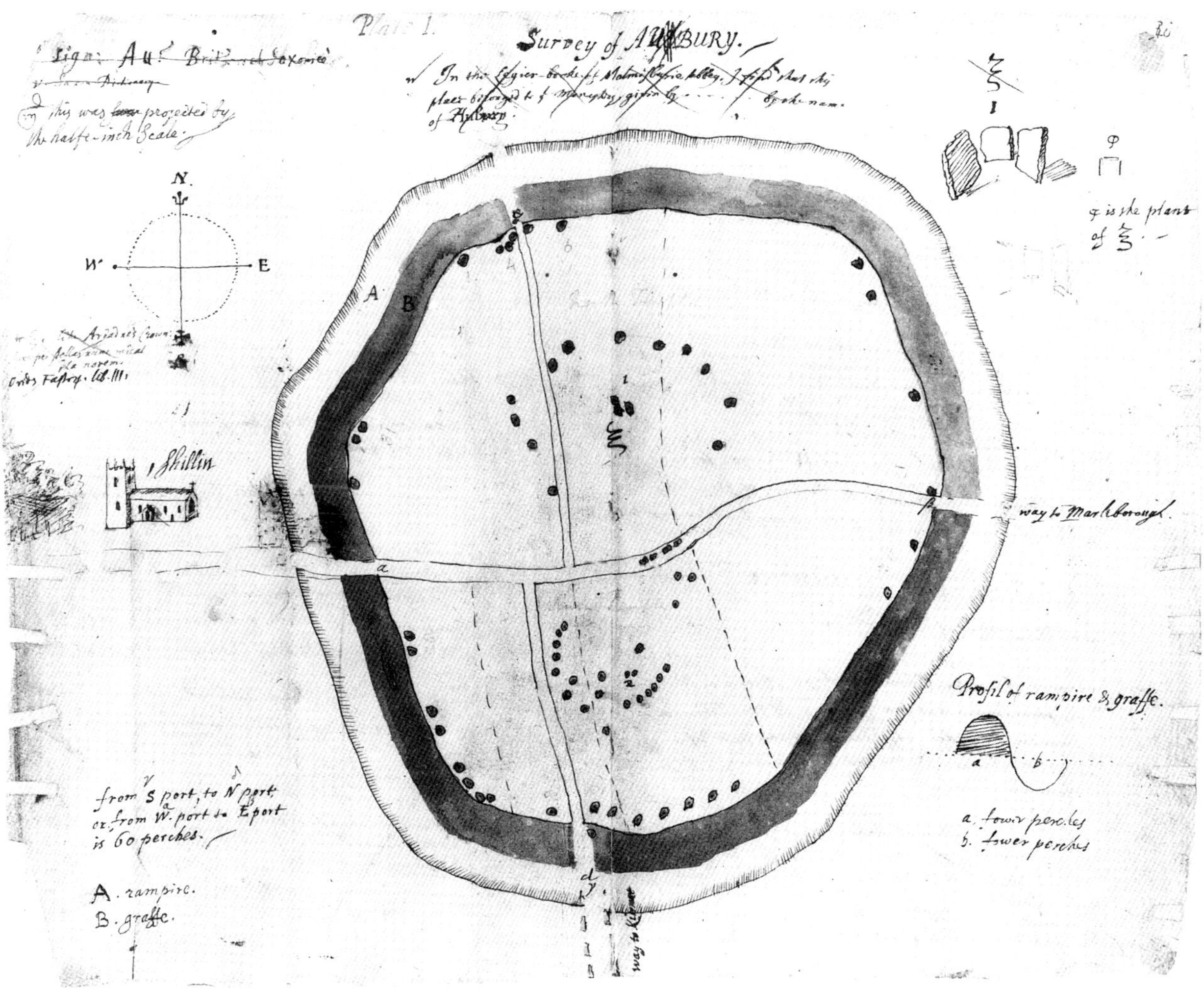

Aubreys Karte von Avebury in Monumenta Britannica. *Aubrey verband die Druiden mit Megalithenkreisen, die er Druidentempel nannte.*

STUKELEY UND SEINESGLEICHEN

Selbstbildnis von William Stukeley. Wie schon Aubrey war Stukeley überzeugt, Megalithenstätten wie Stonehenge und Avebury seien die heiligen Orte der Druiden gewesen. Später sah sich Stukeley selbst als Druide und nannte sich »Chyndonax«.

»Meine Absicht ist (neben der Wahrung der Erinnerung an diese außergewöhnlichen Monumente, die unserem jetzt so zerfallsbedrohten Lande zur Ehre gereichen), nach bestem Wissen die Kenntnis und Praxis der alten und wahren Religion zu fördern und bei den Gelehrten den Geist des Christentums zu beleben.«

William Stukeley, Vorwort zu *Stonehenge*, 1740

DER ARZT WILLIAM STUKELEY wurde 1687 geboren, legte 1729 die Gelübde ab und wurde Pfarrer in Stamford. Unter dem Einfluß der Arbeiten Aubreys stellte auch er einen Zusammenhang zwischen Druiden und megalithischen Monumenten her, die – wie uns die moderne Wissenschaft lehrt – zwei Jahrtausende älter sind als die keltische Priesterschaft. 1724 veröffentlichte er als Ergebnis einer fünf- bis sechsjährigen Rundreise durch England sein *Itinerarium Curiosum*, in dem er für Grabhügel aus der Jungstein- oder Bronzezeit keltische oder druidische Bezüge behauptet. Seinem Interesse an Megalithen entsprach seine Leidenschaft für die alte Religion. Zugleich versuchte er, zwischen den alttestamentarischen Patriarchen, den Druiden und dem Christentum eine Verbindung herzustellen.

Stukeley, der Erzdruide

1623 wurde eine bei Dijon gefundene Inschrift bekannt. Angeblich war dort von einem Druiden namens Chyndonax die Rede, nach dem sich Stukeley nun selbst benannte; auf dem Umschlag seines 1740 veröffentlichten *Stonehenge* prangt dieser Name. Stukeley identifizierte sich mehr und mehr mit dem Druidentum. Sogar seinen Garten ließ er als Druidenhain anlegen und setzte dort sein frühgeborenes Kind in einer heidnischen Totenfeier bei.

1753 tauchte in Kew Gardens ein vorrömischer Bronzehort auf. Kew war die Wohnung der Prinzenwitwe Augusta; Stukeley nannte seine Be-

»Das Druidenopfer der Herbst-Tagundnachtgleiche« von William Stukeley, 1759.

schreibung *Druidische Faustkeile* (tatsächlich handelte es sich um Äxte der späten Bronzezeit) und übergab ihr das Manuskript in einer Audienz, in der die beiden begeistert über Stukeleys Arbeit, Druiden und heilige Eichen redeten. Der druidensüchtige Antiquar nahm einen eichelgespickten Eichenast mit nach Hause und schenkte ihn seiner Freundin Miriam Peirson als »Gabe der königlichen Erzdruidin an ihre Druiden-Schwester«.

Stukeleys Predigten atmeten mehr und mehr druidischen Geist. 1763 widmete er der Prinzenwitwe einen Predigtband namens *Palaeographia Sacra* (Über heilige Themen). Die Widmung lautete auf Prinzessin Augusta als Veleda, Erzdruidin von Kew (Veleda hieß eine von Tacitus erwähnte altgermanische Seherin), und war unterschrieben mit »Chyrondax von Mount Haemus [Hampstead], Druide«. Was Wunder, daß sich der moderne Orden der Barden, Vaten und Druiden Stukeley zum Chef der wiedererweckten Druiden erwählt hat.

Abraham, die Druiden und die Christen

Stukeley versuchte, die Christen mit der Existenz von Druiden zu versöhnen, und konstruierte dazu einen ausgeklügelten Stammbaum für beide. Die Druiden seien erstmals kurz nach der Sintflut mit den Phöniziern nach England gekommen, gehörten »zur abrahamischen Religion« und hingen folglich sowohl mit dem Alten Testament als auch dem christlichen Glauben zusammen. Die nicht nur auf Stukeley begrenzte Vorstellung, das Christentum stamme aus der Schöpfungszeit und die »Naturreligion« der Druiden sei ihm verwandt, geisterte durchs ganze 18. Jahrhundert.

Gegen 1726 vertrat Stukeley die Meinung, der Druidenglaube stehe »der christlichen Lehre nahe«. Etwa ab 1760 Pfarrer in London, hielt und veröffentlichte er die »Gemüsepredigten«, ein buntes Gemisch aus Druiden, (zu Gottes Ehre erschaffenem) Gemüse und Naturreligion. Für ihn waren die Druiden »edle Wilde« voll tiefer Gedanken, die in heiligen Hainen die Naturreligion praktizierten. Die Heiligkeit der Zahl Drei bei ihnen und damit die Erkenntnis der Dreieinigkeit beweise ihre Nähe zum Christentum: »Wie einst in den Hainen beten wir hier in ihrer Nachfolge die drei heiligen Personen der Dreifaltigkeit an.«

Stukeleys Porträt eines Druiden. Mit Flasche und Stab, im Gürtel eine Bronzezeit-Axt, steht er unter einer Eiche.

Nach dem Architekten John Wood war Prinz Blahud, der sagenhafte Gründer von Bath, ein Druide gewesen. Woods Druiden-Besessenheit hat sich in seinem Werk niedergeschlagen. Sein »Zirkus von Bath« war nach Meinung mancher ein bloßes Spiegelbild des damals verbreiteten Plans von Stonehenge von Inigo Jones. Darin erschien Stonehenge als Kreis von 300 Metern Durchmesser mit drei Eingängen. Beides ist im »Zirkus« genauestens nachgebaut.

»Alle geschilderten Monumente waren demnach Tempel. Nun lautet meine These, daß die Druiden als hervorragendste Priester bei den Britanniern ...«

John Aubrey, *Monumenta Britannica*

AUBREYS ARBEIT LÖSTE bei den Altertumsforschern des 18. Jahrhunderts vor allem in England ein wahres Stonehenge-Druidenfieber aus. Der in Bath gebürtige Architekt John Wood war geradezu druidenbesessen und verband wie Aubrey und Stukeley die systematische Planung von Stonehenge phantasiereich mit seinen druidischen Vorstellungen. Ihm zufolge war Stonehenge (zusammen mit Avebury, Exmoor und Mendip) eines der vier Druidenkollegien der Druiden-Hauptuniversität an den Steinkreisen von Stanton Drew. Desgleichen hätten die Druiden in Bath Apollo gehuldigt.

Etwa Mitte des 18. Jahrhunderts erschien ein Schwall von Pamphleten über Stonehenge, die im Druidentum wateten und meist auf Stukeley aufbauten. Es blieb nicht beim bloßen Schreiben: Um 1820 errichtete William Danby auf seinem Grundstück in Swinton Hall (Yorkshire) einen Stonehenge nachgebildeten Irrsinnsbau und bezeichnete ihn als Druidentempel. Altertumsforscher wie William Borlase, der in Cornwall Freilandforschungen betrieb und 1754 das Buch *Antiquities of Cornwall* schrieb, behaupteten, die meisten Megalithen von Cornwall seien Druidenwerk. Manche Gelehrte waren aber alles andere als druiden- und megalithenbesessen. Beim Anblick eines schottischen »Druidentempels« bei Inverness bemerkte Dr. Samuel Johnson: »Wenn man einen Druidentempel besucht, sieht man praktisch nichts, denn da gibt es weder Kunst noch Macht, und wenn man einen gesehen hat, reicht das vollauf.«

STUKELEY UND STONEHENGE

Bei seinem Besuch des Megalithenkreises bei Chipping bemerkte Stukeley 1710: »Das kann nur ein Heidentempel unserer Vorfahren gewesen sein, vielleicht in der Druidenzeit.« Besonders verliebt war Stukeley in Aubreys Verbindung der Druiden mit Stonehenge. Seine Außenarbeiten an Megalithen waren makellos, aber seinen Ursprungsvermutungen lag, vor allem später, eine Druidenmanie zugrunde. In Stonehenge entdeckte er die »Druiden-Elle«, eine Maßeinheit von 6,3 Metern, die beim Bau des Kreises verwendet worden sei.

1723 begann Stukeley seine History of the Ancient Celts, *die er um 1733 in* History of the Religion and Temples of Druids *umbenannte. 1740 erschien sein* Stonehenge, a Temple restor'd to the British Druids; *dem folgte 1743 ein Parallelband über Avebury. Mitte des 18. Jahrhunderts hielt Stukeley vor dem Verein der Altertumsforscher in London einen Vortrag über das Druidische an Stonehenge und erzählte darin, bei einem Essen dort hätten er und seine Freunde Trilithen als Eßtisch benutzt.*

(Gegenüber) Im 19. Jahrhundert ließ William Danby in Swinton Hall diese Anlage (komplett mit Eingangstrilith) erbauen und gab sie als »Druidentempel« aus; ursprünglich war sie von Eichen umgeben.

»Der Barde«. Detail eines Gemäldes von John Martin (1817); es illustriert abermals das gleichnamige Gedicht von Thomas Grey über den letzten walisischen Druiden, der auf einer Klippe über dem Conway kauernd den englischen Eroberer Eduard I. verflucht, weil er seine Kameraden hat töten lassen.

Stukeleys Zeichnung eines Druidenopfers; im Hintergrund der Schlangentempel von Avebury, vorne Silbury Hill.

»... eine Vergangenheit voll edler Wildheit und mystischer Druidenschaft.«

Stuart Piggott, *Ruins in a Landscape*, 1976

SO WOLLTEN VIELE Altertumsforscher im 18. Jahrhundert die Vergangenheit präsentiert sehen. Damals näherten sie sich den Druiden aus den unterschiedlichsten Perspektiven. Eingangs des Jahrhunderts hatten einige britische Gelehrte, darunter Henry Rowlands, wenig für sie übrig. Andere waren wie Stukeley verliebt in romantische Vorstellungen über die einfachen, aber edlen Mystiker, die ihnen das akademische Urteilsvermögen vernebelten und raubten. Alle Forscher aber waren überzeugt, daß die Druiden und die Megalithen kulturell und zeitlich zusammenhingen.

John Toland, Covent Garden und Primrose Hill

Toland wurde 1670 in Londonderry geboren; er war mit Aubrey befreundet und teilte viele seiner Ansichten. Toland übte auf den Druidenkult im 18. Jahrhundert großen Einfluß aus; in einem

Brief an seinen Freund, Viscount Molesworth, schrieb er: »Kein heidnisches Priestertum erreichte je die Vollkommenheit der Druiden.« Er plante eine *Geschichte der Druiden*, starb jedoch 1722 vor ihrer Vollendung.

Toland war Christ, lehnte sich aber gegen das ausgeklügelte Ritual der Kirche auf. 1717 sollen in einer Versammlung in der Apple Tree Tavern von Covent Garden Delegierte druidischer und bardischer Kreise aus ganz Großbritannien, Irland und der Bretagne zusammengekommen sein. Angeblich wurde dort mit dem »Mutter-Hain« der moderne Druidenorden gegründet. Toland soll zur Herbst-Tagundnachtgleiche von 1717 in einer Zeremonie auf Primrose Hill zum Chefdruiden gekürt worden sein. Beide Ereignisse mögen apokryph sein, aber der Britische Kreis der Kirche vom Universalen Band behauptet seine unmittelbare Herkunft von der Versammlung in Primrose Hill.

Ein Zeitgenosse Tolands war der auf Anglesey als Pfarrer tätige Henry Rowlands, der unter Berufung auf Tacitus die Druiden zutreffend mit der Insel Mona verband. 1723 veröffentlichte er sein *Mona Antiqua Restaurata*. Für Rowlands wie für Stukeley stammten die Druiden von Noah ab, und er schrieb ihnen sowohl die von den Klassikern erwähnten heiligen Haine als auch die Megalithengräber zu, die er als Druidenaltäre interpretierte.

Der Alte Orden der Druiden

Am 29. Oktober 1781 gründete Henry Hurle in London einen Geheimbund, den er »Alten Orden der Druiden« nannte. Seine Mitglieder trafen sich zunächst im »Kings Arms« in der Poland Street (nahe Oxford Street in London-Mitte); die Taverne steht noch und trägt eine Erinnerungstafel. Der Orden ähnelt sehr den Freimaurern: geheim, exklusiv und rein männlich; seine Gründung verdankt er weitgehend William Stukeleys Einfluß. Zunächst handelte es sich um gebildete Herren, die gute Konversation, Musik und Poesie liebten.

Ab 1810 ließen einige Logen auch Angehörige der niedrigeren Schichten zu; das erboste ihre überlegenen Brüder so sehr, daß sie derlei Gesocks mit allerlei Verfahrenstricks aus ihren Logen verbannten. 1833 spalteten sich die ärmeren Mitglieder ab, wollten aus dem Orden eine wohltätige Organisation machen und nannten sie »Vereinigter Alter Orden der Druiden«; die anderen blieben so exklusiv wie zuvor.

Ein weiteres Überbleibsel von Hurles ursprünglichem Orden, »Die Kirche des Universalen Bandes« (die Stukeley und Blake zu ihren Gründervätern zählte), bestand bis 1963. Dann trat der moderne »Orden der Barden, Vaten und Druiden« (OBOD) an ihre Stelle. Der OBOD ist nur einer von zahllosen modernen Druidenorden.

»Der Marsch der Druiden« des Alten Ordens der Druiden in Stonehenge im August 1905. Während der Feier wurden 256 neue Mitglieder aufgenommen.

»La Druidesse« – Druidin mit Sichel und Mistelzweig (basierend auf Plinius) vor einem Megalithenmonument. Gemälde von Laroche (19. Jhdt.).

Druiden und Dichter

»Alle Dinge beginnen und enden an Albions uraltem druidischen Felsenufer«
(William Blake, *Jerusalem*, 1804).

Im 18. und 19. Jahrhundert erschien eine Flut exzentrischer Literatur über die Druiden. Dazu gehören William Cookes *Erforschung der druidischen und patriarchalen Religion* (1754) und die *Neodruidische Häresie in Britannien*, die Algernon Herbert, Dekan des Merton College von Oxford, 1838 schrieb. Herbert schnüffelte nach häretischen Druiden in der frühchristlichen Kirche.

Einige literarische Giganten waren vom romantischen Druidenvirus angesteckt. Thomas Grey schrieb ein Gedicht *Der Barde* über den letzten walisischen Druiden, der über dem Fluß Conway in Nordwales steht und den englischen Eroberer Eduard I. verflucht, weil er die Erschlagung seiner Kameraden befohlen hatte. William Wordsworth war von den Druiden fasziniert und identifizierte sich, wie vor ihm schon Marvell, sehr mit der alten Priesterschaft.

Gegen Ende des 18. Jahrhunderts vermengte man die Druiden zunehmend mit einer seltsamen, irrationalen Mystik, wie Stuart sie nannte. Ein Beispiel dafür ist die Arbeit des Dichters und Malers William Blake, der in seinen zwischen 1797 und 1804 veröffentlichten und mit Gravuren von Stonehenge und Avebury geschmückten *Prophetenbüchern* oft von den Druiden spricht. Er sah in ihnen Priester, Philosophen und Rechtsschöpfer aus Britannien, deren Lehren in der Antike breiten Einfluß genossen. Noah, Abraham und Sem seien allesamt Druiden gewesen und in der ganzen Welt stünden Druidentempel. Nach Blake verkörperten die keltischen Druiden die Flamme der Freiheit gegen Roms brutale Gewalt.

Blakes Weigerung aufgrund seines Druidenglaubens, vor dem Schwurgericht von Chichester einen Eid abzulegen, beweist, daß er sich wie Stukeley und Wordsworth als Druide empfand.

Vielleicht noch extremer als in England breitete sich die Manie in Frankreich aus. Dort gab es zwar weniger Steinkreise, aber die Megalithengräber und -reihen wie etwa in Carnac (Bretagne) wurden eifrigst für die Druiden mit Beschlag belegt. 1729 veröffentlichte Jean Martin seine *Religion der Gallier* über Druidenpatriarchen und ihre Verbindung zu Steinreihen. 1805 brachte Jacques Cambry *Keltische Monumente* heraus, in denen er bretonische Megalithen als druidisch bezeichnete und mit der Sternkunde verband. Der vielleicht bizarrste Charakter im 19. Jahrhundert war ein Literaturfälscher namens Vrain Lucas, der um 1860 Briefe fabrizierte, die er als Werk alter gallischer Adliger ausgab. Am verrücktesten war ein Brief des (von Jesus wiedererweckten) Lazarus an Petrus mit Anspielungen auf die Druiden.

Wordsworth und die Druiden

»In Schattenhainen wardst, Druide du, gelehrt / Ferne Mysterien, erwarbst der Barden edle Kunst / In weihevollen Versen / Von hehren Taten zu berichten.«

So dramatisiert sich Wordsworth (rechts) in The Prelude. *Über die dunklen Aspekte der Druiden und ihre Opferriten ließ sich der hochemotionale Dichter so aus:*

»Des Mittags eilt' ich in die düstren Schatten / Frommen Gehölz' und dunkler Mittnacht Matten [. . .] / Doch horch! da schwirren Harfensaiten / Und sieh! Druidensöhne schreiten. / Was rollt ihr blitzend mir die Augen? Sollt' armer Wurm ich euch zum Opfer taugen?«

Juvenalia, *»Vale of Esthwaite«*, um 1805

William Blake: »Die Stimme des Alten Barden«, Detail der Platte 54 von Songs of Innocence and Experience *(ca. 1815–1826). Mit Tusche und Wasserfarbe kolorierte Radierung, 11,5 x 7 cm (1,8fach vergrößert). Blake betrachtete die Druiden als tiefschürfende Philosophen und religiöse Denker. Er erwähnte sie häufig in seinem* Prophetic Book *und nannte sich selbst einen Druiden.*

Druiden im Bild

Auf der Titelseite zu *De Dis Germanis*, das Elias Schedius 1648 herausbrachte, prangt das Bild eines Druiden in einem Hain voll kopfloser Leichen. Er trägt eine gut knielange Robe mit wallenden Ärmeln, Fransenrand und Schärpe um die Taille. Die Stirn ist eichenblattbekränzt. Er schwingt ein opferbluttriefendes Messer, und seine Begleiterin schlägt mit Schlegeln aus menschlichen Schenkelknochen die Trommel.

In Aylett Sammes' *Britannia Antiqua Illustrata* von 1676 wird der druidische Erztypus barfuß, mit langem Bart, kurzem Wams und Kapuzenmantel dargestellt. Am Gürtel trägt er eine Geldbörse und führt Buch und Stab mit.

Stukeleys 1723 veröffentlichter Druide war eine Abart dazu: Der Bart ist kürzer und nicht so wild; eine Flasche hat die Börse ersetzt, und seinen Gürtel ziert ein Axtkopf der Frühbronzezeit.

In Henry Rowlands Abhandlung über das alte Anglesey, *Mona Antiqua Restaurata* (ebenfalls 1723), tritt ein Eichenzweig an die Stelle von Sammes' Buch.

(Links) Aylett Sammes, Porträt eines Druiden, aus Britannia Antiqua Illustrata *(1676).*

(Oben) Druide aus Pfarrer Henry Rowlands' Buch Mona Antiqua Restaurata *(1723).*

Titelseite von Elias Schedius, De Dis Germanis *(1648). Ein Druide im heiligen Hain mit enthaupteten Leichen zu seinen Füßen. Er hält einen Weinkelch und ein Opfermesser in der Hand; bei ihm ist eine Frau mit Trommel und Menschenschädel.*

DER WALISER DRUIDE WILLIAM PRICE

Im Jahr 1884 stand Dr. William Price aus Llantrisant (Südwales) in Cardiff wegen illegaler Feuerbestattung seines fünf Monate alten Sohnes Iesu Grist vor Gericht. Sie war nach Druidenart vollzogen worden; Price trug dabei das wallende weiße Gewand eines Erzdruiden. Er wurde freigesprochen und 1893 selbst feuerbestattet.

William Price wurde 1800 als Sohn des Oxforder Hochschullehrers und Geistlichen William Price geboren. Mit dreißig wurde der Vater verrückt; er zog nackt durch Südwales und fällte (auf öffentlichem wie privatem Land) Bäume mit der Säge. Der Sohn wurde Arzt, hatte indes offensichtlich die Exzentrik vom Vater geerbt; vor allem war er Druide. Seine bizarre Kleidung bestand aus weißer Tunika, knallroter Weste und grünen Hosen; um Kopf und Schultern war à la Davy Crockett ein Fuchspelz geschlungen. Unter anderem sang er manchmal an einem Klagstein »ein uraltes Bardengedicht an den Mond«.

Wie schon Cäsars Druiden war auch Price ein geborener Politiker; er stieß zur Charisten-Bewegung, einer Protestbewegung, die für das allgemeine Wahlrecht aller Männer (und nicht nur der Großgrundbesitzer) kämpfte und manchmal auch vor Gewalt nicht zurückschreckte, vor allem 1839 in Newport, Südwales.

Price war nicht der einzige. Etwa zur gleichen Zeit waren im Gau Mid Glamorgan mehrere exzentrische Barden tätig. Der Uhrmacher Myfyr Morgannwg aus Pontypridd beanspruchte den Titel des Erzdruiden; auf dem Eisteddfod von 1858 in Llangollen erschien er mit einem »Druiden-Ei« am Hals. Ein weiterer Barde aus der Gegend, Owen Morgan (er starb erst 1921), veröffentlichte mehrere verrückte Bücher über die Druiden und verglich den frühwalisischen Dichter Taliesin mit Christus.

»Da dies [23. September] der Tag der Herbst-Tagundnachtgleiche ist, versammelten sich einige in London ansässige Barden aus Wales nach altem Brauch auf dem Primrose Hill. [...] Die gewohnten Zeremonien wurden beobachtet. Ein Steinkreis wurde gebildet, in dessen Mitte der Maen Gorsedd, ein Altar, stand, auf dem ein nacktes Schwert lag, das alle Barden in die Scheide stecken halfen.«

Gentleman's Magazine, Oktober 1792

GEGEN ENDE DES 18. Jahrhunderts veranlaßte das starke Interesse an frühkeltischer Literatur und vor allem Dichtung mehrere Waliser dazu, Verse und Musik zu sammeln. Zu ihnen gehörte der Harfenist Edward Jones, der zwei wichtige Kollektionen veröffentlichte: *The Musical and Poetical Relics of Primitive British Literature* (1784) und *The Bardic Museum of Primitive British Literature* (1802). Ein Stück war ein für Harfe gesetztes »Druidenlied« mit folgenden Versen und Refrain:

»Als Wissenschaft zuerst begann
Sie Einfluß auf den Menschen nahm
Und unsrer Insel fernen Vätern
Ihr Lächeln schenkt' als frommen Betern;

Refrain: Heil allzumal dem Mistelzweig
Heil, Mistel, dir sei dreifach Heil ...

Die Menge hingerissen lauscht
Mit heil'ger Mistel krönt dein Haupt
Mit Mistel Eichenkranz dir windet
Heil dem Druiden tönend kündet
Heil dir, Druide, Freund der Menschen
Heil dir, Druide, Freund der Menschen ...«

Im 18. Jahrhundert wurde es bei der Oberschicht in England schick, sich mit walisischen Ahnen zu brüsten. Hierzu bemerkt der walisische Historiker Emy Humphreys: »Walisische Stammbäume stiegen im Wert, als die Druiden in Mode kamen. [...] Die Druiden hatten Verwandte in besten Kreisen« (*The Taliesin Tradition*, 1983).

In dieser Atmosphäre wachsenden Interesses an den keltischen Wurzeln braute Iolo Morgannwg einen Mythos zusammen, in dem Druiden, Wales, Steinkreise und das Nationale Eisteddfod zu einem einzigen – fragwürdigen – Brei verschmolzen.

Iolo Morgannwg: Phantasie und Fälschung

»Iolo, alter Iolo, du, der da kennt
Der Kräuter Wert in Berg und Tal […]
All' Wissen und all' Sanges Künste
Der Weisen und Barden von einst uralt!«
Aus einem Gedicht von Robert Southey, um 1820

Noten aus dem Lied für Harfe von Edward Jones mit dem Titel »Y Derwydd – Der Druide« (1802).

Edward Williams wurde 1747 in Glamorgan (Südwales) geboren. Als Steinmetz in London tat er sich mit anderen walisischen Patrioten zusammen, die sich um die Erhaltung von Wales' sprachlicher und kultureller Identität sorgten. Williams wurde Barde und nahm den Bardennamen »Iolo Morgannwg« (Iolo von Glamorgan) an. Doch er begnügte sich nicht mit der bloßen Pflege moderner walisischer Kultur. Er erfand einen Stammbaum, der die Barden von Glamorganshire in ununterbrochener Linie von den altkeltischen Druiden herleitete. Die unter den Altertumsforschern herrschende Druidenmanie stachelte Iolos Eifer natürlich zusätzlich an. Zum Beweis fälschte er (bei der wenig strengen Wissenschaftlichkeit damals ein leichtes) Dokumente, und er wurde zum alleinigen Urheber der komplizierten Mythen und Rituale, die ins heutige Nationale Eisteddfod eingingen.

Walisische Barden und das Eisteddfod

Mit der Erfindung dieses Stammbaums der walisischen Barden pfuschte Morgannwg in eine im 12. Jahrhundert entstandene walisische Tradition

Gorsedd-Zeremonie (19. Jhdt.). Der Erzdruide steht auf dem zentralen Logan-Stein und vollzieht ein Ritual, bei dem ein Schwert dreimal aus der Scheide gezogen wird. Obwohl es das Eisteddfod in irgendeiner Form schon seit dem 12. Jahrhundert gab, ist das heutige Eisteddfod mit seinem Gorsedd und den sonstigen Riten eine reine Erfindung des phantasievollen Iolo.

Gorsedd des »Collège des Bardes de la Bretagne-Armorique« in Brigognan, Nordbretagne (1903).

hinein, die echt war. Im Mittelalter genossen die Barden gesellschaftlichen Rang; ihre Dichtung hob sich von der übrigen durch komplexe Form und strenge Metrik ab. Das Eisteddfod (wörtlich: »Versammlung«) gab es spätestens schon im 12. Jahrhundert (das Cardigan Eisteddfod fand 1176 statt) als Standesgericht, das die Musik und Dichtung der Barden in Form von Wettbewerben und Preisen regulierte und bewertete. Im Spätmittelalter wurden in diversen walisischen Städten Eisteddfodau abgehalten, die nun zusätzlich die wandernden (und potentiell landstreichernden) Barden in Schach hielten und deshalb vor der britischen Regierung Gnade fanden.

Die im obigen Auszug aus dem *Gentleman's Magazine* zitierte Zeremonie von 1792 auf Primrose Hill war Iolos Werk, wobei ihm John Tolands Feier 1717 am selben Ort als Vorlage gedient haben mag. Jedenfalls rekonstruierte er ein Druidengericht der »Barden der britannischen Insel«, zu dem auch das »Gorsedd y Beirdd« (Barden-Gorsedd) gehörte – eine innerhalb eines Menhir-Kreises sitzende Gruppe. Das Anrufungszeremoniell, mit dem Poeten geehrt und gekrönt wurden, war von Iolo inszeniert.

Das alte Eisteddfod hatte lange dahingesiecht. Doch nachdem Iolo den Lordbischof von St. Davids (und hochgebildeten Engländer) Dr. Burgess als Fürsprecher für regelmäßige Eisteddfodau gewonnen hatte, organisierte er auf dem Gelände des Ivy Bush Hotels in Carmarthen ein dreitägiges Eisteddfod und hauchte dem Ereignis mit einem ausgeklügelten (und erfundenen) Zeremoniell neues Leben ein. Er brachte Steine mit, die er als

Gorsedd-Zirkel aufstellte, und organisierte ein Barden-Wettsingen.

Die wichtigsten Rituale der heutigen Eisteddfodau gehen allesamt auf Iolo zurück. Friedensanrufung, Gorsedd, Druiden, Zepter, Schwert, Krone und »Hirlas Horn« (Füllhorn) verdanken ihren Ursprung ihm. Er vermochte sogar seine etwas gutgläubigen Gesinnungsfreunde zu überzeugen, er sei der einzige Nachfahre des uralten Druidenordens von Glamorgan.

Iolos gefälschte Manuskripte dienten dazu, die Verbindung zwischen den alten Druiden und Wales im 18. Jahrhundert zu beweisen, und das wiederum gab dem »Gorsedd Beirdd Ynys Prydain« (Bardenzirkel der Britischen Insel) den Anstrich einer »authentischen« Druideninstitution.

In seinem Werk *Poems Lyric and Pastoral* (1794) behauptete Iolo, das Werk des walisischen Dichters Taliesin vom 6. Jahrhundert beschreibe ein »komplettes System des Druidentums«, obwohl die Taliesin (fälschlich) zugeschriebenen Gedichte inhaltlich nicht druidisch sind und zudem erst aus dem 13. Jahrhundert stammen.

»Kornisches Gorsedd in Roche Rock« bei Bodwin, Cornwall, von Herbert Truman, 1933. Die weißbärtige Figur in der Mitte ist Henry Jenner (1848–1934), die hagere rechts davon dürfte Robert Morton Nance (1873–1959) sein – beides führende Gestalten im Gorsedd.

DAS GORSEDD Y BEIRDD

Gorsedd y Beirdd« ist ein Bund von Dichtern, Schriftstellern, Musikern und Künstlern, die zur walisischen Sprache, Literatur und Kultur Bedeutendes beigetragen haben. Seine Mitglieder gelten als Druiden; die Farbe ihrer Kleidung – Weiß, Blau oder Grün – kennzeichnet ihren Rang.

Seine Feiern werden »unter der Sonne, dem Auge des Lichts« abgehalten. Das »Corn Gwlad« (eine Trompete) ruft das Volk aus den vier Himmelsrichtungen zum Gorsedd-Gebet zusammen. Der Erzdruide vollzieht ein Ritual, bei dem ein Schwert dreimal aus der Scheide gezogen wird, und ruft: »Ist Friede?«, worauf die Versammlung respondiert: »Friede.« Das Ritual wird bei Preisverleihungsfeiern wiederholt.

Das »Hirlas Horn« (»Füllhorn«) wird dem Erzdruiden am Logan-Stein (um den sich der Gorsedd-Zirkel gruppiert) von einer jungen verheirateten Frau präsentiert, die ihn auffordert, »den Willkommtrunk zu nehmen«. Ein junges Mädchen schenkt ihm einen Korb »Blumen von Wales' Land und Erde«; in einem Blumentanz simuliert eine Mädchengruppe das Blumenpflücken auf dem Felde.

In einer Feier des Gorsedd y Beirdd präsentiert eine verheiratete Frau dem Erzdruiden am Logan-Stein das »Hirlas Horn«.

»So wählte ich einen walisischen Namen für das Meine [mein Haus], und er war Taliesin. Taliesin, ein Druide, gehörte zu König Artus' Tafelrunde.«

Filminterview mit Frank Lloyd Wright, 1953

DER BERÜHMTE ARCHITEKT Frank Lloyd Wright war der Enkel des nur walisisch sprechenden Unitarierpredigers Richard Lloyd-Jones, der 1841 mit seiner Familie nach Amerika auswanderte. In der 1940 erschienenen Autobiographie des Enkels wird Richard Lloyd-Jones als druidischer Patriarch mit weit zurückreichenden Druidenvorfahren aus Wales beschrieben. Wie seine Vorfahren gab also auch Frank seinem Haus in Chicago einen »druidischen« Namen. Taliesin war für ihn nicht bloß Druide, sondern Artus-Druide obendrein.

Das Nationale Eisteddfod

»Dies ist die Szene. Durch den matt erleuchteten Pavillon huschen Schatten, während das Barden-Gorsedd in würdiger Prozession in weißen Roben und funkelnden Goldregalien zur Bühne zieht. In erwartungsvoller Stille steigen die Druiden die Stufen hinauf und gesellen sich zu den schon in Rangordnung sitzenden – ein Meer aus blauen und grünen Roben. Haben die Gorsedd-Amtsmänner auf der Bühne Platz genommen, tritt ihr erwählter Führer, der Erzdruide, vor und spricht zur Versammlung« (aus einer Broschüre des National Eisteddfod Office).

Die Veranstalter des heutigen Royal National Eisteddfod betonen in allen Schriften, zwischen den Druiden des jetzigen Gorsedd y Beirdd und den alten Druiden der vorrömischen Kelten bestehe keinerlei Zusammenhang. Unumstrittener Gründungsvater des modernen Eisteddfod ist Iolo Morganwgg.

Wie wir sahen, fand das erste regionale Eisteddfod von Wales mit Iolos komplizierten Ritualen 1819 in Carmarthen statt. 1860 wurde die Abhaltung eines Nationalen Eisteddfod für ganz Wales beschlossen, das erstmals 1861 in Aberdare stattfand.

Ein walisisches Kulturfest

Das Nationale Eisteddfod ist ein acht Tage dauernder Kulturjahrmarkt und findet jährlich Anfang August abwechselnd in Nord- und Südwales statt. Es darf nur abgehalten werden, wenn es mindestens ein Jahr und einen Tag vorher vom Gorsedd y Beirdd proklamiert wird.

Jedes Nationale Eisteddfod umfaßt drei Hauptzeremonien:

1. Krönung des Barden; gekrönt wird der Dichter, der die besten Gedichte in freier Metrik verfaßt hat.
2. Verleihung der Prosamedaille an den Sieger im Prosawettstreit.
3. Amtseinführung des Barden; der Ehrensitz geht an das beste lange Gedicht in strenger Metrik.

Die Bewerber legen ihr Werk unter Pseudonym vor; ihre wahre Identität erfährt die Versammlung vom Erzdruiden erst, wenn der Sieger das Podest besteigt und zeremoniell bekleidet wird. Wales ist zu Recht stolz auf das Nationale Eisteddfod und seine Druiden. Hier wird Literatur und Musik ungeheurer Wert beigemessen, und ihre Urheber genießen hohes Ansehen. Nur in diesem Sinne besteht zwischen den Druiden von einst und heute ein Zusammenhang.

Porträt eines Waliser Druiden

Im Jahr 1815 veröffentlichten Samuel Meyrick und Charles Smith das Buch Costume of the Original Inhabitants of the British Isles. *Es enthält den Aquatintastich »Ein Erzdruide im Ornat«; er trägt den obligatorischen weißen Bart und die lange weiße Robe. Seinen Kopf ziert ein Eichenlaubkranz, als Diadem trägt er einen liegenden Goldhalbmond, um die Brust ein Goldcollier (beide aus der Spätbronzezeit).*

1897 erhielten die walisischen Barden ein neues, von einem Professor Herkomer entworfenes Kostüm, das sie fortan immer tragen sollten. Doch im heutigen Eisteddfod ist der Erzdruide im Gorsedd y Beirdd sehr ähnlich dem aus Meyricks und Smith' Buch gekleidet. Der derzeitige »Erz-Dderwydd« John Gwilym ist im wallenden weißen Gewand mit Diadem und massivgoldenem Halbmond um den Hals zu sehen

»Ein Erzdruide im Ornat«, aus dem Buch Costume of the Original Inhabitans of the British Isles, *1815, nach einem Stich von Montfaucon. Die beschrifteten Holzstäbe in der Hand sind eine Erfindung Iolo Morgannwgs. Den Steinaltar zieren ein prähistorisches Goldobjekt und ein mittelalterlicher Krug. Die Schlange geht auf die Fehlübersetzung eines Taliesin-Gedichts zurück.*

X

DIE DRUIDEN VON HEUTE

»Es lebt der Druide eins mit dem Land
Der dunkeln Erde, auf der stolz er seit Urzeit stand
Eins mit dir, Mutter, die uns gesäugt
Mit Strömen und Bächen, eins ungebeugt –
Eins mit dir, Vater, von des' eichengetrag'nem Himmelsgezelt
Ewig dein Auge tagtäglich betrachtet die Welt.«

Aus *The Druid and the Land* von Philip Shallcrass
(Chefdruide des Britischen Druidenordens), 1994

DAS MODERNE DRUIDENTUM gehört neben anderen Religionen wie Wicca, Schamanismus und Odinismus zur Neuheidnischen Bewegung. Shallcrass' Gedicht veranschaulicht mehrere heidnische Thesen von heute: Verehrung der Erde als Muttergöttin und der Sonne als Vatergott; Einsfühlen mit der Natur und allem Lebenden. Andere Verse betonen die Bewahrung der Erde vor der Zerstörung durch Überentwicklung und die Bedeutung alter Kultstätten wie Menhir-Kreisen.

Die modernen Druiden glauben fest an ein originäres Band zwischen Vergangenheit und Gegenwart. Viele betrachten sich als Nachfolger der Urdruiden aus Cäsars Zeit und fühlen sich zu archäologischen Monumenten hingezogen, weil sie ihren Vorfahren heilig waren und weiterhin als heilig gelten.

In diesem Schlußkapitel soll sich (um ein modernes Druidenwort zu benutzen) »der Kreis schließen«: Begann das Buch mit einer Erörterung der Ursprünge des alten Druidentums, so endet es mit einer Betrachtung des heutigen, der Verknüpfung von Vergangenheit und Gegenwart und des Verhältnisses zwischen den modernen Druiden und anderen neuheidnischen Gruppen.

Moderne Druiden bei einer Sommer-Sonnwendfeier zu Tagesanbruch in Stonehenge.

»Kostenlose Kontaktvermittlung für Heiden, geleitet von einem Heiden. Ernsthaft interessiert?«

Anzeige in *Mercian Mysteries*, August 1995

»Die meisten Heiden verehren die Dreier-Göttin des wachsenden, vollen und schwindenden Mondes und den Gehörnten Gott der Wälder und Tiere. Viele sehen die Göttin als fruchtbare Mutter Erde und Gott als lebenspendenden Vater Sonne; doch welche Gestalt die Götter und Göttinnen auch annehmen – sie werden als Aspekte der einen Göttlichen Kraft verehrt.«

Aus der Informationsschrift der Pagan Federation

Titelseite von The Druids' Voice: Magazine of Contemporary Druidry. *Diese Quartalszeitschrift des modernen britischen Druidenordens enthält Gedichte, Artikel, Annoncen sowie Ankündigungen von Ereignissen und Feiern.*

DER MODERNE PAGANISMUS kennt drei zentrale Prinzipien:

1. Naturliebe und -verbundenheit;
2. das heidnische Ethos: »Tu, was du willst, aber schade niemandem«;
3. Akzeptanz der Polarität des Göttlichen (Gleichheit und Ausgewogenheit von männlicher und weiblicher Gottheit).

Der Neopaganismus ist in Amerika stark verbreitet. Zu seinen großen amerikanischen Vorvätern gehört der 1884 geborene Gerald Gardner. Sein Buch *Witchcraft Today* bildet den Grundstein der modernen Hexerei (Wicca). Gardners neuheidnische Religion beruht auf Autoren wie Margaret Murray (*Witchcraft in Western Europe*, 1921) und Robert Graves (*The White Goddess*, 1948). Der Gehörnte Gott (Cernunnos) und vor allem die Große Göttin der Fruchtbarkeit stehen bei Gardner im Vordergrund. Die britische Pagan Federation hat ihr Gegenstück in Amerika; der Midwest Pagan Council und die Pagan Front sind nur zwei dieser Koordinationsgruppen.

Der Schamanismus

»Schamanen sind Heiler, Seher
und Visionäre; [...] sie verkehren mit
der Götter- und Geisterwelt.
Unter Zurücklassung ihres Körpers
fliegen sie in unirdische Gefilde;
[...] Schamanen sind [...] Meister
der Ekstase.«

Joan Halifax, *Shamanic Voices*, 1968

Der Begriff »Schamane« stammt aus Sibirien; dort auch kann man die heutigen Schamanen sehr gut studieren. Bei vielen anderen Völkern, insbesondere in amerikanischen Eingeborenenkulturen, spielt der Schamanismus ebenfalls eine zentrale Rolle. Er ist weniger Kult als geheiligter Zustand. Schamanische Riten ziehen sich mehr oder weniger durch die meisten heutigen heidnischen Bewegungen. Hauptziel des Schamanen ist es, in Ekstase zu geraten, um direkt mit der Geisterwelt in Verbindung zu treten. Mit Gesang, Musik oder Tanz versetzt er sich in Trance und öffnet sich für den spirituellen Kontakt. Manchmal legt er Tierkleidung an, um Naturgeister anzusprechen. Die so freiwerdende heilige Energie wendet er der Heilung, Zeichendeutung oder anderem Zauber zu. Die ihm von den Geistern verliehenen Kräfte äußern sich in Visionen, Träumen, Poesie oder Malerei.

Der Odinismus

Eine der bedeutendsten Heidentraditionen im Europa von heute (vor allem Deutschland, Skandinavien und England) beruht auf der Neubelebung der vorchristlichen nordischen Religion. Im Odinismus spielen die nordischen Himmelsgötter Äsir und die Erdgötter Vanir, die mit Landwirtschaft und Fruchtbarkeit zu tun haben, eine zentrale Rolle.

Die Odinisten treten mit den Göttern in Verbindung, um Kraft zur Heilung und geistigen Entwicklung zu erlangen. Wie den Druiden und Wiccanern gilt ihre Sorge der Umwelt; desgleichen feiern sie jahreszeitbezogene Feste. Ihre strenge Ethik betont Werte wie Treue, Ehre, Mut und Freundschaft. Der traditionell männlich orientierte Odinismus öffnet sich zunehmend auch den Frauen.

Die »Pagan Federation«

Die »Pagan Federation« wurde 1971 gegründet, »um über den Paganismus zu informieren und falschen Vorstellungen über diese Religion entgegenzuwirken«. Ihr Informationsblatt definiert den Paganismus wie folgt:

». . . eine Religion der Freude und Feste, ein Tanz mit den Mysterien der Natur und ein Weg zur Selbstverwirklichung. [. . .] Heiden pflegen eine naturverbundene Geistigkeit und verehren die Alten Götter der vorchristlichen Zeit.«

Die Föderation ist ein koordinierendes Gremium mit Sitz in London; sie dient den diversen neuheidnischen Gruppen in England als Sammelpunkt, organisiert Konferenzen und Tagesseminare und veröffentlicht vierteljährlich die Zeitschrift Pagan Dawn, *die sich nicht nur mit Wicca (moderner Hexenkunst), sondern auch mit anderen neuheidnischen Bewegungen wie den Druiden, Odinisten und Schamanen befaßt. Wie ihr Parallelblatt* The Druids' Voice *bringt sie Artikel von Gelehrten und Anhängern (was nicht immer dasselbe ist), Rezensionen, Gedichte, Privatannoncen und Ankündigungen bevorstehender Ereignisse.*

Amerika: ein moderner indianischer Schamane. Die meisten neuheidnischen Bewegungen, darunter das Druidentum, praktizieren schamanische Riten.

»Druidentum und Wicca sind zweierlei; am besten betrachtet man sie als Geschwister. [...] Das Druidentum bevorzugt die Sonne, Wicca verehrt eher den Mond. [...] Aber beide arbeiten in einem Kreis mit den vier Vierteln und vier Elementen und feiern saisonale Feste.«

Philip Carr-Gomm, *Voices from the Circle*

»So es keinem schadet, tu, was du willst.«

Wicca-Glaubenssatz

WICCA IST EINE moderne Mysterienreligion, zu der eine Initiationsphase des Lernens und der Reflexion gehört. Zur Information interessierter Außenstehender und Beseitigung falscher Vorstellungen veranstalten Wicca-Mitglieder Einführungskurse. Stark betont wird das göttliche Element des weiblichen Prinzips. Kandidaten müssen über 18 Jahre alt sein und um Initiation ersuchen – Wicca macht keine Proselyten. Die Novizen durchlaufen eine Studien- und Ritual-

(Links) Weiße Hexen in Avebury vor einem verunstalteten Stein, nachdem sie bei einem Ritual ein übersinnliches »Fahndungsbild« des Graffiti-Schmierers erzeugt haben; dabei kam die Zeichnung unten links zustande.

(Rechts) Druidin auf dem Titelblatt der Weihnachtsausgabe von Le Monde Illustré *von 1899, von Leftwich-Dodge. In vielen Neuheiden-Bewegungen (vor allem Wicca) ist das weibliche Element stark vertreten. Einige Druidenorden wie der »Orden der Barden, Vaten und Druiden« (OBOD) fördern die Gleichberechtigung, andere sind noch sehr männlich orientiert und erinnern an die Freimaurerlogen.*

NOËL

Das Jahresrad

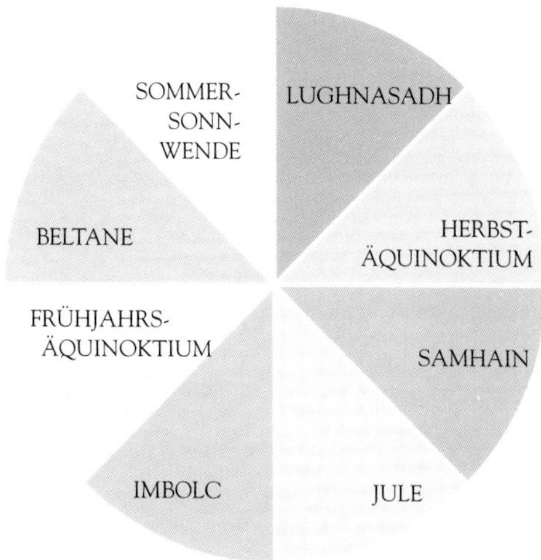

phase über Zeichendeutung, Anrufung, Hingabe und Reinigung, die zu tiefer Verbundenheit und Harmonie mit der Natur und geistiger Verwandlung und Selbsterkenntnis hinführt. Die Wiccaner glauben an eine allmächtige Erdgöttin und andere Naturgötter einschließlich des Gehörnten Gottes. Wicca steht Frauen (Priesterinnen) und Männern (Priestern) offen. Ein »Coven« (»Zirkel«) besteht aus etablierten Wiccanern, die neue Adepten lehren. Traditionell liegt zwischen Ersuchen und Zulassung ein Jahr und ein Tag.

Der Wicca-Ritus konzentriert sich auf acht nach den Jahreszeiten ausgerichteten Festen, Sabbate genannt, und hat insoweit viel mit den modernen Druiden gemein. Diese Feste und andere Zeremonien finden oft im Freien statt, wo sich die Natur leichter verehren läßt. Ziel ist der »Kontakt mit dem Göttlichen – drinnen und draußen«.

Die britische Zeitschrift *Pagan Dawn* (früher *The Wiccan*) erscheint vierteljährlich zu den vier Keltenfesten, die nach den alten saisonalen Zeremonien Samhain, Imbolc, Beltane und Lughnasadh heißen.

In den USA hängt der Hexenkult eng mit der Feministinnenbewegung zusammen. Feministische Hexen sind (nach der römischen Mond- und Naturgöttin Diana) als »dianisch« bekannt und verehren meist nur diese Göttin.

Das Jahresrad

Trotz ihrer Verschiedenheit sind Wiccaner und Druiden mehrfach verbunden. Bei beiden stehen die Natur und die Jahreszeiten im Mittelpunkt. Beide betrachten sich als Hüter und Verehrer der Erde. Beide glauben an die Heiligkeit der Erde und alles Lebenden.

Deutlich werden diese Gemeinsamkeiten in der Feier des achtfachen Jahres, das als endlos sich drehendes Rad gilt – das Jahresrad. Die acht Punkte im Jahreszyklus mit ihren besonderen Riten sind die Sommer- und Wintersonnwende, Herbst- und Frühjahrs-Tagundnachtgleiche sowie die Mittepunkte dazwischen. Diese heißen wie die altkeltischen Jahreszeiten, und der Zyklus beruht auf den altheidnischen Feiern, mit denen diese entscheidenden Punkte im Jahr begangen wurden.

Samhain – keltisches Neujahrsfest vom 31. Oktober bis 2. November (Halloween); Aussonderung des Merzviehs.

Jule – Wintersonnwende am 21. auf 22. Dezember (Weihnachten).

Imbolc – 1. auf 2. Februar; Lämmerzeit.

Frühjahrs-Tagundnachtgleiche – 20. auf 21. März.

Beltane – 1. Mai; Aufdrift des Viehs.

Mittsommer – Sommersonnwende: 21. auf 22. Juni.

Die moderne Hexe Sybil Leek vollzieht Magie an einer Wegkreuzung (als Mitte von vier Kardinalpunkten wichtig) in der Nähe ihres Hauses in Hampshire.

Lughnasadh – 1. August; Erntezeit.

Herbst-Tagundnachtgleiche – 22. auf 23. September.

In diesem achtteiligen Festzyklus fanden die Druiden eine »Verehrungs- und Feierstruktur von hohem Wert und großer Eleganz« (Philip Carr-Gomm).

Titelblatt von The Wiccan. *Die jetzt in* Pagan Dawn *umbenannte Quartalszeitschrift der »Pagan Federation« befaßt sich mit Fragen von Wicca, Druidentum, Odinismus und Schamanismus.*

»GESUCHT: STILLES GEHÖLZ
für kleine Druidenversammlungen, gelegentliche Wochenendseminare usw.«
Anzeige aus *The Druid's Voice*, Winter 1994

DIE MODERNEN DRUIDEN halten ihre Zeremonien meist naturnah im Freien und möglichst an alten Kultplätzen, vor allem Steinkreisen, ab. Dazu gehören die Jahreszeitfeste, wobei im Zentrum druidischer Verehrung die Hochzeit des Gottes Sonne mit Mutter Erde steht.

Die Förderung des Friedens ist ein Hauptdogma der Druiden. Jede Zeremonie beginnt mit dem

DIE GORSEDD-BARDEN VON CAER ABIRI

Die Druidengruppe »Gorsedd-Barden von Caer Abiri« wurde am 23. September 1933 in Avebury (Caer Abiri) gegründet. Die Rituale in Avebury (unten) hängen mit dem Sonnen-Jahreszyklus – Tod und Wiedergeburt des Sonnengottes – und seinem unablässig wechselnden Verhältnis zur Erdgöttin zusammen. Im alten Steinkreis werden »Verlobungen« und Kindessegnungen gefeiert und auch neue Mitglieder aufgenommen. Dabei versammeln sich die Kandidaten im Zentrum des Kreises der Druiden, die den Geist des Bardentums (»Awen«) auf sie lenken. Sobald sie diese spirituelle Kraft erkennbar erhalten haben, segnet die Versammlung sie.

Zum sechzigköpfigen Gorsedd gehören Sänger, Schriftsteller und Dichter sowie Mitglieder der anerkannten Druidenorden, Wiccaner, Schamanen und Christen. Die »Gorsedd-Barden von Caer Abiri« nehmen »jedermann reinen Herzens« auf.

PERSÖNLICHE FEIER IN AVEBURY

»Dir, Schöpfer, Dir, Mächtiger, biete ich diese frische Blüte, die neue Frucht des alten Baumes ...«

Aus einer Kindessegnung in der Druidenversammlung von Avebury zur Herbst-Tagundnachtgleiche von 1993.

Die Präsentation des Kindes entspricht der christlichen Taufe und soll den Säugling in den Kreis der Druiden aufnehmen. Die »Verlobung« (»Handfasting«) als druidische Form der Eheschließung findet ebenfalls bei öffentlichen Versammlungen statt.

Der 55 Meter hohe Cerne-Abbas-Riese in Dorset wurde vermutlich in römischer Zeit in den Kalkhügel geritzt. Etwa 20 Meter höher liegt eine Doppeleinfriedung, wo zu Beginn des Jahrhunderts die Dorfbewohner an Beltane (1. Mai) um einen Maibaum herum Fruchtbarkeitsriten veranstalteten (die überdeutliche Männlichkeit des Riesen mag das Ihrige dazu getan haben). Aus der Keule wurde auf eine Verbindung zum Iren-Gott Der Daghda geschlossen; es kann sich aber auch um ein britannisches Pendant zum Halbgott Herkules handeln.

Gruß »Frieden den Enden der Erde« als Ausdruck des Glaubens, daß der Friede vom Zentrum des Rituals aus in alle Teile der Erde strahlt.

Strenge Sitten

Die Mitglieder vieler Druidenorden tragen »Ordensnamen«, die sie bei der Initiation erhalten. Der Chefdruide Ross Nichols wurde Nuinn genannt (wie die Esche auf irisch heißt). Generell schlägt sich in den Namen ein Naturaspekt nieder, sehr häufig Bäume oder Pflanzen.

Für den Eintritt in einige britische Orden muß sich der Kandidat sein Horoskop stellen und von den drei höchsten Würdenträgern (»Chief«, »Pendragon« und »Scribe«) auslegen lassen. Initiationsriten finden meist an bedeutsamen Tagen im Druidenkalender statt; besonders beliebt ist die Beltane-Maifeier. Auch der Ort wird sorgfältig ausgewählt; Glastonbury Tor, Primrose Hill, Parliament Hill und Tower Hill sind ebenso beliebt wie Stonehenge, Avebury und andere alte Monumente.

Auf dem Glastonbury »Tor« (Somerset) finden neuheidnische Mittsommerfeiern und andere Jahreszeitenfeste statt. Eine prähistorische Besiedlung des »Tor« ist nicht belegt, doch trat bei Grabungen Material aus dem 6. Jahrhundert n. Chr. zutage. Auf der umliegenden Ebene bestand in der Früheisenzeit eine Pfahlbausiedlung.

»Chefdruide des Britischen Druidenordens, Barde des Gorsedd von Caer Abiri, Edler Großhexer der alten Bruder- und Schwesternschaft des vorcambrischen Dormice.«

Ehrentitel von Philip Shallcrass, Herausgeber des Vierteljahrsheftes *The Druid's Voice*

DER BRITISCHE DRUIDENORDEN ist nur einer von vielen, die in den letzten Jahren in Europa, Amerika und Asien entstanden sind. Trotz unterschiedlicher Regeln und Sitten haben sie vieles gemein und sind im Rat der Britischen Druiden verbunden, in dem gemeinsame Ordensfragen debattiert werden. Jeder Orden ist autonom, aber alle verfolgen das Ziel, »Gerechtigkeit, Menschenfreundlichkeit, Bruderliebe, Einheit, Frieden und Eintracht in der ganzen Welt« zu fördern.

Manche Druidenorden sind klein und lokal begrenzt, andere zählen Tausende von Mitgliedern. Einer der ältesten und größten ist der »Alte Orden der Druiden« (AOD); er leitet sich vom 1781 gegründeten Henry-Hurles-Orden her. Der AOD zählt über 3000 Mitglieder und hat Logen in der ganzen Welt.

Die meisten Logen sind nur für Männer, aber mittlerweile gibt es auch weibliche. Der Orden unterhält enge Bande mit den Freimaurern und Rotariern und befaßt sich mit wohltätigen Aktivitäten.

Im August 1908 wurde der junge Winston Churchill in einer Feier in Blenheim Park in die Albion-Loge des AOD aufgenommen.

Zu den bekanntesten Druidenorganisationen Amerikas gehören »A Druid Fellowship« (AFD) und »Keltria«.

EIN »WELTWEITES NETZ« DES DRUIDENTUMS

Druidenorden gibt es auf der ganzen Welt. Ziel der 1993 zu Samhain gegründeten irischen Heidenbewegung ist die »Heilung der Heiligen Insel«; sie will Frieden in Irland und Heilung und Schutz des Landes. In Frankreich wurde 1988 die »École Druidique des Gaulois« geschaffen; sie glaubt an den Wiederaufbau Europas auf einer gemeinsamen druidischen Basis. In Deutschland gibt es seit 1872 Druidenlogen (leider schlossen sich einige Mitglieder rechtsradikalen Neonazigruppen an). Von da aus breitete sich die Bewegung auf die Schweiz, Schweden und Dänemark aus. In Australien war 1851 das Geburtsjahr des Neodruidentums; Logen existieren heute in vier der sechs Staaten. Sogar eine Gruppe chassidischer Druiden gibt es: Juden, die einige Aspekte der hebräischen Tradition mit der Druidendoktrin verbinden.

In den USA hat das Druidentum viele Anhänger; die bekanntesten Orden sind ADF und Keltria. Zu den anderen Gruppen gehören die »Schismatisc Druids of North America« und die »Golden Gate Group« in San Francisco – eine Vereinigung homosexueller und lesbischer Druiden, die in einem im Golden Gate Park erbauten und den an Aids gestorbenen Mitgliedern geweihten Steinkreis Rituale abhalten.

Als Anlaufstelle für Druidengruppen gibt es sogar druidische Homepages im Internet.

Die »Auberge des Druides« in einem bretonischen Dorf zwischen Perros Guirec und Roscoff – einer von vielen heutigen »Druidennamen« in Westeuropa.

Der Insel-Orden der Druiden (IOD)

»Leben ist eine Kunst und Wissenschaft der Selbstfindung.«

Der relativ neue Insel-Orden der Druiden wurde zur Sommersonnwende 1993 in Stonehenge gegründet. Sein »Mutterhain« (Rat) tagt in Portsmouth; die ersten Versammlungen hielt die Gruppe im »The Druids' Arms« in der Binstead Road ab. Die acht Jahresfeste begeht der IOD, wenn möglich, in Stonehenge. Er befaßt sich mit der Wiederbelebung »authentischer« keltischer Riten (ohne Blutvergießen, wie betont wird) und verehrt Mutter Erde. Die Mitglieder streben nach Geistigkeit (»Awen«), durch die sie ihr »eichen-weises« Selbst erlangen.

Der IOD bezeichnet sich als schamanische Arbeitsgruppe von Druiden, die die spirituellen und kultischen Fähigkeiten ihrer Adepten fördert, und bekämpft religiöse Vorurteile. Wie der AOD führt er einen Kreuzzug um Kultfreiheit in Stonehenge.

Im Orden gibt es drei Druidengrade: Barde/Fili, Vate und Druide. Die Barden erzählen Geschichten, machen Musik und schreiben. Die Vaten befassen sich mit Zukunftsdeutung und Philosophie. Die Druiden fördern die Einheit mit der Natur.

Einführung von Winston Churchill in die Albion-Loge des Alten Ordens der Druiden in Blenheim, August 1908. Die Zeremonie scheint eine Mischung aus staatsbürgerlicher Veranstaltung und Inaugurationsritual gewesen zu sein: Druiden in weißen Gewändern und langen (falschen) weißen Bärten mischen sich kunterbunt unter weltliche Würdenträger und amüsierte Zuschauer.

Der Orden der Barden, Vaten und Druiden (OBOD)

»Der größte Wert des OBOD-Briefkurses liegt darin, daß es ihn gibt und daß er erhältlich ist. Wertvolle Erkenntnisse werden weitergereicht, die Geheimnisse geteilt …«

Ein Student aus Vermont über den OBOD-Korrespondenzkurs

Der heute vielleicht aktivste Druidenorden mit über 4000 Mitgliedern ist der 1964 konstituierte Orden der Barden, Vaten und Druiden – ein Lehrorden, der in mehr als 10 Jahren per Korrespondenzkurs und durch Seminare über 3000 Menschen erreicht hat. Er ist zugleich Träger der »Kampagne für Individuelle Umweltverantwortung« und eines Programms für das Pflanzen heiliger Bäume. Im Gegensatz zum AOD propagiert der OBOD die Gleichberechtigung. Er leitet seine Herkunft von Tolands Zeremonie auf Primrose Hill von 1717 her und gibt das Monatsblatt *Touchstone* heraus.

Der heutige Orden verfolgt zwei Hauptziele: Er will jedermann helfen, sein spirituelles, geistiges, emotionales, physisches und künstlerisches Potential zu entfalten und die natürliche Umwelt zu hegen und zu pflegen. Der gälische Ordensname »Vairdeas Mor Shaoghal Nan Druidh« bedeutet »Weltweite Bruderschaft der Druiden«.

Die Druidenbruderschaft AFD

1983 gründeten am alten Druidentum Interessierte »A Druid Fellowship«. Später wurde aus der AFD ein neoheidnischer Orden; er ist heute eine der verbreitetsten Druidengruppen der englischsprachigen Welt mit Hochburgen in England und Amerika. In Amerika ist er die größte; 51 Prozent der Mitglieder sind Frauen. Die Nähe zu Wicca ist nicht zu übersehen. Die AFD hat einen Mutter-Hain und viele Tochter-Haine von je mindestens drei Wahlberechtigten von mehr als 18 Jahren, die sich zweimal im Monat zu Studium und Praxis des Druidentums treffen.

Weitere Druidengruppen

Manche Druidenorden sind eng lokalisiert: Der Glastonbury-Orden operiert hauptsächlich in Südwestengland und begeht seine Feiern auf Glastonbury Tor; die Gorsedd-Barden von Caer Abiri gehören zu Avebury; der Hain der Vier Elemente hat seinen Sitz in London, ebenso die London Druid Group. Der Alte Druiden-Orden feiert in Stonehenge (wenn er darf) und auf Tower Hill und Primrose Hill in London.

Manche Orden befassen sich zugleich mit den Bardenkünsten und dem Druidentum als solchem. Der Secular Order of Druids will vor allem ein Nationales Eisteddfod in Stonehenge; die Bardic Order Group befaßt sich auch mit ausübender Kunst. Der 1979 gegründete Britische Druidenorden richtet seine Lehre an der Bardentradition von Wales aus und hat wie viele andere drei Mitgliedsgrade: Barde (Poet/Seher); Ofydd (Philosoph) und Derwydd (Druide).

Mittsommerliche Dichterversammlung des Northumbrischen Hains des Ordens der Barden, Vaten und Druiden (OBOD), der zu den größten modernen Druidenorden zählt.

Der neolithische Steinkreis in Avebury – wie Stonehenge ein Sammelpunkt neodruidischer Rituale, obwohl beide mit den alten Druiden rein gar nichts zu tun haben.

Kein Zugang zu Stonehenge

»Macht,
Macht der Steine
Steigt aus der Erde
Strömt nieder wie Licht
Von Myriaden Sternen
Die im Kleid der Nacht
funkeln.«

Dylan vom Insel-Orden der Druiden, *Lied der Steine*, 1994

»Da will man nicht länger
uns lassen wandern
Durch heil'ge Natur,
die einst unser Heim.
Man hält uns fern von den
Knochen, die standen
Als uns'rer heil'gen Mutter
aufrechte Stein'.«

Philip Shallcrass, *The Druid and the Land*, 1994

»Der Große Festkonvent der Britannier« in Stonehenge. Aus Samuel Meyrick und Charles Smith, Costume of the Original Inhabitants of the British Isles, *1815. Die irrige Verbindung von Stonehenge mit den Druiden war Ursache vieler romantischer Vorstellungen darüber, was sich zwischen den Steinen abgespielt hat, darunter auch dieses Phantasiebildes von alten Britanniern und ihren Druiden, die in Stonehenge opfern. Viele Druidenorden meinen immer noch, es sei ihr naturgegebenes Recht, dort Riten abzuhalten; das hat sie nicht selten mit den Behörden in Konflikt gebracht.*

Am 14. September 1995 brachte die *Times* einen Artikel über einen gewissen Arthur Uther Pendragon, einen selbsternannten Druiden, der tags zuvor von der Anklage freigesprochen worden war, an einer verbotenen Versammlung in Stonehenge teilgenommen zu haben. Er hatte in Salisbury wegen Verstoßes gegen die nach dem neuen britischen Strafrecht untersagte »Zusammenrottung« vor Gericht gestanden. Man hatte ihn zur Sommersonnwende in Stonehenge verhaftet; sein Prozeß war der erste unter den neuen Bestimmungen. Der Verhandlung wohnten Druiden in rituellen Gewändern bei.

Das neue Strafrecht schränkt die Größe von Versammlungen auf öffentlichem Terrain ein. Die Menschenrechtsorganisation »Liberty« vertrat Pendragon und erwirkte den Freispruch, obwohl höchstens 20 Personen erlaubt sind – die 27 anwesenden Druiden hatten sich in kleinere Gruppen aufgelöst.

Pendragon, der sich für eine Reinkarnation von König Artus hält, schwörte auf dessen Schwert Excalibur und gab als Titel »Ehren-Pendragon des Druidenordens von Glastonbury« an. Er habe mit einer Feier bei Tagesanbruch möglichst nahe bei Stonehenge Mittsommer begehen wollen. Viermal jährlich (jeweils zur Sonnwende und den Äquinoktien) wache er hier die Nacht durch und vollziehe bei Tagesanbruch Rituale.

»Nur für Presse und Druiden«

Ende des 19. Jahrhunderts benutzten Druidengruppen Stonehenge bei zeremoniellen Anlässen, vor allem zur Sommer- und Wintersonnwende. Die Riten waren ein buntes Gemisch aus alter (der klassischen Literatur entlehnter) Tradition und neuer Erfindung.

1900 befand sich das Gebäude im Besitz von Sir Edward Antrobus. Nachdem ein Menhir umgestürzt war, ließ er um Stonehenge einen Zaun errichten. Beim nächsten Mittsommerfest verwies die Polizei den Chefdruiden des Ortes, der darauf-

Viele neuheidnische Gruppen verlangen Zugang zu Stonehenge. (Oben) Unter dem Auge vieler Sicherheitsleute stehen zwei Druiden vor der Einzäunung; (links) ein weiterer Neuheide wartet geduldig in der Hoffnung auf Einlaß.

Brief eines Mitglieds des britischen Zirkels der »Kirche vom Universalen Band« an das Bauamt (dem die Zuständigkeit für Stonehenge übertragen wurde, als Cecil Chubb das Gelände dem Staat übertrug): Protest gegen die Beschränkung religiöser Feiern von Druidenorden in Stonehenge.

Cathoir Ghall. — Glastonbury.

An Druidh Uileach Braithreachas.

Church of the Universal Bond

(BRITISH CIRCLE).

Inheriting the Philosophy and Aspiration of The Most Ancient Faith, by Obedience to the Holy Law, and the Preaching of the Word.

Les Hommes de la Religion Blanche. NANTES, FRANCE.
MA' LING
體道 التوحيد
Canton, China. Tripoli N. Africa.
MOUNT CARMEL, LEBANON. SYRIA
Glasgow. Dublin. & Llandudno.

FROM THE OFFICE OF THE CHOSEN CHIEF, AND THE COUNCIL OF ARCH DASTURS, DRUIDS, BARDS AND OVATES.

THOMAS IRELAND (TAMAS EIRIN),
Corresponding Councillor,
57, CAVENDISH ROAD,
LONDON, S.W. 12.
12th. June, '23.

To The Right Hon. Sir John Baird,
First Commissioner of H.M. Office of Works,
Storey's Gate. S.W.

Sir,

Pardon my addressing you in person instead of officially. I am now gazing across the Plain where once the people of my faith held sway, and I cannot avoid reflecting upon the great cry that has been raised against the present rulers of Russia by reason of their attack upon religion. It is now that I feel the great wrong that has been done to our people, and, because of this, I am writing to you in order that whatever takes place in the near future, you may possess the necessary facts with which your questions in the House of Commons may be answered.

Our Order has never failed in the past to hold its annual meetings within the enclosure of Cathoir Ghall, (Stonehenge) a place raised in the name of All Father by our forbears. Twenty years ago by reason

hin Sir Edward in aller Öffentlichkeit feierlich verfluchte. Fünfzehn Jahre später jedoch hatte der Besitzer von Stonehenge gewechselt. Der neue Eigentümer, Sir Cecil Chubb, übergab es in einer amtlichen Regierungsfeier, der auch Druiden beiwohnten, der gesamten Nation.

Stonehenge bildet weiterhin einen Brennpunkt druidischer Rituale, vor allem an Mittsommer, und gilt mehreren Orden als heilige Stätte.

Wegen der zunehmenden Besucherzahl gibt die Konservierung von Stonehenge seit den sechziger Jahren Anlaß zur Sorge. Erst damals wurde auch der Vandalismus zum Problem. 1962 wurde es mit Stacheldraht umzäunt, doch Druiden waren zu bestimmten Anlässen weiterhin zugelassen. Seit den frühen siebziger Jahren halten die Druiden zur Sommersonnwende an der Sonnenscheiben-Furche von Normanton Down bis Tagesanbruch Mitternachtswache.

Die lange Feier in Stonehenge erreicht ihren Höhepunkt, wenn Bronzeluren den Anbruch des Mittsommertages begrüßen. Während des ganzen Tages finden weitere rituelle Aktivitäten statt. In den siebziger und frühen achtziger Jahren wurden die Druiden per Sonderbewilligung eingelassen; am Eingang stand: »Einlaß nur für Presse und Druiden«.

Die Druiden und Stonehenge in den neunziger Jahren

Die Strafrechtsänderung setzte, wie erwähnt, der Zusammenkunft großer Druidengruppen in Stonehenge Schranken. Aber am Abend des 24. Juni 1995 betrat es eine Gruppe von sechs Druiden (drei Männer und drei Frauen) und zwei Kindern ungehindert und vollzog Mittsommer-Riten. Unter dem Klang von zwei Trommeln beteten sie laut zu den Ahnengeistern, Tiermächten und den Vier Vierteln des heiligen Kreises. Auch für freien Zugang zum Denkmal wurde gebetet. Nach anderthalbstündiger Zeremonie führten die Denkmalschützer die Gruppe hinaus und die nächste hinein.

King Arthur Uther Pendragon verläßt den Hohen Gerichtshof in London, nachdem er vergeblich die Rücknahme eines Erlasses gefordert hat, der Camelot zum Abriß freigibt. Uther Pendragon tut alles, um seine druidischen Rechte zu wahren, so auch mit einer verbotenen Versammlung in Stonehenge zur Sommersonnwende 1995.

Der britische Zirkel der »Kirche vom Universalen Band« versammelt sich 1956 in der Frühe des Mittsommertags in Stonehenge.

Die kleine Druidenschar hatte Stonehenge mit einer gebührenpflichtigen schriftlichen Genehmigung der Denkmalschutzbehörden betreten. Dagegen protestierten die Druiden mit dem Argument, Christen und Anhänger anderer großer Religionen müßten für Kirchen, Synagogen und Sikh-Tempel ja auch keinen Eintritt bezahlen. Die wahren Druiden aber müssen es büßen, wenn Unachtsame die Steine beschädigen, Verantwortungslose über die Zäune steigen und sich sogar von den Menhiren abseilen.

Was ist Stonehenge?

Stonehenge ist einmalig in der Welt. Die auf der Salisbury-Ebene (Südengland) gelegene Stätte wurde etwa ab 3000 v. Chr. bis 1000 n. Chr. aktiv genutzt. In der ersten (neolithischen) Phase bestand sie aus einem »henge«, einer Einfriedung mit Böschung und Graben. Etwa um 2000 v. Chr. (Spätneolithikum) wurde ein Monument aus Blaubasaltblöcken in zwei konzentrischen Kreisen errichtet; die Steine wurden aus etwa 240 Kilometer Entfernung von Westwales hergeschafft. Das Tor war auf den Mittsommer-Sonnenaufgang ausgerichtet. Rund hundert Jahre später entstand eine neue Struktur aus örtlichem Sarsenstein. In seiner Endform, um 1100 v. Chr., bestand Stonehenge aus Kreisen und Innenhufeisen aus Blau- und Sarsenstein, die oben mit Querblöcken verbunden und wiederum nach Sonnenaufgang hin ausgerichtet waren.

Zweifelsohne wurde Stonehenge so gebaut, daß die in der Mitte Stehenden den Mittsommer-Sonnenaufgang beobachten konnten. Sie konnten wohl auch die Positionen der auf- und untergehenden Sonne zur Sommer- und Wintersonnwende markieren und damit den Zeitpunkt für religiöse Feste ebenso wie für die Landbestellung berechnen. Für seine Erbauer kann Stonehenge also sowohl Observatorium als auch Sonnentempel gewesen sein.

»Gewähre, o Gott/Göttin/Geist,
deinen Schutz und im Schutz Kraft,
in der Kraft Demut, in der Demut Verstehen,
im Verstehen Erkenntnis, in der Erkenntnis
Gerechtigkeit, in deren Erkenntnis Liebe
zu ihr, in der Liebe zu ihr Liebe zu
allen Wesen und in der Liebe zu allen Wesen
die Liebe Gottes/der Göttin/des Geistes
und alle Güte.«

Mathew McCabe (OBOD): *Gebet um die Einheit aller Druiden in der Welt*

DAS MODERNE DRUIDENTUM glaubt fest an ein Band zwischen Gegenwart und ferner Vergangenheit; daher die Konzentration auf Megalithenkreise. Die heutigen Druiden verehren die Erde, alles Leben ist ihnen heilig und schutzwürdig. Einen Himmel als solchen kennen sie nicht; sie hängen einzig am irdischen Dasein. Das Druidentum ist mehr Natur- als Offenbarungsreligion und kann genausogut als Philosophie gelten. Viele Druiden sind Heiden, einige aber auch Christen. Die einen glauben an die alten Götter der Sonne und Erde, andere erkennen lediglich allem Lebenden eine Seele zu und sehen insofern keinen Gegensatz zum Christentum. Das Druidentum glaubt stolz, zwischen Bekenntnissen Brücken schlagen zu können. Der druidische Glaubensweg dient dem tieferen Verständnis der Natur, der Erde und des Ich. Alle Druiden engagieren sich für den Umweltschutz. Einige Anhänger glauben fest, daß die Natur nicht endlos ist, sondern die Welt früher oder später plötzlich untergehen wird.

Der Kreis

Das Zyklische oder Kreisförmige steht im Zentrum des druidischen Glaubens und Handelns. Das Leben wird als endloser Kreislauf von Leben, Tod, Neu- und Wiedergeburt begriffen. Die Erde, das Jahr, sogar der Tag werden kreisförmig gesehen. Den Angelpunkt bildet die als Lebenskraft verehrte Sonne. Der menschliche und der irdische Zyklus gelten als eng verzahnt.

Die Kreissymbolik repräsentiert Ganzheit und Ewigkeit und durchströmt das ganze druidische Denken; wo immer möglich, finden Druidenriten an Kreisen statt, die meist aus alten Steinen, aber auch aus Bäumen oder Menschen gebildet sind. Meditation und Riten werden im Kreis vollzogen. Der Außenkreis versinnbildlicht den Zyklus von Leben und Tod; die Jahreszeitfeiern stehen an den acht Kardinalpunkten. In der Kreismitte liegt der »Stillepunkt von Sein und Nichtsein« oder »Integrationsort«. Das Innere des Kreises ist der heilige Raum, in dem Menschen auf die geistige Ebene gelangen können.

Der druidische Jahreskreis

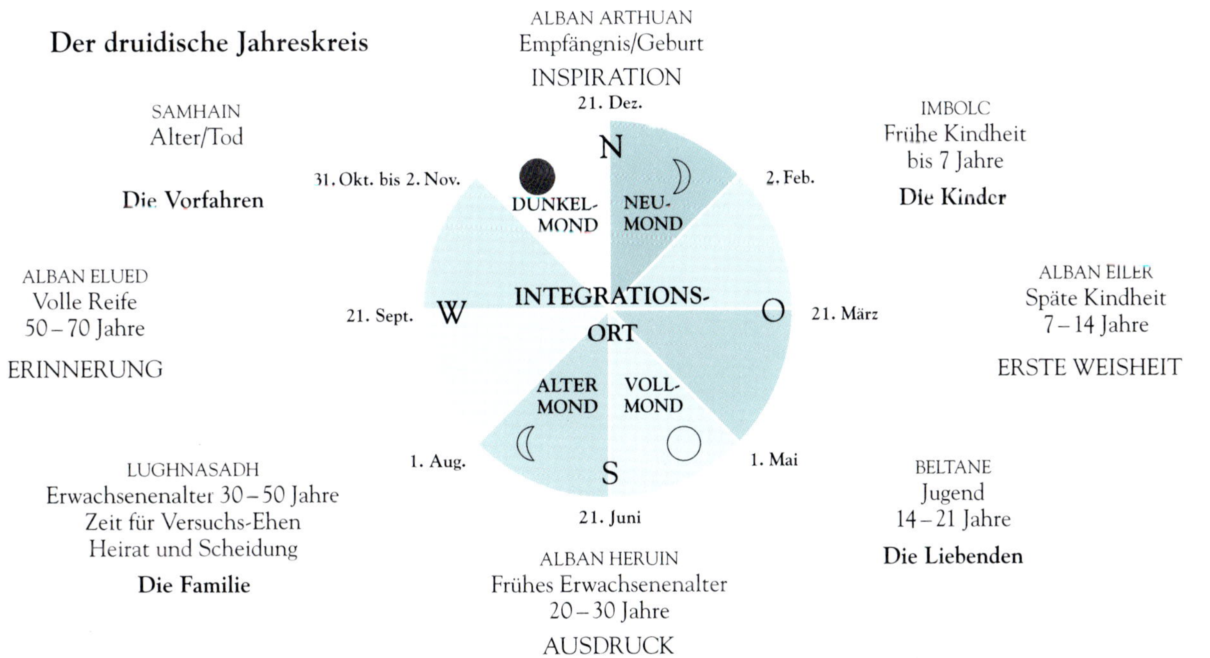

Spirituelle Energie

»Der Reichtum des Ortes
Der Reichtum der Zeit
Die Schätze des Stammes
Die Schätze der Ahnen
Die Freude der Reise.«

Philip Carr-Gomm: *The Druid Tradition*, 1991

Aus diesen spirituellen Kräften glauben die Druiden ihre Energie zu beziehen. Die Reinkarnation ist ein wichtiger Glaubenssatz des Neo-Druidentums, und die Vorstellung der ewigen Wiedergeburt verbindet sich mit der Verehrung des Geistes der Reise, der die wandernde Seele begleitet.

Eine zweite Energiequelle ist der Geist des Ortes, der in der geheiligten Landschaft wohnt. Bestimmte Merkmale wie etwa Brunnen und Steinkreise stellen eine Art Knotenpunkte oder »Pulspunkte« dar und sind durch die sogenannten »Ley lines« verbunden, in denen die Energien der Erde fließen. Die Druiden praktizieren auch die Geomantie – das Studium der Art, wie antike Stätten in bezug auf die Erdkräfte ausgerichtet sind.

Eine weitere Quelle der Energie geht von den Ahnen aus. Cäsar erwähnt den Glauben der Gallier an einen gemeinsamen Vorfahren, den Gott Dis Pater, und für die Druiden von heute sind die Ahnen ein wichtiges Bindeglied zwischen Vergangenheit und Gegenwart. Es existiert die Vorstellung, daß geheiligte Stätten aus alter Zeit wie Stonehenge und Avebury noch immer von den Geistern der Vorfahren bewohnt werden und deshalb nach wie vor heilig sind.

Freudiges Druidentum

»Sommersonnwende
Tag der Freude
Oh, herrlich dort zu sein
Und zu lobpreisen
Wenn das Jahr sich zu neigen beginnt.«

Dylan vom IOD: *Lied der Steine*, 1994

Die modernen Druiden (und Wiccaner) betonen das »freudige« Element ihrer Religion ebenso stark wie deren ernsthafte Botschaften von Frieden und Bewahrung. Es gilt, die Natur zu feiern, zu preisen und in ihr zu frohlocken. Die diversen Zeremonien und Feste bieten Gelegenheit zum fröhlichen Zusammensein und Dank für die Pracht der Natur und die Segnungen der Kameradschaft.

Ein Avebury-Stein. 1996 angeblich von Neuheiden verunstaltet.

Der Heilige Baum

Bäume werden als Nahrungs-, Luft- und Holzspender verehrt. Die modernen Druiden haben sich die Eiche als Sinnbild von Tradition, Weisheit und langem Leben zum Baum erkoren. Damit folgen sie klassischen Autoren wie Plinius und Lukan, die Eichen und Druiden eng verknüpften. Auch Plinius' Aussage über die Verbindung von Mistelzweig und Fruchtbarkeit hat ihren Weg in die moderne Druidenlyrik gefunden: Mistelbeersaft gilt als Symbol des männlichen Spermas.

Einige antike Autoren nennen noch Vaten und Barden. Auch sie gibt es in der modernen Druidentradition: Das Wort eines Barden ist heilig. Der Symbolbaum der Barden ist die Birke als Ausdruck von Aufbruch und Neubeginn. Den neodruidischen Vaten obliegt insbesondere die Zukunftsdeutung; sie verstehen die »verborgene Dynamik der Zeit«. Vaten benutzen Haselzweige als Wünschelrute, aber ihr heiliger Baum ist die Eibe als Zeichen für Tod, Wiedergeburt und Ewigkeit.

(Rechts) Die »Großeiche« von Sherwood Forest. Alljährlich pilgern viele Menschen zu dieser in der Robin-Hood-Legende erwähnten, uralten Eiche.

»Achtlos verfügen die hohen Instanzen im Land
Straßen zu bauen durch edler Bäume Bestand
Mit Fabriken verpesten alle Wasser und Luft
Wandeln aus schierer Gier lebend'ge Natur noch zur Gruft.«
Philip Shallcrass, *The Druid and the Land*, 1994

Auf einem Kongress über den Paganismus von heute bemerkte jüngst ein Sprecher des Umweltprojekts »Dragon«, indem sich die westliche Gesellschaft die These zu eigen gemacht habe, die spirituelle und die materielle Welt seien zwei völlig verschiedene Dinge, habe sich diese Gesellschaft von der Erde entfremdet. Dies sei der Grund für die Zerstörung der Umwelt. Der Sprecher riet den »grünen« Heiden, sich den Bulldozern entgegenzustemmen und auf bedrohtem Land heidnische Rituale zu vollziehen.

Nach Ansicht vieler heutiger Druiden und anderer Neoheiden wird die geheiligte Landschaft durch die hemmungslose Entwicklung geschändet. Das Problem liege in der Unausgewogenheit von Materialismus und Spiritualität. Der Mensch müsse im Einklang mit der Natur stehen, tue es aber nicht; daher rühre die Störung des Wohlbefindens des Planeten, die zu seinem Untergang führe, wenn ihr nicht Einhalt geboten werde.

Eine »grüne« Religion

Wie wir sahen, ist die Suche nach einem immer innigeren Verhältnis zur numinosen Erde ein zentrales Anliegen des modernen Druidentums. Naturphänomene wie Bäume und Wasser sind Brennpunkte der Spiritualität und Verehrung, desgleichen alte Denkmäler, die den Ahnen gehören und als integraler Bestandteil der lebenden Landschaft gelten.

Gleich den Umweltschutzorganisationen wie Greenpeace und »Freunde der Erde« gehen die Druiden gegen Straßengroßbauten und andere ökologische Bedrohungen vor, weil zum einen – gerade in so überbevölkerten Ländern wie Großbritannien – unbebautes Land so rar ist, und weil zum anderen Umweltverschmutzung droht. Desgleichen mißfällt es den Druiden, wenn die Behörden Archäologen daran hindern, an Baustellen Rettungsausgrabungen vorzunehmen. Bei Drucklegung dieses Buches war der Zusammenprall zwischen neuheidnischen Umweltschützern und dem Establishment ein aktuelles Thema. Die überhandnehmenden Straßen- und Neubauprojekte sind einer Bewegung, zu deren Grundanliegen die Bewahrung der Natur gehört, ein gewaltiger Dorn im Auge.

Dieses Buch begann mit den alten und endet mit den neuen Druiden. So ziemt sich als Schlußwort das Motto eines modernen Druiden:

»... wir wollen kein Druidentum erwecken, das vor Jahrtausenden existierte, sondern der Quelle folgen und sie für die Gegenwart interpretieren. Wenn uns das gelingt, gibt es zwischen alten und neuen Druiden keinen Unterschied mehr.«
Philip Carr-Gomm in *Touchstone*, Juni 1996

Neuheiden bei einer Protestdemonstration gegen den Bau einer Umgehungsstraße in Newbury. Die Zerstörung alter Wälder durch den Bau dieser Straße hat die Umweltschützer buchstäblich auf die Palme getrieben.

Moderne Druidenorganisationen

Mit dem Druidentum, dem Neuheidentum oder der Wiederbelebung altkeltischer Glaubensvorstellungen beschäftigen sich so viele Gruppen, daß sich keine erschöpfende Liste aufstellen läßt. Die nachstehende Aufzählung soll lediglich die weite Verbreitung der modernen Druidenlehre sowie die Unterschiede in deren Auslegung und in der Sicht der druidischen Vergangenheit aufzeigen.

Vereinigtes Königreich

Aes Dana
c/o Fiona Davidson
Dun Cauld Cottage
Cauldhame, Kippen
Schottland FK8 3HL
Lehrt und übt die traditionellen Bardenkünste Musik, Dichtung, Gesang und Erzählung und findet in ihrem Geist eine Quelle spiritueller Kraft.

Ancient and Modern Druid Order
Hengist McStone
c/o 1 Crown Walk
Uxbridge, England UB8 15W

Ancient Order of Druids
c/o Mr R. Hudson
174 Tompkinson Road,
Nuneaton, Warwickshire,
England CV10 8BW
Gegr. von Henry Hurle 1781 in London. Der AOD ist zwar vor allem eine wohltätige Herrengesellschaft, hat aber in Stonehenge und anderswo auch Druidenfeiern veranstaltet. 1908 wurde Winston Churchill in ihn aufgenommen. Im Laufe der Zeit haben sich mehrere Teilgruppen gebildet, darunter der United Ancient Order of Druids, der gemeinsam mit AOD-Gruppen 1913 die International Grand Lodge of Druidism gründete. Logen gibt es in der ganzen Welt, auch in Westindien und Südamerika. Die Zeitschrift *The Druid: The Newsletter of the Ancient Order of Druids* erscheint weltweit.

British Druid Order
c/o Philip Shallcrass
and Emma Restall Orr
PO Box 29, St Leonards-on-Sea
East Sussex, England TN37 7YP
Gegr. 1979. Lehrt und übt das Druidentum als Geistesleben, schamanischen Weg und als Mittel zur Gesundung des Ich, der Gesellschaft und der Ökosphäre. Bietet Seminare, Kurse, für jedermann zugängliche Rituale und andere Veranstaltungen an. Zu den Veröffentlichungen gehören der Newsletter *Tooth and Claw* sowie *The Druid's Voice: Magazine of Contemporary Druidry*.

Charnwood Grove of Druids
c/o Heather and Mark Graham
74 Cobden Street
Loughborough, Leicestershire,
England LE11 1AQ
Lokaler Hain; lehrt und übt das Druidentum als in der keltischen Tradition und der Erde wurzelnden spirituellen Weg; steht Anhängern aller Religionen und Nichtgläubigen offen.

Clan Dalriada
Dun na Beatha
2 Brathwic Place, Brodick, Isle of Arran, Schottland KA27 8BN
Schwerpunkt dieser nicht-neuheidnischen Gruppe ist die Wiederbelebung keltischer Glaubensvorstellungen; Lebensstil und Sitten der Kelten stehen im Vordergrund (nicht die rituellen Elemente der anderen religiösen Keltengruppen).

College of Druidism
4a Minto Street, Edinburgh,
Schottland EH7 4AN
Gegr. vom Pikten-Schamanen Kaledon Naddair. Gibt einen Korrespondenzkurs und andere Literatur heraus.

Cotswold Order of Druids
c/o 12 Sochi Court
Edinburgh Place
Cheltenham, Gloucestershire,
England GL51 7RR

Council of British Druid Orders
c/o Liaison Officer
BM Oakgrove
London, England WC1 3XX
Gegr. 1989 zur Förderung des Dialogs zwischen britischen Druiden. Derzeit etwa ein Dutzend Mitgliedsorden. Begeht jährlich eine öffentliche Sommersonnwendfeier.

Druid Clan of Dana
c/o Caroline Wise
and Steve Wilson
BM Grasshopper
London, England WC1N 3XX
Gegr. von Lawrence Durdin-Robertson und Olivia Robertson unter der Ägide der Fellowship of Isis; lehrt und übt vor allem die irische Druidentradition. Korrespondenzkurs und andere Veröffentlichungen, darunter die unregelmäßig erscheinende Zeitschrift *Aisling*.

The Druid Order – An Druidh Uileach Braithrearchas, The British Circle of the Universal Bond
23 Thornsett Road
London, England SE20 7XB
Gilt traditionell als Produkt des Treffens von John Tolland mit britischen, irischen und französischen Druiden von 1717 in der Apple Tree Tavern in Covent Garden, London. Bietet nach eigener Aussage »universale Weisheit in praktischer Form. Wir sind weder ein Kult noch ein Credo, sondern bilden alle, die klare Unterweisung suchen, in den Grundsätzen von Philosophie, Wissenschaft und Religion aus. Es geht weniger um ein Wissen als um ein Werden.«

Glastonbury Order of Druids
c/o Rollo Maughfling
Dove House, Barton St David
Somerset, England TA11 6DF

Gorsedd Bards of Caer Abiri
c/o BDO, PO Box 29
St Leonards-on-Sea
East Sussex,
England TN37 7YP
Offene, multireligiöse Zusammekunft zur Feier der acht Feste de modernen Paganismus in den Steinkreisen von Avebury, um die Verständigung zwischen den Religionen sowie Ehrfurcht und Kreativität zu fördern. Unregelmäßiger Newsletter, finanziert a freiwilligen Spenden.

Insular Order of Druids
c/o Membership Secretary
Labyrinth, 2 Victoria Road Sout
Southsea, Portsmouth,
Hampshire, England PO5 2DF
Die zur Sommersonnwende 199 gegr. Gruppe lehrt und übt das Druidentum als »Kunst und Wissenschaft der Selbstfindung« Will authentische keltische Rituale nachvollziehen.

International Grand Lodge of Druidism
c/o A.J. Smith
36 Queens Road
Great Yarmouth,
England NR30 3JR
Britische Loge der von Vertreter des UAOD und AOD mehrerer Länder gegründeten IGLD. Weitere Länderanschriften s. Deutsc land, Schweiz, Australien.

Iolo Morgannwg Fellowship
c/o Thomas Daffern
Kingsley Hall, Grace Road,
London, England E3 2HJ
Fördert die Forschung und das Verständnis von Leben und Arbeit des gelehrten Druiden-Erneuerers des 18. Jahrhunderts Iolo Morgannwg. Kostenlose Mitgliedschaft für jedermann.

Irish Wicca
c/o Janet and Stewart Farrar
Herne's Cottage
Ethelstown, Kells,
County Meath, Irland
Die 1970 gegr. Wicca-Gruppe verehrt die altkeltischen Gottheiten.

London Druid Group
c/o The Secretary
74 Riversmeet, Hertford,
England SG14 1LE
Gegr. vor 1939 für die Erforschung, Lehre und Praxis des Druidentums. Regelmäßige öffentliche Versammlungen in London.

Loyal Arthurian Warband
c/o King Arthur Pendragon
10 Sine Close
Farnborough, Hampshire,
England GU14 8HG
Die Mitglieder schwören auf das Schwert Excalibur, Wahrheit, Ehre und Gerechtigkeit zu verteidigen. Die Gruppe kämpft für freien Zugang zu heiligen Stätten und gegen Umweltschäden (durch Straßenbau usw.). Quartals-Newsletter *Awen*.

Order of Bards, Ovates and Druids
PO Box 1333, Lewes,
East Sussex, England BN7 3ZG
Gegr. 1964. Größter moderner Druidenorden mit weltweiter Mitgliedschaft. Veröffentlicht einen 36teiligen Korrespondenzkurs mit voller Lehrbegleitung sowie den Newsletter *Touchstone*. Hält auch Besinnlichkeitstage, Camps und Seminare ab.

Pagan Federation
BM Box 7097, London,
England WC1N 3XX
Gegr. 1971. Fördert das Verständnis des Paganismus (u. a. Druidentum, Wicca, Göttinnen-Spiritualität und Heidentum) mit Veranstaltungen, Vorträgen, Kongressen usw. Lehrmaterial sowie Quartalszeitschrift *Pagan Dawn*.

Stargrove
BM Stargrove
London, England WC1N 3XX
Veranstaltet den Druidentumskurs »Druidic College of Albion« mit dem Studium des *Mabinogion* und der bardischen Sternmythen als Schwerpunkt. Bietet gemeinsam mit dem Druid Clan of Dana im Fellowship of Isis »einen undogmatischen, strukturierten Weg zu einer lebendigen Tradition« an.

United Ancient Order of Druids
c/o Mr P.G. Lester, Druids Hall
8 Perry Road
Bristol, England BS1 5QB
1833 als gemeinnützige Gesellschaft gegründeter Ableger des Ancient Order of Druids. Internationales Logennetz; jede Loge ist jedoch autonom.

Whitestone
PO Box 118, Horley,
Surrey, England RH6 9FL
Mitglied des British Council of Druid Orders.

Vereinigte Staaten von Amerika

A Druid Fellowship: Ar nDraiocht Fein
Office of the Registrar
PO Box 516, East Syracuse,
New York 13057-0516
Größte neuheidnische Gruppe Amerikas; umfangreiches Lehrmaterial, zahlreiche Veröffentlichungen.

Carleton College Archives: International Druid Archives
300 North College Street,
Northfield, Minnesota 55057
Kein Druidenorden, aber eine gute Quelle für das Studium des Druidentums. Errichtet unter der Ägide der Reformed Druids of North America.

Henge of Keltria
PO Box 48369, Minneapolis
Minnesota 55448
Diese neuheidnische Gruppe hat sich den Schutz von Mutter Erde, die Ehrung der Vorfahren, Verehrung der Naturgeister und Anbetung der altkeltischen Gottheiten auf die Fahnen geschrieben. Bietet mit einem Korrespondenzkurs und anderen Schriften, darunter der Quartalszeitschrift *Keltria: Journal of Druidism and Celtic Magick*, Information und Ausbildung im Druidentum.

Reformed Druids of North America
c/o Michael Scharding
Carleton College, Northfield,
Minnesota 55057
Gegr. 1963 auf dem Campus von Carleton College; besitzt Haine in ganz Amerika.

Festlandeuropa

Internationale Großloge der Druiden
Bro Jürgen W. Rösler
Masurenweg 16
D-61118 Bad Vilbel

Vereinigter Alter Orden der Druiden
c/o OSekr. Henning Keßler
Tiroler Ring 411
D-24147 Kiel
Deutscher Zweig des UAOD.

Assemblées Armorique Atlantique de la Tradition des Druides
c/o Michel Raoult
La Pommeraie-Avalon
F-29252 Plouezoc'h, Bretagne
Hält enge Verbindung mit dem Council of the British Druid Orders und vielen Druidengruppen in Europa.

Collège des Druides, Bardes et Ovates des Gaules
c/o André Logeat
14 Route de Préval
Perdreauville,
F-78200 Mantes-la-Jolie

Oaled Drouized Kornog
c/o Alain Roquette
40 Rue de l'Abbesse
Le Diban
F-29630 Plougasnou, Bretagne
Schwerpunkt der Gruppe ist nicht Religion, sondern Wissen. Interessengebiete u. a. Astrologie, Ökologie, Geschichte, Symbolik, Philosophie. Basiert auf altkeltisch-heidnischer Tradition; bekämpft Rassismus, Faschismus, Ausländerfeindlichkeit und Sektierertum.

Forenede Gamle Druid Orden
c/o Knut Sjövorr
The Old Bakery, Church Road,
Orpington, Kent BR6 7RE (GB)
Norwegischer Zweig des UAOD.

Internationale Großloge der Druiden
c/o Heinz Hartmann
Kesslernmatt-Straße 79
CH-8965 Berikon

Australien und Neuseeland

International Grand Lodge of Druidism
c/o John C. Butler
15, Ash Avenue,
Bellair 5062, Südaustralien
Hier sind auch Informationen über angeschlossene Gruppen in Neuseeland erhältlich.

Pan-Pacific Pagan Alliance
c/o Kiri White
PO Box 47, Carnegie
Victoria 3163, Australien

Pan Pacific Pagan Alliance
c/o Anna Harrop
21 Nelson Street, Helensville
Auckland, Neuseeland

Gorsedds

Breudeureizh Drouized (Bretonisches Gorsedd)
c/o Bertrand Borne
'An Neizh' Ker Herri
F-29380 St. Turian, Bretagne

Gorseth Kernow (Kornisches Gorsedd)
c/o The Institute of Cornish Studies, Trevenson, Pool,
Redruth, Cornwall (GB)

Tips für Touristen

Die nachfolgende Liste nennt eine Reihe wichtiger Stätten, Monumente und Sammlungen, deren Besuch dem Leser helfen kann, sein Wissen über die Druiden und die keltische Religion zu vertiefen. Einige Ausstellungen und Fundstücke sind nur zeitweilig zu sehen; wer daran interessiert ist, sollte sich daher beim jeweiligen Museum erkundigen, wann sie zugänglich sind.

BELGIEN Bronzeobjekte und Monumente zur Religion im belgischen Gallien in den Museen von **Lüttich** und **Tongern**.

DÄNEMARK Das Nationalmuseet in **Kopenhagen** enthält den Gundestrup-Kessel, dänische Moorleichen (Tollund-Mann und Juthe-Fen-Frau) und anderes Material über die rituelle Praxis der Eisenzeit in Skandinavien, vor allem Sonnenkult-Objekte wie den Trundholm-Wagen und die Sonnentrommel von Balkåkra. Der Brå-Kessel steht im Forhistorisk Museum von **Moesgaard**.

DEUTSCHLAND Das Römisch-Germanische Museum in **Köln** besitzt eine der bedeutendsten Sammlungen römisch-keltischen religiösen Materials aus dem Rheinland, darunter herrliche steinerne Bildnisse der rheinischen Muttergöttinnen. Ähnliches findet sich auch im Rheinischen Landesmuseum in **Bonn**, das außerdem die Pfalzfeld-Säule mit ihren mistelbekränzten Köpfen sowie Objekte aus Býčiskála zeigt. Das Württembergische Landesmuseum in **Stuttgart** enthält die Grabfunde des Fürsten von Hochdorf, den Taranucnus-Altar aus Böckingen, die Jupiter-Giganten-Säule von Hausen an der Zaber sowie Holzfiguren aus der Viereckschanze von Fellbach-Schmiden. Material aus dem Reinheim-Grab ist im Landesmuseum für Vor- und Frühgeschichte in **Saarbrücken** zu sehen. Das Rheinische Landesmuseum **Trier** zeigt Funde aus wichtigen, einheimischen Treverer-Göttern geweihten Tempeln, darunter der Heilstätte des Apollo und der Sirona in Hochscheid und der großen Lenus-Mars-Heilstätte in Trier. Das Schleswig-Holsteinische Museum in **Schleswig** enthält die Moorleiche des Windeby-Mädchens.

FRANKREICH Das Musée des Antiquités nationales von Saint-Germain-en-Laye bei **Paris** zeigt eine ausgezeichnete Sammlung religiöser Skulpturen und Bronzen aus dem eisenzeitlichen und römisch-keltischen Gallien, darunter den Ebergott von Euffigneix und die Bronzestatuette von Arduinna. Im Pariser Musée du Moyen-Age – Thermes de Cluny ist das Monument »Nautes Parisiacae« mit den Galliergöttern Esus und Cernunnos zu sehen. Den Coligny-Kalender findet man im Musée de la Civilisation Gallo-Romaine von **Lyon**. Der Hort von Neuvy-en-Sullias (u. a. Darstellung eines möglichen Druiden mit »Druiden-Ei«) liegt im Musée historique et archéologique de l'Orléanais in **Orléans**. Einmalig sind die Gruppe dreigesichtiger Götter und die Cernunnos-Skulptur im Musée Saint-Rémi in **Reims**. Bedeutende Skulpturen aus Entremont und Roquepertuse (beide Stätten sind auch zu besichtigen) halten das Musée Granet in **Aix-en-Provence** und das Musée d'Archéologie méditerranéenne (Centre de la Vieille Charité) in **Marseille** bereit. Im Musée Vivenel von **Compiègne** ist Material aus dem Heiligtum von Gournay-sur-Aronde zu sehen. Funde aus Alesia (u. a. ein Steinbild der Epona und Votivgaben aus der Heilstätte des Apollo Moritasgus) zeigt das Musée archéologique von **Alise-Sainte-Reine**. Im Musée Bargoin in **Clermont-Ferrand** steht die Gruppe von Holzskulpturen des Quellen-Heiltempels von Sources des Roches de Chamalières. Das Musée archéologique in **Dijon** bietet Votivgaben an Sequana aus »Fontes Sequanae«. Das Musée archéologique in **Metz** besitzt bedeutendes Material aus der gallisch-römischen Stadt (Funde aus Tempeln und einem großen Stadtfriedhof von La Horgne-au-Sablon). Das Vix-Grab und Skulpturen der drei Muttergöttinnen aus Vertault sind im Musée archéologique in **Châtillon-sur-Seine**. Mehrere kleine Steinaltäre aus Pyrenäen-Heiligtümern enthält das Musée Saint-Raymond in **Toulouse**. Die Larzac-Inschrift ist im Museum von **Millau** zu sehen, die griechische Taranis-Widmung aus Orgon im Musée Calvet in **Avignon**. Das Musée des Alpilles von **Saint-Rémy-en-Provence** beherbergt das religiöse Material aus Glanum, darunter einen dreihörnigen Stier und eine Figurine des gallischen Hammergottes sowie zahlreiche Ortsgötter-Altäre. Auch **Glanum** selbst (Quellen-Heiligtum des Glanis und der Glanicae) lohnt einen Besuch. Das Musée archéologique von **Beaune** enthält eine schöne Ikonographie-Sammlung, und das nahegelegene Archéodrome zeigt Rekonstruktionen von Cäsars Belagerungswerken vor Alesia. Auch im Musée Rolin in **Autun** befinden sich viele religiöse Bildwerke; ganz in der Nähe liegen massive Überreste des römisch-keltischen Janus-Tempels. **Nîmes** zeigt im Musée Lapidaire mit Reliefs und Inschriften geschmückte Altäre; in dieser Stadt ist auch die Naturquelle zu sehen, die den Verehrungsschwerpunkt der »Nemausicae« bildete. Das Musée archéologique der Santonen-Hauptstadt **Saintes** besitzt neben anderen Bildnissen einzigartige Zweier-Muttergottheiten und eine ebenso einmalige Holzstatuette der Epona. Das kleine Museum von **Périgueux** enthält als bedeutendstes Objekt einen Priesterkopfschmuck. Der Tour de Vésone in der Nähe ist ein großer Rundturm – einst »cella« (Zentralkammer mit Götterbild) eines großen Schreins. Wichtiges bretonisches Material zeigt das Musée de Bretagne in **Rennes**. Eine hervorragende Rekonstruktion eines römisch-keltischen Tempels ist in **Oisseau-le-Petit** bei Poitiers am Ausgrabungsort eines antiken Schreins zu besichtigen.

GROSSBRITANNIEN
England Hochwichtige Sammlungen zu Priestern und Ritualen der Späteisen- und Römerzeit liegen im British Museum in **London**, darunter die Regalien aus dem Hockwold-Tempel, die Kopfschmuck-Horte von Barkway und Stony Stratford, die Funde aus Felmingham Hall, Deal und Hounslow, der Waterloo-Helm, der Aylesford-Eimer und ein Teil des Snettisham-Horts, desgleichen der Lindow-Mann. Das Ashmolean Museum in **Oxford** enthält Votivobjekte aus dem römisch-keltischen Woodeaton-Tempel. Die Cavenham-Kronen sind im Museum in **Ipswich**. In **Flag Fen** (Cambridgeshire) stand in der Bronzezeit ein Seedorf; aus dem See wurden zahlreiche Votivgaben geborgen. Dort finden sich auf einer künstlichen Insel auch Rekonstruktionen bronzezeitlicher Häuser. Teile des Snettisham-Schmucks und anderes Kultmaterial liegen im **Norwich** Castle Museum. Großartig die Präsentation der heißen Quellen, Ausgrabungen, Pläne, Rekonstruktionen, Monumentalskulpturen und kleineren Funde (u. a. Fluchtäfelchen) aus dem großen Sulis-Minerva-Tempel im Roman Baths Museum in **Bath**; Regalienreste und Inschriften bezeugen die Anwesenheit von Priestern im dortigen Heiligtum. **Lydney** war einst Ort einer eisenzeitlichen Hügelfestung, römischer Eisenminen und eines spätrömischen Heidentempels – eines riesigen Kultzentrums mit großem Tempel, Gästehaus und Bädern. Das dort entdeckte Material befindet sich in einem Privatmuseum in Lydney Park (Zutritt nur mit Erlaubnis). Sehenswert sind auch die guterhaltenen Reste des Eisenzeitdorfes von **Chysauster** (Cornwall).

Cirencester (Corinium Museum) und **Gloucester** (City Museum) beherbergen bedeutende religiöse Skulpturen. Das Zepter von Willingham Fen ist im University Museum of Archaeology and Anthropology in **Cambridge** ausgestellt. Die Regalien der Schreine von Farley Heath und Wanborough liegen im Museum von **Guildford**. Im Gebiet des Hadrianwalls gibt es sehenswerte Sammlungen einheimischen religiösen Materials im University Museum of Antiquities in **Newcastle-upon-Tyne**, im Corstopitum Museum in **Corbridge** und in den Freiluftmuseen von **Housesteads**, **Chesters** und Vindolanda (**Chesterholm**). Schöne Sammlungen römisch-keltischer religiöser Bildnisse und Inschriften beherbergen auch das City Museum von **Carlisle** und das Senhouse Museum in **Maryport**. An der druidischen Renaissance im 17. und 18. Jahrhundert Interessierte können auf dem Gelände von Swinton Hall in **Ilton** (Yorkshire) William Danbys bizarren »Druidentempel« besichtigen. Eng mit dem Wiedererwachen des Interesses an den Druiden verknüpft sind auch **Stonehenge** und **Avebury**, Stätten, die im modernen Druidentum eine zentrale Rolle spielen; es ist jedoch zu betonen, daß zwischen diesen Monumenten und den antiken Druiden keinerlei Beziehung besteht.

Schottland Die schottischen Nationalmuseen in **Edinburgh**, vor allem das Museum of Antiquities, enthalten religiöses Material der Eisen- und Römerzeit, darunter die Holzfigurine aus Ballachulish, das Ei-Amulett von Bu Sands und die Kessel aus Carlingwark und Blackburn Mill. Die Scottish National Gallery of Modern Art zeigt das Gemälde »The Druids' Ceremony« von Noel Halle, die Art Gallery and Museum Kelvingdrove in **Glasgow** das Gemälde »The Druids: Bringing in the Mistletoe« von Henry und Hornel.

Wales Die National Museums and Galleries of Wales in **Cardiff** beherbergen wichtige Funde, so etwa den Inhalt der Votivhorte aus Llyn Fawr und Llyn Cerrig Bach. In der Art Gallery ist das Gemälde »The Bard« von Thomas Jones zu sehen. Das Museum of Welsh Life in **St. Ffagans** (Cardiff) enthält die lebensgroße Rekonstruktion eines Eisenzeitdorfes; derzeit wird dort eine Replik des Holzkreises von Sarn-y-Bryn-Caled errichtet. Am selben Ort befinden sich die Archive mit Material über Iolo Morgannwg, William Price und das Gorsedd y Beirdd. Vor den National Museums and Galleries of Wales im Cathays-Park in Cardiff befindet sich ein moderner Gorsedd-Zirkel. Das Büro des Royal National Eisteddfod in Llanishen (Cardiff) gibt Auskunft über Zeit und Ort des jährlichen Eisteddfod (das abwechselnd in Nord- und Südwales begangen wird) sowie über das jährlich in **Llangollen** stattfindende Internationale Eisteddfod. In Nordwales beherbergt das Oriel Ynys Mon von **Llangefni**, Anglesey, die Funde von Llyn Cerrig. In **Machynlleth** in Mittelwales ist »Celtica« zu Hause – eine ebenso lehrreiche wie unterhaltsame audiovisuelle Ausstellung, die die Geschichte, Kultur und Religion der alten Kelten darstellt und auch eine Abteilung »Keltisches Jenseits« zu den mythischen und magischen Aspekten der keltischen Religion enthält, an denen die Druiden beteiligt waren. Das Historical and Cultural Centre von **Pontypridd** gibt Aufschluß über die lokale Geschichte und Kultur bis zum modernen walisischen Druidentum. In **Caerwent** wurden die Fundamente eines römisch-keltischen Tempels freigelegt; in der Kirche steht ein dem Ortsgott Ocelus geweihter Altar. Das Museum and Art Gallery von **Newport** beherbergt weiteres religiöses Material aus der Römerstadt. In **Castell Henllys** (Westwales) ist eine großangelegte Rekonstruktion einer eisenzeitlichen Siedlung zu besichtigen.

IRLAND Die wichtigsten Sammlungen religiöser Antiquitäten aus der Eisenzeit befinden sich im National Museum of Ireland in **Dublin**, das auch die Loughnashade-Luren, den Broighter-Hort und die Petrie-Krone beherbergt. In der Trinity College Library sind Manuskripte irischer Mythen zu sehen. Das Public Museum von **Cork** enthält Hörner-Kopfschmuck der Späteisenzeit. Die Königsstätten Emain Macha (**Navan Fort**) bei Armagh und **Tara** in der Grafschaft Meath können besichtigt werden. In **Armagh** steht die St.-Patrick-Kathedrale. Eine spektakuläre Stätte ist **Dun Aengus** auf der Insel Inishmore (Aran Islands), das sowohl säkulare wie religiöse Aufgaben gehabt haben könnte. Sehenswert auch die mit der heiligen Brigid assoziierten heiligen Brunnen (so der in **Kilaire**, County Westmeath). Die Kirche von **Ballylynan** (County Laois) besitzt Buntglasfenster mit Darstellungen des heiligen Patrick und der heiligen Brigid.

ITALIEN Bedeutende Sammlungen keltischer Kunst aus der Eisenzeit in den Museen von **Brescia**, **Bologna** und **Mailand**. Unbedingt sehenswert die Felszeichnungen im **Val Camonica**; die am leichtesten zugängliche findet sich im Parco Nazionale delle incisioni rupestri von Capodiponte bei Brescia. Hier liegen auch das Museo Didattico d'Arte Preistorica und das Archeodromo Centro di Archaeologia Sperimentale mit seiner Rekonstruktion einer prähistorischen Siedlung.

LUXEMBURG Das Musée national d'Histoire et d'Art in **Luxemburg** enthält Funde aus dem (ebenfalls sehenswerten) Treverer-*oppidum* **Titelberg** und insbesondere die reichen Grabausstattungen der späteisenzeitlichen Gräberanlage zwischen Goeblingen und Nospelt. Zum Material römischen Datums gehören die zahlreichen Epona-Bildnisse aus Dalheim.

NIEDERLANDE Das Rijksmuseum van Oudheden in **Leiden** enthält die zahlreichen, der Nordseegöttin Nehalennia gewidmeten Steinmonumente aus den Tempeln von Domburg und Colijnsplaat sowie den Simpelveld-Sarkophag.

ÖSTERREICH Der Kultwagen von Strettweg steht im Steiermärkischen Landesmuseum Joanneum in **Graz**. Das Material aus Hallstatt befindet sich im Naturhistorischen Museum in **Wien**; Hallstatt selbst kann besichtigt werden (einige rekonstruierte Gräber und zugängliche Salzminen); weitere interessante Stücke enthält das Keltenmuseum in **Hallein**.

SCHWEDEN Das Felsenkunst-Zentrum und -Museum in **Tanum** nahe dem Oslo-Fjord sollte man unbedingt besuchen.

SCHWEIZ Im Musée Schwab in **Biel** und im Musée Cantonal d'Archéologie in **Neuchâtel** ist Material aus dem großen Eisenzeithort von La Tène ausgestellt. Das Bernische Historische Museum in **Bern** enthält eine bedeutende Sammlung römisch-keltischen Kultmaterials, darunter die beschriftete Bronzestatuette der Bärengöttin Artio und die Funde aus dem Tempel in Thun-Allmendingen am Thunersee.

SPANIEN Von den zahlreichen Museen mit religiösem Material der Eisen- und römisch-keltischen Zeit sind vor allem das Museo Arqueológico Nacional in **Madrid** und das Archäologiemuseum in **Córdoba** mit Funden aus lokalen Tempeln und Beispielen von *verracos* (großen Tierbildnissen aus Stein) aus keltiberischen Hügelfestungen sehenswert. Die Eisenzeitstadt **Numantia** lohnt einen Besuch; zu den Funden gehören sehr seltene bemalte Tonscherben mit Keltengottheiten.

TSCHECHISCHE REPUBLIK Das Národní Múzeum in **Prag** zeigt neben einer schönen Sammlung eisenzeitlicher Kunst auch den steinernen Kultkopf von Mšecké Žehrovice und Material von der heiligen Quelle in Duchcov. Das *oppidum* von Závist lohnt einen Besuch.

Klassische Quellen und weiterführende Literatur

Klassische Quellen

Für die Zitate klassischer Autoren wurden folgende deutsche Übersetzungen benutzt:

Ammianus Marcellinus, *Römische Geschichte*, Übers. Wolfgang Seyfarth, Berlin 1978.

Gaius Iulius Caesar, *Der Gallische Krieg*, Übers. Marieluise Deissmann, Stuttgart 1980.

Cassius Dio, *Römische Geschichte*, Übers. Otto Veh, Zürich/München 1987.

Ciceros zwei Bücher Von der Weissagung, Übers. Dr. Raphael Kühner, Stuttgart 1868.

Diodor's von Sicilien historische Bibliothek, Übers. Julius Friedrich Wurm, Stuttgart 1827.

Diogenes Laertius, *Leben und Meinungen berühmter Philosophen*, Übers. Otto Apelt, Hamburg 1967.

Historia Augusta, Römische Herrschergestalten, Übers. Ernst Hohl, Zürich/München 1976.

Lukan, *Der Bürgerkrieg oder die Schlacht bei Pharsalus*, Übers. Dietrich Ebener, Berlin/Weimar 1978.

C. Plinius Secundus d.Ä., *Naturkunde*, Übers. Roderich König in Zusammenarbeit mit Joachim Hopp, Darmstadt 1991, 1993.

Strabons Erdbeschreibung in siebzehn Büchern, Übers. Christoph Gottlieb Groskurd, Berlin/Stettin 1831 (Hildesheim 1988).

Sueton, *Leben der Cäsaren*, Übers. André Lambert, München 1972.

Tacitus, *Agricola*, Übers. Wilhelm Bötticher, Stuttgart 1883.

Tacitus, *Annalen*, ed. Carl Hoffmann, Wiesbaden o.J.

Tacitus, *Germania*, Übers. Curt Woyte, Stuttgart 1968.

Tacitus, *Historien*, ed. Joseph Borst, Wiesbaden o.J.

Die übrigen klassischen Zitate, zu denen eine deutsche Übersetzung nicht auffindbar war, wurden aus dem Englischen übersetzt.

Die deutsche Wiedergabe der irischen Sagen und Legenden orientiert sich an Thurneysen, Rudolf, *Die irische Helden- und Königssage bis zum siebzehnten Jahrhundert*, Halle 1921.

Weiterführende Literatur

Altenbach, Gilbert, und Legrais, Boune, *Frankreich. Land der Barden und Druiden* , München 1991.

Artmann, Hans Carl, *Schlüssel zum Paradies. Religiöse Dichtungen der Kelten*, Salzburg 1993.

Ashe, Geoffrey, *Kelten, Druiden und König Arthur. Mythologie der Britischen Inseln*, Düsseldorf 1993.

Benning, Maria Ch., *Alt-irische Mysterien und ihre Spiegelung in der keltischen Mythologie*, Stuttgart 1993.

Biel, Jörg, *Der Keltenfürst von Hochdorf*, Stuttgart 1995.

Birkhan, Helmut (Hrsg.), *Keltische Erzählungen von König Artur*, Essen 1989.

Botheroyd, Paul, und Botheroyd, Sylvia, *Irland – Auf den Spuren der Druiden und Heiligen*, München 1990.

Botheroyd, Sylvia, und Botheroyd, Paul, *Das Lexikon der keltischen Mythologie*, München 1996 (4. Aufl.).

Bradley, Ian, *Der keltische Weg. Geschichte der Spiritualität in Irland und auf den britischen Inseln*, 1996.

Brosse, Jacques, *Mythologie der Bäume*, Olten 1990.

Caldecott, Moyra, *Frauen in keltischen Mythen*, 1996.

Clarus, Ingeborg, *Keltische Mythen. Der Mensch und seine Anderswelt*, Düsseldorf 1991.

Contzen, Leopold, *Die Wanderung der Kelten*, Neudruck d. Ausgabe vo 1861, Vaduz 1968.

Corthals, Johan, *Táin Bó Regamna. Eine Vorerzählung zu Táin Bó Cuailnge*, Wien 1987.

Cunliffe, Barry, *Die Kelten und ihre Geschichte*, Bergisch Gladbach 198

Dannheimer, Hermann, und Gebhard, R., *Das keltische Jahrtausend*, Mainz 1993.

Derungs, Kurt von, *Keltische Frauen und Göttinnen. Matriarchalische Spuren bei Kelten, Pikten und Schotten*, 1995.

Dühnfort, Erika, *Am Rande von Atlantis. Von irischen Helden, Heiligen und Druiden*, 1982.

Duval, Paul M., *Die Kelten, Universum der Kunst*, Bd. 25, München 1978.

Ehrenberg, Margaret, *Die Frau in der Vorgeschichte*, 1992.

Ellis, Peter B., *Die Druiden. Von der Weisheit der Kelten*, 1996.

Eluère, Christiane, *Die Kelten. Ein Volk in Europa*, Ravensburg 1994.

Faber, Richard von, und Schlesier, Renate (Hrsg.), *Die Restauration de Götter. Antike Religionen und Neo-Paganismus*, 1986.

Freitag, Barbara, *Keltische Identität als Fiktion*, Heidelberg 1979.

Goodman, Felicitas D., *Die andere Wirklichkeit. Über das Religiöse in de Kulturen der Welt*, 1994.

Green Miranda J., *Keltische Mythen*, Ditzingen 1994.

Green, M. J., *The Celtic World*, London 1995.

Green, M. J., *The Gods of the Celts*, Gloucester 1993 (2. Aufl.).

Green, M. J., *Symbol and Image in Celtic Religious Art*, London 1992 (2. Aufl.).

Green, M. J., *Dictionary of Celtic Myth and Legend*, London und New York 1992.

Green, M. J., *The Sun Gods of Ancient Europe*, London 1991.

Green, M. J., *Celtic Art: Reading the messages*, London 1996.

Green, M. J., *Animals in Celtic Life and Myth*, London und New York 1992.

Gebhart, Rupert, und Lorenzen, Andrea, *Die Kelten in Bayern*, Augsburg 1993.

Greulich, Else, *Die Kelten und Skythen. Im Urlicht der Vergangenheit*, Frankfurt 1991.

Habel, Joachim, *Von den Megalithkulturen über die Kelten zu König Artus. Kultstätten, Gräber, Ringwallburgen in der Bretagne, Irland und Deutschland*, Hagenberg 1987.

Haffner, Alfred (Hrsg.), *Heiligtümer und Opferkulte der Kelten*, 1995.

Herm, Gerhard, *Die Kelten. Das Volk, das aus dem Dunkel kam*, 1995.

Hope, Murry, *Magie und Mythologie der Kelten. Das rätselhafte Erbe einer Kultur*, München 1990.

James, S., *Das Zeitalter der Kelten*, Düsseldorf 1996.

Kolb, Peter, *Wer waren die Kelten?*, München 1993.
Krause, Wolfgang, *Die Kelten*, Tübingen 1929.
Kremer, Bernhard, *Das Bild der Kelten bis in augusteische Zeit. Studien zur Instrumentalisierung eines antiken Feindbildes bei griechischen und römischen Autoren* (Diss.), Historia Einzelschriften, Bd. 88, Wiesbaden/Stuttgart 1994.
Kuckartz, Wilfried, *Merlin. Mythos und Gegenwart*, 1988.

Lautenbach, Fritz (Hrsg. u. Übers.), *Der keltische Kessel. Wandlung und Wiedergeburt in der Mythologie der Kelten. Irische, walisische und arthurianische Texte*, Stuttgart 1991.
Lenguyel, Lancelot, *Das geheime Wissen der Kelten. Enträtselt aus druidisch-keltischer Mythik und Symbolik*, Modeste 1996 (11. Aufl.).
LeRoux, Françoise, und Guyonvarch, Christian J., *Die Druiden – Mythos und Magie der Kelten*, Übers. Christian Schweiger, 1995.
Lindenberg, Wladimir, *Riten und Stufen der Einweihung. Schamanen, Druiden, Yogis, Matiker, Starzen – Mittler zur Anderwelt*, Braunschweig 1988.
Lurker, Manfred, *Die Botschaft der Symbole in Mythen, Kulturen und Religionen*, 1992.

Macleod, Fiona, *Das Ferne Land des Glanzes und des Schreckens*, St. Goar 1986.
Markale, Jean, *Die Druiden. Gesellschaft und Götter der Kelten*, München 1995.
Markale, Jean (Hrsg.), *Kelten*, 1996.
Markale, Jean, *Die keltische Frau. Mythos, Geschichte, Soziale Stellung*, München 1991 (Neuauflage).
Meid, Wolfgang, *Aspekte der germanischen und keltischen Religion im Zeugnis der Sprache*, Dietikon 1991.
Meid, Wolfgang, *Formen dichterischer Sprache im Keltischen und Germanischen*, Innsbruck 1990.

Obermüller, Wilhelm, *Deutsch-Keltisches, geschichtlich-geographisches Wörterbuch zur Erklärung der Fluß-, Berg-, Orts-, Gau-, Völker- und Personennamen Europas, Westasiens und Nordafrikas ... nebst den sich daraus ergebenden Folgerungen für die Urgeschichte der Menschheit*, 2 Bde., Neudruck der Ausgabe von 1868–1872, Vaduz 1967.

Pauli, Ludwig, *Keltischer Volksglaube. Amulette und Sonderbestattungen am Dürnberg bei Hallein und im eisenzeitlichen Mitteleuropa*, München 1976.
Poeplan, Wolfgang, *Der Gott der Iren und Kelten*, Augsburg 1995.
Reiser, Rudolf, *Die Kelten in Bayern und Österreich*, Rosenheim 1992.
Resch-Rauter, Ingeborg, *Unser keltisches Erbe. Flurnamen, Sagen, Märchen und Brauchtum als Brücken in die Vergangenheit*, Wien 1992.
Rheinisches Landesmuseum Trier, *Hundert Meisterwerke keltischer Kunst*, Trier 1992.
Rickenbach, Judith, *Auf den Spuren der Kelten und Römer. 20 Wanderungen in der römischen Schweiz*, Thun 1992.

Schlinke, Diether, *Wer sind die Kelten?*, Wien 1988.
Sills-Fuchs, Martha, *Wiederkehr der Kelten*, Neuaufl., München 1992.
Spindler, Konrad, *Die frühen Kelten*, Stuttgart 1991 (2. Aufl.).
Spindler, Konrad, *Der Magdalenenberg bei Villingen*, Stuttgart 1976.
Stokes, Whitley, und Bezzenberger, Adalbert, *Wortschatz der keltischen Spracheinheit*, Neudruck der Ausgabe von 1894, Göttingen 1979.
Streit, Jakob, *Sonne und Kreuz. Irland zwischen Megalithkultur und frühem Christentum*, 2. neub. u. erw. Auflage, Stuttgart 1986.

Tristram, Hildegard (Hrsg.), *Deutsche, Kelten und Iren. 150 Jahre deutsche Keltologie*, Hamburg 1992.
Tristram, Hildegard (Hrsg.), *Studien zur Táin Bó Cuailnge*, Hamburg 1993.

Vogt, Hermann, *Kulturen der Einsamkeit*, Darmstadt 1994.

Wallrath, Bertram, *Das keltische Baumhoroskop. Magie und Heilkunde der alten Druiden*, 1996.
Weissmann, Karlheinz, *Druiden, Goden, weise Frauen. Zurück zu Europas alten Göttern*, 1991.
Wenger, Matthias, *Göttinnen und Götter in den Mysterien des Heidentums*, 1994.
Wernicke, Ingolf, *Die Kelten in Italien*, Stuttgart 1990.

Young, Ella, *Keltische Mythologie*, Übers. von Maria Ch. Benning, 3. Aufl., Stuttgart 1985.

Archaelogica Mosellana, hrsg. vom Staatlichen Konservatoramt des Saarlandes, Saarbrücken 1992.
Die Frühgeschichte der Menschheit. Von der Steinzeit bis zu den Kelten, 1992 (Die große Bertelsmann Enzyklopädie des Wissens).
Die Kelten. Europas Volk der Eisenzeit, 1995 Time Life.
Feenschrei. Ein Wegweiser in die Elbenwelt, hrsg. von Lotte Ingrisch und Manfred A. Schmid, Wien 1991.
Herder Lexikon Germanische und keltische Mythologie, Freiburg 1993.
Küsten, Kelten und Calvaires, Einf. von Schulte-Kellinghaus, Martin, 1996, Belser Edition Reisebilder (Bretagne).
Stichwort Kelten, München (Reihe Heyne Stichwort).

Bildnachweis

go = ganz oben, o = oben, u = unten, m = Mitte, l = links, r = rechts

Die Zeichnungen auf den folgenden Seiten stammen von: June Burbidge © Buckinghamshire County Museum 62ur; Craig Chapman 24gol, 24gor, 28l, 30r, 61gom, 136; Stephen Conlin 56gol, aus Mallory, *Navan Fort*, 1985; Barbara Crow 4–5, 95go, 97l, 99o, 100–102, 124u, 125o, 126o, 129o, 130r, 133; Simon S. S. Driver 11, nach P.-M. Duval; Miranda J. Green 27ul, 62l, 77r; Simon James 60l, 69u, 87gor, 110; Paul Jenkins 1, 12go, 29r, 35, 42u, 45u, 57gom, 57r, 58go, 60m, 60u, 61r, 63l, 63ur, 74r, 77gor, 84, 86l, 87ur, 103o, 105u, 115r, 116r, 117ol, 117u, 118or, 121ur, 125u, 131ur; P. J. Lopeman 63gor, 132; Annick Petersen 121o; Margaret Scott 59mr; George Taylor 13u, 20–21 (21ml nach Barbara Crow), 78, 79r nach *The Celts*, S. 80, Thames and Hudson 1991, 119go nach *Lydney Park Gardens and Roman Camp*.

Nachweis der übrigen Abbildungen: 2 The Forbes Magazine Collection, New York. Alle Rechte vorbehalten. 6–7 © Karen Davies. Dieses Bild erschien erstmals in *The Sunday Telegraph*, 24. September 1994. 8 Mit Genehmigung der Royal Irish Academy, Dublin. 9l Bibliothèque des Arts décoratifs, Paris. Photo Jean-Loup Charmet, Paris. 9r Musée des Beaux-Arts d'Orléans. Photo Jean Roubier. 9u Aus Francis Grose, *Antiquities of England and Wales*, 1773–1787. 10go Gravur W. Dolle. 10u Gravur G. Doré. Photo Jean-Loup Charmet, Paris. 12u, 13go aus Miranda Aldhouse Green, *Celtic Art: Reading the Messages*, The Everyman Art Library (Weidenfeld and Nicolson Ltd), 1996. Photo © Paul M.R. Maeyaert, Mont de l'Enclus, Belgien, mit Genehmigung von Calmann and King Ltd, London. 13r The National Museum of Wales, Cardiff. 14 Musée archéologique d'Alise Sainte-Reine, Burgund. Photo Miranda J. Green. 15 The Royal Collection © 1997 I.M. Königin Elisabeth II. 16 © Sonia Halliday Photographs. 17 Bodleian Library, Oxford. 18 Bibliothèque nationale, Paris. Photo Jean-Loup Charmet, Paris. 19go Naturhistorisches Museum, Wien. 19u Rheinisches Landesmuseum, Bonn. 22–23 Musée Saint-Rémi, Reims. 24u The National Museum of Wales, Cardiff. 25l Musée historique et archéologique de l'Orléanais, Orléans. 25m Württembergisches Landesmuseum, Stuttgart. 25r Musée des Antiquités nationales, Saint-Germain-en-Laye. Photo Miranda J. Green. 26l Musée départemental de l'Oise, Beauvais. Photo G. Loeffel. 26r Musée d'Archéologie méditerranéenne (Centre de la Vieille Charité), Marseille. 27go Musée archéologique, Châtillons-sur-Seine. Photo Christian Labeaune. 27ur Musée du Moyen Age – Thermes de Cluny, Paris © Photo R. M. N. 28r National Museum of Ireland, Dublin. 29l Musée archéologique d'Alise-Sainte-Reine, Burgund. 30l Musée des Antiquités nationales, Saint-Germain-en-Laye. © Photo R.M.N. 31, 33ul © British Museum. 33go Nicholaes Witsen, *Noord en Oost Tartarye*, 1705. 33ur Nationalmuseet, Kopenhagen. 34 Musée des Antiquités nationales, Saint-Germain-en-Laye. © Photo R. M. N. 36 Musée d'Archéologie méditerranéenne (Centre de la Vieille Charité), Marseille. 37 Musée de la Civilisation gallo-romaine, Lyon. Photo Miranda J. Green. 38–39 National Gallery of Scotland, Edinburgh. 40l Ny Carlsberg Glyptotek, Kopenhagen. 40r The Mansell Collection, London. 40–41 Bibliothèque des Arts décoratifs, Paris. Photo Jean-Loup Charmet, Paris. 42o Roman Baths Museum, Bath. 43 Images Colour Library, London. 44 Bibliothèque des Archives nationales, Paris. Photo Jean-Loup Charmet, Paris. 45o Museo delle Terme, Rom. 46gol The National Museum of Wales, Cardiff. 46gor © The Trustees of the National Museums of Scotland 1997. 46u Don José (Matsuwa) of El Colorin, Municipio Del Nayar, Nayarit, Mexico. Photo Prem Das. 47 Glasgow Museums: Art Gallery and Museum, Kelvingrove. 48 Rheinisches Landesmuseum, Trier. 49l © British Museum. 49r Musée des Alpilles, Saint-Rémy-de-Provence. Photo Miranda J. Green. 50 George Wither, *A Collection of Emblemes*, 1635. 51l © Tate Gallery, London. 51r © John Dent. Archaeology Unit, Humberside Co. Council. Photo Bill Marsden. 52go Musée d'Archéologie méditerranéenne (Centre de la Vieille Charité), Marseille. 52u Dudley Wright, *Druidism, The Ancient Faith of Britain*, London 1924. 53 The National Museum of Wales, Cardiff. 54–55 Nationalmuseet, Kopenhagen. 56gor Crown copyright. 56u © Photo Alex Gibson, © Clwyd-Powys Archaeological Trust. 57u Archaeologický Ústav Čsav. 58m Musée historique et archéologique de l'Orléanais, Orléans. 58u Photo © Tony Rook. 59gom Národní Muzeum, Prag. 59gor © British Museum. 59ur British Museum, London. Photo J.V.S. Megaw, Flinders University of South Australia, Adelaide. 61u National Museum of Ireland, Dublin. 62go © Cambridge University Museum of Archaeology and Anthropology. 64go Fenland Archaeological Trust. 64u Photo Philip Macdonald. 65o The National Museum of Wales, Cardiff. 65u Castle Museum, Norwich. 66 The National Museum of Wales, Cardiff. 67go Nationalmuseet, Kopenhagen. 67u © The Trustees of the National Museums of Scotland 1997. 68 Rijksmuseum van Oudheden, Leiden. 69 Historisches Museum der Pfalz, Speyer. 70–71 © U. G. C., U. K. 72o Musei Capitolini, Rom. 72u Römisch-Germanisches Museum, Köln. Photo Miranda J. Green. 72–73 Privatsammlung. Photo Jean-Loup Charmet, Paris. 74l Nationalmuseet, Kopenhagen. 75 Photo Jean-Loup Charmet, Paris. 76 © Camelot Research Committee. 77gol Centre Camille Jullian, CNRS Photo Chéné. 77u Photo Danebury Trust. 79l Photo Miranda J. Green. 80 © British Museum. 81 Gardner Films. 82 Nationalmuseet, Kopenhagen. 83o Schleswig-Holsteinisches Landesmuseum, Schleswig. 83u Nationalmuseet, Kopenhagen. 85o Bibliothèque des Arts décoratifs, Paris. Photo Jean-Loup Charmet, Paris. 85ur Worthing Museum and Art Gallery. 86um Musée historique et archéologique de l'Orléanais, Orléans. 87 gol Photo London Underground Ltd. 87um Photo Danebury Trust. 88 The National Museum of Wales, Cardiff. 89o Bodleian Library, Oxford. 89u (s. 37). 90 Musée archéologique, Dijon. Photo Miranda J. Green. 91 The Pierpont Morgan Library, New York. 92–93 Steiermärkisches

Landesmuseum Joanneum, Graz. Photo AKG London/Erich Lessing. 94 Rekonstruktion durch Gaynor Chapman. 95u Musée archéologique, Châtillon-sur-Seine. 96l Musée archéologique, Dijon. Photo Miranda J. Green. 96m Landesmuseum für Vorgeschichte und Frühgeschichte, Saarbrücken. 96r Musée de Bretagne, Rennes. Photo Jean Claude Housbin. 97ur Newport Museum and Art Gallery (County Borough of Newport). 98 © British Museum. 99 Faksimile von A. Vernhet aus W. Meid, *Gaulish Inscriptions*, Archaeolingua 1992. 103u Photo Frank Gibson. 104l Musée archéologique, Clermont-Ferrand. Photo Bayle, Chamalières, aus Miranda Aldhouse Green, *Celtic Art: Reading the Messages*, The Everyman Art Library (Weidenfeld and Nicolson Ltd), 1996, mit Genehmigung Calman and King Ltd, London. 104r Rheinisches Landesmuseum, Bonn. Photo Miranda J. Green. 106–107, 108gol Photo Miranda J. Green. 108ul © British Museum. 108 ur Michael Fulford, Reading University. 109o Photo Miranda J. Green. 109u Prähistorische Staatssammlung, München. 111o Harlow Museum. 111u Musée d'Archéologie méditerranéenne (Centre de la Vieille Charité), Marseille. Photo Miranda J. Green. 112gol, um, ur Roman Baths Museum, Bath. 113 John Ronayne, Bath Archaeological Trust. 114o Bath Archaeological Trust. 114ul Roman Baths Museum, Bath. 115go Aus W. Meid, *Gaulish Inscriptions*, Archaeolingua 1992. 115u Photo John Morgan, University of Wales, Cardiff. 116m Ipswich Borough Council Museums and Galleries. 116u Roman Baths Museum, Bath. 117or Photo Miranda J. Green. 118ul, 119l © Department of Archaeology, City of Bristol Museum and Art Gallery. 119r Musée archéologique, Dijon. 120 Photo Michael Herity. 122–123 Photo Aerofilms. 124l, 126u National Museum of Ireland, Dublin. 127 Images Colour Library, London. 128 Photo Irish Tourist Board. 129u National Gallery of Scotland, Edinburgh. 130l National Museum of Ireland, Dublin. 131go Viewfinder Colour Photo Library, Simant Bostock. 131or Rowley's House Museum, Shrewsbury. Photo Miranda J. Green. 132o © National Trust. 132–133 Commissioners for Public Works in Ireland, Dublin. 134 Dudley Wright, *Druidism, The Ancient Faith of Britain*, London 1924. 135 Ashmolean Museum, Oxford. 136r, 137 Photos Irish Tourist Board. 138–139 Bibliothèque des Arts décoratifs, Paris. Photo Jean-Loup Charmet, Paris. 140 J. Britton, *Memoir of John Aubrey*, 1845. 141 John Aubrey, *Monumenta Britannica* (ca. 1675), Bodleian Library, Oxford. 142o, 142u Bodleian Library, Oxford. 143 William Stukeley, *Stonehenge*, 1740. 144ol John Wood, *Essay Towards a Description of Bath*, 1749. 144ur William Stukeley, *The History of the Religion and Temples of the Druids*, Bodleian Library, Oxford. 145 © Mick Sharp. 146o The Laing Art Gallery, Newcastle-upon-Tyne. 146u Bodleian Library, Oxford. 147 Salisbury and South Wiltshire Museum. 148o Privatsammlung. Photo Jean-Loup Charmet, Paris. 148u University of Pennsylvania, Philadelphia. 149 Fitzwilliam Museum, Cambridge. 150l Aylett Sammes, *Britannia Antiqua Illustrata*, 1676. 150r Henry Rowlands, *Mona Antiqua Restaurata*, 1723. 151 Elias Schedius, *De Dis Germanis*, Amsterdam 1648. 152 Henry Inman. 153o Notation aus Edward Jones, *The Bardic Museum of Primitive British Literature*, 1802. 153u, 154l Museum of Welsh Life, Cardiff. 154–155 The Royal Institution of Cornwall, Truro. 156 Museum of Welsh Life, Cardiff. 157 S.R. Meyrick und C. H. Smith, *Costume of the Original Inhabitants of the British Isles*, 1815. 158–159 Viewfinder Colour Photo Library, Paul Walters. 160 *The Druids' Voice*, Winter 1994 (mit Genehmigung Marian Bowman, Bath). 161 Haddon Library Collection, Cambridge University Museum of Archaeology and Anthropology. 162 Calyx Photo Services, Swindon. 163 Bibliothèque des Arts décoratifs, Paris. Photo Jean-Loup Charmet, Paris. 164u Associated Press, London. 165 *The Wiccan*, Beltane 1994. 166 Viewfinder Colour Photo Library, Stuart Baynes. 166–167 Department of the Environment (Crown copyright reserved). 168 Janet und Colin Bord/Fortean Picture Library. 169 Photo Miranda J. Green. 170 *The Oxford Times*. 171o Mit Genehmigung Mathew McCabe, OBOD. 171u Photo © British Tourist Authority. 172–173 S. R. Meyrick und C. H. Smith, *Costume of the Original Inhabitants of the British Isles*, 1815. 173o, 173u Calyx Photo Services, Swindon. 174 Public Record Office, London. 175o PA News London. Fiona Hanson. 175u Photo J. V. S. Megaw, Flinders University of South Australia, Adelaide. 176 © English Heritage/Skyscan. 177 Nach Philip Carr-Gomm, *The Druid Tradition*, Element Books, Shaftsbury 1991. 178o Calyx Photo Services, Swindon. 178u J. Allan Cash Ltd. 179 © Peter Bloodworth.

Register